Zu diesem Buch Wie schreibt man Texte, die den Leser nicht loslassen bis zur letzten Zeile? Wie verfasst man Briefe, mit denen man Kunden gewinnt und Personalchefs beeindruckt? Wie entwirft man Reden, die den Zuhörer nicht zum Gähnen treiben?

Wie überhaupt schreibt man jenes klare, kraftvolle, wirksame Deutsch, das sich behaupten kann im Strudel des Gedruckten und im Tanz der Pixel und der Bits? Wie also sollte einer schreiben, der Verständnis produzieren und zugleich Sympathie stiften will? Das zeigt dieses Buch.

Seit einem Vierteljahrhundert unterrichtet Wolf Schneider junge Journalisten und PR-Fachleute in gutem Deutsch. Vier Stillehren und zwei Handbücher für Journalisten hat er bereits verfasst. Nun hat er die Summe seiner Erfahrung gezogen, den Einfluss der E-Mail, der SMS und des Chattens auf die Sprache untersucht und aus alldem 44 Rezepte abgeleitet für alle, die attraktive Texte schreiben möchten.

Eine Fülle aktueller Beispiele aus Zeitungen, Büchern und dem Schriftverkehr großer Unternehmen konfrontiert der Autor unerschrocken mit Goethe, Heine und der Bibel. So wird die präzise Beratung, wie man Leser findet, zugleich zum Lesevergnügen.

Der Autor Wolf Schneider, geboren 1925, leitete bis 1995 die Hamburger Journalistenschule. Er war Washington-Korrespondent der «Süddeutschen Zeitung», Chef vom Dienst beim «Stern», Chefredakteur der «Welt» und Moderator der «NDR-Talkshow». Er ist Autor von über zwanzig Büchern, Verfasser und Herausgeber von Hörbüchern und Träger des Medienpreises für Sprachkultur der «Gesellschaft für deutsche Sprache». Er lebt in Starnberg.

Wolf Schneider

Deutsch!

Das Handbuch für
attraktive Texte

Rowohlt Taschenbuch Verlag

Veröffentlicht im Rowohlt Taschenbuch Verlag,
Reinbek bei Hamburg, Februar 2007
Copyright © 2005 by Rowohlt Verlag GmbH,
Reinbek bei Hamburg
Umschlaggestaltung ZERO Werbeagentur, München
(Bildnachweis: ZERO Werbeagentur, München)
Satz bei KCS GmbH, Buchholz bei Hamburg
Druck und Bindung Clausen & Bosse, Leck
Printed in Germany
ISBN 978 3 499 61993 9

INHALT

Der Jargon

Die Reize

Probleme

KRITISCHE DIAGNOSE

I
Einladung zum Leserfinden

Stillehre – klingt das nicht nach vorgestern? Heißt das nicht so viel wie: Da behauptet einer, gutes Deutsch sei immer noch ungeheuer wichtig – gutes Deutsch lasse sich auch definieren, sogar lehren –, und ausgerechnet dieser Autor wisse, wie?

Ja, wichtig ist sie wie eh und je, die klare, herzhafte Sprache – für jeden, der etwas zu sagen hat; der damit auch gelesen werden möchte; der mit Worten etwas bewirken will. Werbetexter wissen das, viele Politiker auch. Wer es nicht weiß oder nicht danach handelt, der verschleudert die Vorteile, die er davon haben könnte.

Und auch dies: Gutes Deutsch *lässt* sich definieren. Es ist das anschauliche, saftige, elegante Deutsch – und für alle, die nicht auf einen Nobelpreis für Lyrik spekulieren, hat es vor allem eines zu sein: verständlich ohne Rückstand, lesbar ohne Mühe. Die Verständlichkeit ist längst in Gesetze gefasst, eine seriöse Wissenschaft hat sie aufgestellt; über die Eleganz sind sich alle Stillehrer ziemlich einig seit dem römischen Rhetor Quintilian, und die Großen der Literatur bieten ihre Muster an.

Und dies alles ließe sich *lehren*? Wieder ja! Man müsste nur einen finden, der sich in die Verständlichkeitsforschung vertieft und alle Stillehren ausgewertet hat, die auf Deutsch und Englisch je erschienen sind. Der seit Jahrzehnten Höhepunkte deutscher Sprache sammelt, beginnend mit Martin Luther und mit Martin Walser nicht endend. Der seit einem Vierteljahrhundert angehende Journalisten in klarem Deutsch unterrichtet (so dass er all ihre Schwächen und Probleme kennt) und der sein Programm überdies an der Öffentlichkeitsarbeit von mehr als dreihundert Wirtschaftsunternehmen getestet hat. Er wäre also überhaupt nicht originell und würde es nicht einmal sein wollen. Er wäre lediglich auf der Höhe von Praxis, Literatur und Wissenschaft und hätte überdies gelernt, die manchmal verwirrende Fülle der Aspekte auf eine überschaubare Zahl alltagstauglicher Rezepte einzudampfen.

Der Lehrbarkeit kommt zugute, dass zwei Drittel aller Sprachprobleme dieselben geblieben sind seit Erfindung der Schrift; ihre Lösung unterliegt keiner Mode. Ein praller Satz ist ein praller Satz, zu allen Zeiten, in allen Sprachen, auf jedem Niveau – ob bei Tacitus oder in der Bibel, in der *Tagesschau* oder im Geschäftsbericht. Nur haben überraschend viele Deutschlehrer und Berufsschreiber das bis heute nicht begriffen.

Die Wörter, ja, die wandeln sich: Die «Saumseligkeit» ist selten geworden, Goethes «Fraubaserei» versteht kaum noch einer, und Goethe wiederum konnte nicht nur nichts von «software» wissen – ebenso hätte er Mühe gehabt, hinter dem heutigen Modewort «Beziehung» eine Art Liebe zu vermuten.

Doch auch den Wörtern ist etwas gemeinsam geblieben, zweierlei sogar. Das eine: Wenn sie einen Nerv treffen, bewegen sie die Gemüter wie eh und je. Mit Wörtern kämpfen Parteien, Ideologien, Produzenten um ihren Platz in unseren Hirnen. Mit «sozialer Gerechtigkeit» (oder dem Vorwurf, an ihr mangle es) wird große Politik gemacht, mit der «Achse des Bösen» ebenso, und selbst Gerhard Schröders «Agenda 2010» hat oder hatte ihren Zauber – obwohl uns doch keiner sagt, ob sie in eine ziemlich ferne Zukunft zielt oder ob wir die Zahl 20-10 so ähnlich lesen sollen wie 08-15 oder 47-11.

Gemeinsam seit Jahrtausenden ist den Wörtern ferner: Mit «Schwulst und Gepränge» erzielt man keine Wirkung – das sagt schon Quintilian. Schlanke, muskulöse Sätze zu formen aus Wörtern mit Saft: Das war von jeher eine Kunst, sie ist es geblieben, und sie zu beherrschen zahlt sich noch immer aus.

Inwieweit wir uns dabei der vielen Importe aus dem Englischen bedienen sollten, lohnt ein kurzes Nachdenken. Hier wird *nicht* zur Treibjagd auf Anglizismen geblasen: Viele davon haben unsere Sprache bereichert, niemand will an so praktischen Wörtern wie Job, Team, Flirt oder Training herummäkeln, und es wäre töricht, die überragende Rolle zu ignorieren, die das Englische in der internationalen Verständigung spielt.

Doch wer wollte leugnen, dass manche Leute – Marketing-Strategen, Werbetexter, Computer-Freaks zumal – sich an englischen Silben geradezu berauschen, weit über jeden Nutzen und Gewinn hinaus? Zu stutzen hie und da, ob nicht das deutsche Wort manchmal das stärkere ist – das würde keinen schänden. Wie meistens ist die Dosierung das Problem: Ganz ohne Kochsalz könnten wir nicht leben, aber wer zwei Esslöffel davon heruntergeschluckt, dem zerfrisst es die Magenwände.

Mehr als die englische Invasion hat eine andere Entwicklung die Sprache der Gegenwart geprägt: Das Ansehen gedruckter Texte, welcher Art auch immer, ist drastisch gesunken. Die Hälfte der Jungen in Deutschland und ein Viertel der Mädchen lesen überhaupt nichts mehr (*Stern* 2004). Ein Drittel jener Deutschen, die noch lesen, liest grundsätzlich keine Texte mit langen Sätzen (*Geo* 2003). Die meisten *Studenten* sind es nicht mehr gewöhnt, «sich selbständig in ein Thema einzuarbeiten; sie benötigen Animation» (*Spiegel* 2003). Und nun gar heilige Schriften studieren, sich Sprachkunstwerken genießend hingeben, nach dem treffenden Wort fahnden, Sätze meißeln – das tut kaum noch einer. Allem Gedruckten und Geschriebenen bläst der Wind ins Gesicht. Lesen, mehr als ein paar flotte Zeilen lesen ist altmodisch geworden im Tanz der Pixel und der Bits.

Wer also im 21. Jahrhundert noch gelesen werden, mit

Wörtern Informationen transportieren, ja etwas bewirken will, der muss mehr investieren als seine Großeltern. Um Leser muss er *werben*, überlisten muss er sie. Möglichst interessante Stoffe (von denen kann dieses Buch nicht handeln) muss er appetitlich servieren – das ist hier das Thema, und dazu gehört vor allem zweierlei: der Wille, sich mit den einschlägigen Gesetzen, Regeln und Erfahrungen für attraktives Deutsch auseinander zu setzen, und die Bereitschaft, an seinen Wörtern und Sätzen zu feilen, ja notfalls sich mit ihnen abzuquälen. Wer seinen Text sogleich gut findet, bloß weil schließlich er selbst ihn geschrieben hat, der ist mit sehr geringer Wahrscheinlichkeit ein Genie und mit sehr hoher ein weltfremder Zeitgenosse – falls er auf Leser hofft.

Steht der Text einmal da, so ist die Arbeit eben *nicht* beendet, nun fängt sie an, wann immer die Zeit reicht und wo immer der Ehrgeiz regiert: Ich will gelesen werden – ganz, gern und mit der angepeilten Wirkung. «Es trägt Verstand und rechter Sinn mit wenig Kunst sich selber vor», sagt Faust, und er irrt sich gewaltig. Die populäre Vorstellung, Klarheit sei in die Wörter gleichsam eingewebt, ist ein Aberglaube.

Vielleicht enthält die erste Niederschrift ja taube Nüsse, Schwabbelfett, Elemente der *Geschwätzigkeit*. Vielleicht verstoßen einige Passagen gegen die Gesetze der *Verständlichkeit*, wie hier in den Rezepten **1** bis **23** beschrieben. Vielleicht holpern manche Sätze so, dass das Trommelfell erschräke, wenn es sie hören müsste (und das laute Lesen sollte man zur Kontrolle immer praktizieren, wenn die Umstände es zulassen). Vielleicht brüstet sich der Text mit einem Wissenschafts-Chinesisch, das eher imponieren als informieren soll («Die Konversationsimplikaturen als konstituierende Elemente der Perlokution»); vielleicht bläst er schlichte Wörter zu jenen bombastischen Gebilden auf, wie sie durch Marketing- und Kommunikations-Abteilungen geistern: «Dienstleistungsbasierte Aktivitäten» zum Beispiel, wo etwas anderes als «Dienstleistungen» schwerlich gemeint sein kann.

Und all dieser gute bis allzu gute Rat sollte noch einen Nutzen haben im Zeitalter der E-Mail und des Internets? Ja, und nicht nur das: Die fröhliche Schludrigkeit, die dort regiert, bietet dem gewogenen Wort, dem geschliffenen Satz die Chance, das elektronische Umfeld stärker zu überstrahlen als jemals den herkömmlichen Text.

Also, Schreiber: Wollt ihr gelesen werden? Dann erkennt das Problem! Studiert, was man dafür beherzigen muss! Plagt euch! Geht mit der Sprache so um, dass eure Wunschleser euch mühelos verstehen, euch bis zum Ende folgen und euch mögen! Nur wenn die Sätze rote Backen haben, werden die, auf die sie zielen, sie mit roten Ohren lesen.

Was plakatierte 2003 das Schweizer Institut *Inlingua*? «Die strenge Sprachschule. Hauptsache, es macht nicht nur Spaß.»

Aber auch.

Ermutigungen

Große deutsche Philosophen werden vornehm die Achseln zucken über den dürftigen Zuschnitt alles dessen, was ich hier hervorbringe. Aber sie mögen gefälligst bedenken, dass das wenige, was ich sage, ganz klar und deutlich ausgedrückt ist, während ihre eigenen Werke zwar sehr gründlich, unermessbar gründlich, stupend tiefsinnig, aber ebenso unverständlich sind. Was helfen dem Volk die verschlossenen Kornkammern, wozu es keinen Schlüssel hat? Das Volk hungert nach Wissen und dankt mir für das Stückchen Geistesbrot, das ich ehrlich mit ihm teile.

Heine, Zur Geschichte der Religion
und Philosophie in Deutschland

Man hat den Deutschen vorgeworfen, dass sie bloß für die Gelehrten schrieben; ob nun dieses gleich ein höchst gesuchter Vorwurf ist, so habe ich mich doch danach gerichtet und überall für den geringen Mann mitgesorgt.

Georg Christoph Lichtenberg

Wenn jemand sich überlegt, fünfzehn oder zwanzig Stunden zu investieren, um ein Buch von mir zu lesen – fünfzehn oder zwanzig Stunden, die in Kinos oder im Internet oder mit Sport verbracht werden könnten –, dann wäre das Letzte, was ich wollte, ihn auch noch mit übertriebener Schwierigkeit zu bestrafen.

Jonathan Franzen

Für mich ist auch die Literatur eine Form der Freude. Wenn wir etwas mit Mühe lesen, so ist der Autor gescheitert.

Jorge Luis Borges

Was man nicht verstehen kann und vielleicht auch nicht verstehen soll, das schafft kein Vertrauen.

Johannes Rau (in seiner letzten Rede als Bundespräsident)

II
Wer will schon informieren!

Unsere Träume fassen wir in Worte, auch unsere Hoffnungen, unsere Utopien; der Sprache bedienen sich ebenso Befehle, Drohungen, Flüche, Beleidigungen und Lügen. Information ist nicht ihr primärer Zweck, und fürs Informieren ist sie nur bedingt geeignet. Das mündliche Wortaufkommen der Menschheit besteht überwiegend aus dem Gebet und dem Geschwätz.

Gebet: In den Straßen arabischer Städte stehen Bettler, die rufen die hundert Namen Allahs zehntausendmal am Tag. Tibetische Mönche lassen ihr «Om mani padme hum» hunderttausendfach in einer Mühle kreisen. Einen Rosenkranz herunterbeten heißt fünfzehnmal das Vaterunser murmeln und hundertfünfzigmal das «Gegrüßest seist du, Maria».

Geschwätz: Kneipen, Betriebskantinen, Treppenhäuser hallen von einem unendlichen Geplapper wider. So zum Beispiel: Der Sprechende erzählt alles, was er wichtig oder witzig findet, dreimal hintereinander; eine schmähliche Fußballniederlage, über die sich alle einig sind, wird wieder und wieder durchgekaut; oder der Erzähler legt Wert darauf, alles weiterzugeben, was er schon mal gesagt hat («Sag ich doch zu ihm: Mensch, sag ich, das ist ja vielleicht kalt heute» – wobei die Umstände dafür sprechen, dass die Kälte wirklich herrschte und dies dem Angesprochenen so wenig verborgen geblieben war wie den Zuhörern).

Überdies hat das Fernsehen das Geschwätz sendefähig gemacht, ja einer winzigen Minorität das Privileg verschafft, die Mehrheit mit den Produkten ihrer Schwatzlust zu berieseln. Zu dieser bevorrechtigten Minderheit gehören vor allem die professionellen Fernseh-Dampfplauderer, zumal auf den privaten Kanälen, und die verschwitzten Sportler, denen nach Sieg oder Niederlage der Reporter das Mikrophon entgegenstreckt. Den stört es offensichtlich nicht, dass die Sporthelden außerordentlich selten etwas Überraschendes zu sagen haben – kein Wunder, sie keuchen ja, und noch dazu hat der liebe Gott seine Gaben nicht so ungerecht über die Menschheit ausgeschüttet, dass er jeden Meister in einer Körperkunst auch noch mit rhetorischen Talenten versehen hätte. Doch natürlich bleibt es nicht ohne Einfluss auf die Entwicklung der Sprache, dass solches Gestammel nicht mehr drei Umstehende erreicht wie früher, sondern drei Millionen vor den Fernsehschirmen.

Geschwätz wie Gebet sind hier nicht das Thema. Aber in die geschriebene Sprache, die sich Leser sucht, wirken sie hinein. Das *Gebet* sollte das geradezu: Denn in ihm regiert erstens Respekt vor dem Wort – etwas also, was jedem Text nützt, was den Siebzehnjährigen von heute aber weithin abhanden gekommen ist; und zweitens sind viele Gebete Sprachkunstwerke, an deren schlichter Kraft sich jeder, der sich Leser wünscht, durchaus orientieren kann – dieses zum Beispiel (4. Mose 6,24):

> Der Herr segne dich und behüte dich; der Herr lasse
> sein Angesicht leuchten über dir und sei dir gnädig;
> der Herr hebe sein Angesicht über dich und gebe dir
> Frieden.

Von der *Geschwätzigkeit* dagegen sollte die geschriebene Sprache sich freihalten. Allzu oft aber schwappt sie in die Schrift hinüber: *Redundanz* heißt sie dann (Rezept **26** hilft dagegen) oder *Tautologie*, das Doppeltgemoppelte – wie das Standard-Versprechen des Marketingjargons, die angepriesene Ware sei «qualitativ hochwertig» (Rezept **20**). Qualitativ! Darauf wäre man nie gekommen.

Geschriebene Texte, ebenso vorgelesene Reden und vorbedachte mündliche Feststellungen: Das sind die Sprachprodukte, deren Tauglichkeit dieses Buch zu heben versucht. Was ist ihr überwiegender Zweck? Sie wollen von Lesern oder Zuhörern verstanden werden und Interesse wecken – fürs Erzählen, fürs Informieren, fürs Werben.

Werben heißt nur im Grenzfall: für ein Produkt oder eine Politik Reklame machen. Im weiteren Sinn ist es unser ständiger Versuch, andere Menschen für uns, für unsere Sache, unsere Meinungen, unsere Pläne einzunehmen. *Erzählen* kann heißen: eigene Erlebnisse schildern oder, als Schriftsteller, fabulieren; in den anzustrebenden sprachlichen Mitteln macht das keinen Unterschied.

Informieren bedeutet, seinem lateinischen Ursprung nach, eigentlich: in Form bringen, gestalten; später erst: in Kenntnis setzen, Auskunft geben, unterrichten – vor allem über Sachverhalte, Abläufe, Ereignisse, Absichten und Meinungen. Dieser seit dem 16. Jahrhundert dominierende Wortsinn sollte jedoch nicht zu der Annahme verführen, Information finde statt, bloß weil sie nach den Umständen zu erwarten wäre.

Allzu oft ist eben dies nicht der Fall. Schon deshalb, weil viele, die etwas mitzuteilen haben, sich einer Sprache bedienen, die der Adressat missversteht oder nicht versteht, oder zwar verstünde – aber nur, wenn er sich eine Mühe gäbe, die er nicht zu investieren wünscht. Zur Information im vollen Wortsinn fehlt dann die zweite Hälfte: Sie ist nicht angekommen, sie ist nicht vollzogen worden, der Informationswillige ist gescheitert.

Zu der verbreiteten Unkenntnis, wie man sich verständlich machen könnte, tritt verschlimmernd der Umstand hinzu, dass der Wille zum Informieren nur schwach ausgeprägt, ja häufig nur schwer von dem bedingten Vorsatz zu unterscheiden ist: Ich will durchaus meine Adressaten unterrichten; wenn aber nur wenige mich verstehen, ist das auch nicht schlimm. Diese Gesinnung herrscht auf weiten Strecken in der Wissenschaft – und ausgerechnet in der Presse. Sie tritt in mehreren Spielarten auf: Zunftjargon, Desinteresse, Hochmut.

DER ZUNFTJARGON. Wer sich seiner bedient, zielt meist auf wenige. Sein Text ist in einer Sprache abgefasst, der ihn bloß einer fachlich vorgebildeten Minderheit zugänglich macht; vermutlich aus einem der folgenden Gründe:

- Der Autor weiß, dass nur die anderen Experten ihn verstehen, und strebt dies auch an; er fühlt sich in der elitären Absonderung wohl.
- Der Autor denkt nicht nach und unterstellt, der Text sei ohnehin perfekt, weil er von ihm ist.
- Der Autor – Fachmann oder Journalist – bemüht sich zwar um eine gemeinverständliche Information, bleibt jedoch dabei dem Fachjargon verhaftet, weil sein Ehrgeiz nicht weit genug reicht oder weil er das Vorwissen seiner Leser überschätzt.

Eine offene Gesellschaft verträgt es aber schlecht, dass die Mehrzahl der in ihr verfügbaren Informationen ohne Not nur in Klüngeln zirkuliert.

DAS DESINTERESSE. Journalisten, Lexikon-Redakteure, Verfasser von Handbüchern und Gebrauchsanweisungen kennen zwar ihren Informationsauftrag und akzeptieren ihn zumeist; viele von ihnen aber sind zu weltfremd oder zu bequem, um sich in ihre Leser hineinzuversetzen und deren mutmaßlichen Erwartungen entgegenzukommen. In den öffentlich-rechtlichen Rundfunkanstalten traf man Redakteure von dieser Art zuhauf, bis das Privatfernsehen sich ihnen in den Nacken setzte; «Redaktionsbeamte» (so das interne Spottwort) faulenzen sich aber immer noch durch etliche Redaktionen.

DER HOCHMUT. Nicht nur viele Professoren – auch eine alte Garde von Redakteuren gerade in unseren renommierten Tages- und Wochenzeitungen, zumal in der Wirtschaft und im Feuilleton, halten es für unter ihrer Würde, an einen großen Leserkreis zu denken und auf dessen Horizont «hinabzusteigen». Sie schreiben vor allem, um von Vorstandsmitgliedern, Regisseuren, Dirigenten, Koryphäen gewürdigt zu werden und den Kollegen von den anderen Redaktionen oder Fakultäten zu imponieren. Ihre beliebtesten Mittel dafür sind elitäre Wörter und der Schachtelsatz (dagegen Rezept **24**).

Während in den bisher beschriebenen Fällen immer noch ein Quantum Information angestrebt oder mindestens billigend in Kauf genommen wird, stoßen wir, zumal in Politik und Wirtschaft, weithin auf den klaren Willen, nicht zu informieren, sondern sich bloß den Anschein des Informierenwollens zu geben. Die redliche Auskunft ist dann gerade nicht das Ziel, sondern das Einnebeln, Einschläfern, Einschüchtern oder Irreführen.

Zuweilen geschieht dies fast ungetarnt. So verkündete der Vorstandsvorsitzende der Deutschen Post AG auf der Hauptversammlung 2003: «Wir haben die betriebliche Altersvorsorge modifiziert und das System der fixen und variablen Vergütung für unsere Führungskräfte weiterentwickelt» – und kein Wort mehr. Haben die Führungskräfte sich also noch höhere Einnahmen zugeschanzt? Das ließ der Redner offen, und keiner fragte nach. Doch es gibt subtilere Methoden, Sachverhalte zu kaschieren und Leser oder Zuhörer einzulullen – mindestens diese:

DIE KALKULIERTE IRREFÜHRUNG. Der Politiker versichert zum Beispiel, seine Regierung werde das Problem der Arbeitslosigkeit «langfristig in den Griff bekommen». Dabei spekuliert er darauf, dass die meisten das Wort *langfristig* als «später einmal, und dann nachhaltig» missverstehen. Der klar definierte Gebrauch an Bank und Börse ist aber «auf lange Frist *ab heute*». Doch welcher Journalist weiß das schon und treibt den Politiker mit seinem Wissen in die Enge? (Gegen den Politiker-Jargon: Rezept **25**)

DIE SCHÖNFÄRBEREI. Die Verlautbarung, die Rede beschränkt sich auf Teilwahrheiten, und die werden magisch angeleuchtet. Das ist sprachlicher Alltag in den Reden von Politikern («Nullwachstum») ebenso wie in den Prospekten der Reisebüros («strandnah»). Inwieweit diese Technik in die Öffentlichkeitsarbeit von Wirtschaftsunternehmen einfließt und einfließen sollte, ist umstritten.

DAS FREUNDLICHE NICHTS. Einige Public-Relations-Experten räumen ein, ihre Aufgabe sei nicht so sehr, Informationen zu verbreiten (nicht einmal geschönte), sondern zugunsten ihrer Firma «ein freundliches Grundrauschen» zu erzeugen – vergleichbar den einstigen Bulletins über das vorzügliche Befinden Seiner Majestät.

Wer wirklich informieren will, dem sagt dieses Buch, welcher Mittel er sich bedienen sollte, damit alle Adressaten ihn verstehen können und ihn lesen oder hören mögen. Wer nicht informieren will, der sieht immerhin schärfer als zuvor, was er versäumt.

Können sie nicht oder wollen sie nicht?

KONVERSATIONSLEXIKA erheben den Anspruch, ein Publikum zu informieren, das zwar interessiert, aber nicht fachlich vorgebildet ist. Die *Brockhaus-Enzyklopädie* schreibt über die Entstehung der Alpen:

> Das geröllreiche kontinentale Verrucano ... ist an der Wende Perm/Trias zur Ablagerung gekommen und leitet die mesozoische Geosynklinalphase ein.

Und über den Umlaut im Deutschen:
Alle Umlauterscheinungen sind partielle antizipative vokalische Fernassimilationen.

ZEITUNGEN verstehen sich im Großen und Ganzen als Überbringer von Informationen, die ihre Leser interessieren (oder nach Meinung der Redaktion interessieren sollten). Im Feuilleton der *Frankfurter Allgemeinen* hieß es 2004 über den amerikanischen Präsidenten George W. Bush (in *einem* Satz):

Der größte Freund des möglichst gesamtplanetarischen Freihandels, Wiederbeleber steiler Weltraum-Raketenabwehrsystempläne aus der technophilen reaganschen Urzeit und tragische Befreier von Bagdad sieht einfach nicht ein, daß Erkenntnis und Machbarkeit sozial zu irgend etwas verpflichten sollen – und so läßt er ankündigen, die Antarktis-Abkommen der Weltgemeinschaft im Rohstoffbedarfsfall nach der Fetzen-Papier-Doktrin behandeln zu wollen, erlaubt seinen Finanzverwaltern, dezent Druck auszuüben, damit Verhütungsinformationen wegen andernfalls bedrohter Familienwerte von staatlich geförderten Jugend-Beratungs-Websites gelöscht werden, stellt sich taub, wenn von neumodischem Kram Marke Klimaschutz geredet wird, schert sich erstaunlich wenig um Studien des National Research Council, der National Academy of Sciences, der National Oceanic and Atmospheric Administration und der Nasa betreffend die großräumige und langfristige Weltgroßwetterlage ... (und so weiter, noch 52 Wörter mehr im selben Satz).

DAS FERNSEHEN brachte 2005 (im Umfeld des Korruptionsskandals im deutschen Fußball) die Nachricht:

Ein Schiedsrichter wurde im Vorfeld des Spiels kurzfristig abgelöst. (ZDF)

Ein dreifach ärgerlicher Satz. *Im Vorfeld*, erstens, ist geblähter Jargon für *vor, davor, zuvor, vorher*.
Zweitens: *Kurzfristig* heißt eindeutig «für eine kurze Frist». Abgelöst also vielleicht für zwei Stunden oder zwei Spiele? Vermutlich nicht.

Es lag wohl ein modischer Missbrauch des Wortes *kurzfristig* vor: Entgegen dem klaren Wortsinn wird es oft an Stelle von *rasch, umgehend, unverzüglich, erst kurz zuvor* verwendet. Gemeint war demnach wahrscheinlich die schlichte Aussage: «Ein Schiedsrichter wurde kurz vor dem Spiel abgelöst.»

Das wäre sprachlich korrekt – doch es bliebe immer noch unbefriedigend. *Wie* kurz denn und für wie lange? Wenn es eine Stunde vor dem Anpfiff gewesen sein sollte – warum erfuhren das die Zuschauer nicht? Und war die Ablösung unbefristet – oder galt sie nur für dieses Spiel? Und wenn der DFB das verschwieg, hätte es dann nicht heißen müssen: «Für wie lange, ließ der DFB offen»? Schlampiger kann man mit seinem Wissen nicht umgehen.

HEIRATSANZEIGEN enthalten überraschend oft auf 1 Teil Information (über die suchende oder gesuchte Person) 10 Teile Schwärmerei über die Schönheit des erhofften Zusammenlebens. Zum Beispiel so:

> Es ist ganz einfach, ein Treffen zu organisieren, plaudern, spüren, ob wir uns sympathisch sind, ob mehr daraus werden kann. Es ist ein schönes Ziel, an deiner Seite glücklich zu sein, Freundschaft und Vertrauen zu empfinden. Es wäre ein Erlebnis, mit dir zusammen den Frühling, den Schritt in den Sommer und später in den Herbst und Winter zu gehen, es wäre mein Traum mit dir alle «Alltags- und Alterssorgen» gemeinsam zu bewältigen und das Leben trotzdem oder gerade deshalb immer von der positiven Seite zu betrachten. Stell dir vor, es ist Sonntagmorgen, wir bringen einander das Frühstück ans Bett, das Fenster ist weit offen und der Duft des Gartens durchfließt unser Zimmer. Wir erzählen uns unsere Gedanken und die Gemeinsamkeit beflügelt uns, stärkt uns immer mehr. Wir beide – (ich: 50 J./176) ... Über den Gesuchten sagt die Inserentin nur: «50 bis 60 Jahre, ab 180.» (*Weltwoche*, Zürich 2004)

Andere Heiratsanzeigen spitzen die Informationen über die gewünschten Eigenschaften mit solcher Detailfreude zu, dass es möglicherweise niemanden auf Erden gibt, der sie alle in sich vereint:

«Liebst du auch philosophierende Aphorismen und Liebesge-
dichte (Heine, Hesse, Rilke etc), einsame Märchenstrände (In-
dien, Sri Lanka, griech. Inseln), Segeln bei Windstärke 5, ausgie-
bige Rad- u. Wandertouren, die bereichernde Freude an der
Kunst in Ausstellungen, Museen etc, die lockere Pinselführung
beim schwungvollen, entspannenden Malen (Acryl) und vieles
mehr? Schöne, schlanke Natur- und Kunstliebhaberin ...» Folgt
eine weitere Zeile über die Suchende, dann zwei Zeilen, dass der
Gesuchte «ein feinfühliger, phantasievoller Optimist» sein soll.
(*Die Zeit*, 2004)

Den in diesem Kapitel geschilderten Methoden, die Information
zu verweigern, wäre insoweit die WELTFREMDHEIT hinzuzu-
zählen.

III
Wer liest noch auf Papier?

Es wäre ein Wunder, wenn die Sprache sich nicht verändert hätte durch den fünffachen Anprall der Elektronik: die Texteingabe am Computer, das Internet, die E-Mail, das Chatten und den Short Message Service, SMS genannt. Eine Veränderung zum Besseren – zu mehr Substanz, zu mehr Verständlichkeit – ist es nicht. Wer im elektronischen Zeitalter noch gelesen werden möchte, hat mit zusätzlichen Problemen zu kämpfen; ein paar neue Chancen aber hat er auch.

Die Texteingabe am Computer

Natürlich enthält seine Tastatur dasselbe QWERTZUIOPÜ wie die Schreibmaschine, und dieselben Menschen wie früher bedienen sich ihrer in derselben Absicht wie früher – was die Frage nahe legt: Unterscheidet sich die Qualität überhaupt von der eines Typoskripts? Nein, sagen viele Benutzer: Ein guter Schreiber bleibt ein guter Schreiber, ob mit Tinte, Farbband oder Bildschirm.

Doch diese Auskunft ist von einer Treuherzigkeit, die von der Beschaffenheit der Texte, die aus dem Computer quellen, ebenso in Frage gestellt wird wie von der Geschichte der Medien. Von jeher wirkt die Technik der Kommunikation auf die Form und den Inhalt des Mitgeteilten zurück – dies der Sinn des Schlagworts *the medium is the message,* das der kanadische Medienphilosoph Marshall McLuhan 1964 mit seinem Buch «Understanding Media» in Umlauf setzte; und so viel modischer Missbrauch damit auch getrieben wurde: Im Kern ist der Satz wahr.

Der TELEGRAMMSTIL mit seinen extremen und oft künstlichen Verkürzungen («Eintreffe Dienstag ...») war natürlich unbekannt, ehe der Telegraph erfunden wurde, und hat doch der Schriftsprache Kessheiten ermöglicht, wie man sie noch heute im *Spiegel* finden kann, wenn er beispielsweise *Präside* statt Präsidiumsmitglied schreibt. Das *Telefon* zog zunächst eine überspitzte Artikulation nach sich («fünnef»), auch das Buchstabier-Alphabet (Anton-Berta-Cäsar), und später läutete es den Tod einer hochspezialisierten Schreibkultur ein, des privaten Briefes; die wiederum hatte erst entstehen können, als Papier und Alphabetisierung mit einem organisierten Postwesen zusammentrafen.

Das RADIO hat die Geschwätzigkeit zur Einkommensquelle gemacht; die Schnitttechnik des FILMS, das krasse Gegeneinandersetzen des Unzusammenhängenden, hat auf die Erzähltechnik abgefärbt. Das FERNSEHEN wiederum hat den Film verändert: Früher konnte er gemächlich, heute muss er aufregend beginnen, da man im Kino das Programm nicht wechseln kann, im Fernsehen aber allzu leicht; und die hektischen Schnitte im Vorspann amerikanischer Fernsehserien begünstigen vermutlich den Asthma-Stil, für den Rezept **15** Beispiele liefern wird, sowie eine allgemeine Ungeduld in der Kommunikation.

Die Sprechblasen der COMICS riefen eine Stummelsprache ins Leben, dazu eine Fülle neuartiger Interjektionen und Lautmalereien (seufz, krächz, uuugh!), sogar eine Bilderschrift, beispielsweise um einen Wutanfall von Mensch oder Hund auszudrücken. Das DIKTIERGERÄT macht die Geschäftsbriefe länger, weil der Diktierende mühelos dahinschwatzen kann.

Und ausgerechnet der *Computer* also sollte die Qualität der Sprache *nicht* verändern? Da er doch an die Stelle von Schriftzeichen, die wir noch nach Jahrtausenden erkennen können, eine elektronische Vision setzt, die per Knopfdruck für immer gelöscht werden kann oder sich gelegentlich auch gegen den Willen des Benutzers in nichts auflöst?

Also: Er *verändert* die Beschaffenheit von Texten. Zum Besseren oder zum Schlechteren? Da sollte sein Einfluss auf die Schreiber unterschieden werden von seiner Wirkung auf die Kontrollinstanzen: Redakteure, Lektoren; den klassischen Berufsstand der Korrektoren hat der Computer ja schon fast beseitigt.

Korrektoren waren seit Erfindung des Buchdrucks dazu da, die Übertragungs- und Flüchtigkeitsfehler des Mannes an der Setzmaschine aufzuspüren. Dass der Bleisatz starb, benutzten die meisten Druckereien und Verlage als Begründung, um zusammen mit ihm auch den Korrektor abzuschaffen. Dabei übersahen sie oder nahmen sie in Kauf, dass sie ein Überwachungsgremium ersten Ranges ausgemustert hatten: Die Korrektoren waren ja zu Spezialisten der Rechtschreibung, der Zeichensetzung, der Grammatik geworden, den Autoren der Texte darin meist überlegen.

Nun aber haftet jeder Redakteur für jedes Komma selbst, und auch seine Flüchtigkeitsfehler und seine falschen Konjunktive werden munter publiziert. Für Berufsschreiber mit ausgeprägtem Pflichtgefühl ist das eine zusätzliche Belastung, und da die Pflicht nicht immer siegt, enthalten die meisten Zeitungen heute drastisch mehr Verstöße gegen die Spielregeln der deutschen Sprache als vor dreißig Jahren. Auch hat kein Klippschüler je eine so törichte Silbentrennung vorgenommen, wie sie dem Computer unterläuft, sooft sein Programm ihn im Stich lässt: Fehl-erquellen so-nder Zahl, und Tran-sport ist vermutlich die Leibesertüchtigung der Walfische.

Das ist unbestritten. Aber auch für die Lektoren in den Buchverlagen hat sich etwas geändert – es sei denn, sie dürften noch mit Papier umgehen wie eh und je. In vielen, zumal kleineren Verlagen jedoch fehlt es an Geld für genügend Drucker und das viele Papier; der Lektor soll also am Bildschirm arbeiten. Dies 400 Seiten lang zu tun ist für kein Auge zumutbar. So werden viele Bücher in großen Passagen überhaupt nicht mehr lektoriert – der Anfang, der Schluss und ein paar Stichproben sollen genügen.

Und die Redigierer in den Redaktionen? Lesen müssen sie alles; aber dass sie in ihre Vorlagen deutlich seltener eingreifen als zur Zeit der Fernschreiber, ist erwiesen. Der Text, den sie begutachten sollen, erscheint ja auf dem Bildschirm optisch schlackenlos, gleichsam mit dem Anspruch: An mir stimmt alles – lass mich in Ruhe! Da wird das Redigieren zur Charakterfrage.

Die Revisoren also, die die Texte prüften und an ihnen feilten, sind nach einem halben Jahrtausend bewährter Arbeit teils entlassen wie die meisten Korrektoren, teils in ihrer Arbeit behindert wie viele Lektoren, teils durch die Elektronik verführt zu einem Quantum Bequemlichkeit und falschem Respekt.

Für alle Schreiber, die noch heute Leser für sich gewinnen wollen, liegt hier die erste von mehreren *Chancen* der Computerwelt: Ein makelloser Text, vom korrekten Komma über das treffende Wort bis zum eleganten Satz, fällt heute mehr auf als vor dreißig Jahren. Nur einer Minderheit, gewiss – aber es ist die der Interessierten, der Gebildeten, der Meinungsführer. Die Bereitschaft, sich mit Texten abzuquälen, für die Kapitel **I** plädierte, trägt heute also noch saftigere Früchte als zur Goethezeit.

Und das nicht nur, weil die Kontrollorgane weithin abgedankt haben – auch die Schreiber selber werden durch den Computer tendenziell zu einem sorgloseren Umgang mit ihren Texten verführt. Was geschieht in ihnen, wenn sie in den

Rechner tippen, statt sich, wie einst, des Federhalters, des Kugelschreibers oder der Schreibmaschine zu bedienen?

Auf *einem* Feld sind die Meinungen gespalten. Viele loben die Kürze des Weges vom Kopf in die Schrift, auch das befreiende Gefühl des Drauflosschreibenkönnens, weil es ja so leicht ist, den Text nachträglich umzubauen. Andere fühlen sich durch das Flimmern des Bildschirms und das Blinken des Cursors unter Druck gesetzt (und beklagen überdies den erschwerten Kontakt zu den Kollegen, weil der Computer sie völlig vereinnahmt). Auch kann man über die Vorzüge des Drauflosschreibens verschiedener Meinung sein: Es geht ja oft damit einher, dass viele Autoren schon schreiben, ehe sie sich ein bisschen Zeit zum Nachdenken genommen haben – und das ist nicht immer ein Gewinn (dazu Rezept **34**).

Auf einem anderen Feld hat sich eine seufzende Mehrheitsmeinung herausgebildet. Das wunderschöne, das immer wie gedruckte Schriftbild strahlt die Verführung ab: Lass mich so, ich bin gut – die Einladung also, in die Verfeinerung des Textes keine Mühe mehr zu investieren, mindestens weniger als in das schmuddlige Manu- oder das vielfach übertippte Typoskript von einst.

Dem Schreiber winkt hier die nächste Chance: Wenn er die Kraft hat, sein Produkt grundsätzlich für verbesserungsbedürftig zu halten, wie prächtig es sich auch darböte – dann eilt er denen davon, die sich von der Aura ihres Textes haben blenden lassen.

Die E-Mail

Die *E-Mail* hat sich, über alle sonstigen Vorzüge und Nachteile des Computers hinaus, zu einer eigenständigen Textgattung entwickelt, und die Menge des Geschriebenen hat sie gewaltig erhöht – entgegen allen Prognosen, das Fernsehzeitalter werde der Schriftkultur den Garaus machen. Dies mit zwei Einschränkungen: Der Bestandteil «Kultur» wird von manchen Essayisten mit einem Fragezeichen versehen, und Wörter, ja halbe Sätze werden oft – primär im privaten Austausch – durch ein *Emoticon* ersetzt, eine Art Bilderschrift aus Satzzeichen wie das bekannte «Smiley» :=), was, um die Achse nach oben gedreht, im «Punkt-Punkt-Komma-Strich»-Stil ein lächelndes Gesicht zeigt. Offensichtlich aber ist dieses:

1. Es werden *mehr* E-Mails geschrieben als jemals Briefe, Postkarten, Notizen und Hausmitteilungen. Vermutlich hängt das zusammen mit der Beiläufigkeit, der niedrigen Hürde des Schreibbeginns: Da muss kein Papier zurechtgelegt oder eingespannt werden, und am Computer sitzt man sowieso. Dazu kommt der spielerische Charakter der Computer-Nutzung, vielleicht auch das Gefühl: Schick ist es schon. Noch nie lag das Schreiben so dicht am Spaß.

Da die Schwelle vor dem Entschluss «Ich schreibe» so niedrig geworden ist, wird die Frage «Habe ich eigentlich etwas zu sagen?» seltener gestellt – zumal im privaten Umgang; im geschäftlichen jedoch tendenziell nicht anders. Kulturkritiker sprechen von dem hohen Anteil «pseudoinformativer Belanglosigkeiten».

2. Ebenso werden für die jeweilige Aussage im Durchschnitt mehr Wörter verwendet als einst im Brief: Es schreibt sich ja so leicht, nun rasch hinaus damit! Zu prüfen, zu straffen, sich zu korrigieren ist nicht üblich, das Unausgegorene der Normalfall.

Solche Hochgeschwindigkeitsprosa fällt auf einen überwunden geglaubten Ursprung der Sprache zurück – das Geplapper der Horde am Lagerfeuer. Da wird das Kapital an Sprachökonomie vergeudet, das wir den antiken Steinmetzen verdanken: Schrift in Stein zu meißeln ist so mühsam, dass der Pharao die Worte wog, mit denen er sich im Tempelfries zu verewigen wünschte; jede Geschwätzigkeit verbot sich von selbst. Von dort führte eine gerade Linie zur Sprache der Bibel, die in Luthers Version die deutsche Hochsprache begründet hat; auch die raffinierte Wort-Auslese der Lyrik ist ohne die Vorarbeit der Steinmetzen schwer vorstellbar; und in den besten Werbetexten ist sie lebendig geblieben.

3. Vermutlich wiederum durch das spielerische Element begünstigt, macht sich in der E-Mail ein sorgloser Umgang mit Grammatik und Stilistik breit, oft geradezu ein lustvoller Regelbruch – beides in Anlehnung an die mündliche Rede; so ist die Elektropost schon als Zwitter zwischen Geschriebenem und Gesprochenem bezeichnet worden. Das hat, selbst für Sprachkritiker, durchaus Vorzüge: Gestelzter Bürokraten- oder Marketing-Jargon findet da – fand da kaum statt; längst wird auch das herkömmliche PR-Deutsch in die Mail gedrückt, oft in entnervender Menge.

Aber vielleicht hätte ja jener Beamte, der an den Besuchereingang des Reichstags den schönen Satz geschrieben hat: «*Wegen Zugerscheinungen* muss eine der beiden Türen immer geschlossen bleiben», sich per E-Mail für die schlichte Form entschieden: «Bitte lassen Sie immer eine der beiden Türen zu, *sonst zieht's.*»

Neben die kleine Genugtuung tritt ein Kummer bei den Freunden eines gewissen Minimums an Sprachkultur: Die launige Verhohnepipelung der Spielregeln, bedenklich genug, trifft ja in eine Zeit, in der mehr und mehr Schulabsolventen Mühe haben, die Regeln überhaupt noch zu beherrschen (so dass sie oft nicht einmal ihre Verletzung als solche erkennen können). Aus dem Ineinanderfließen dieser beiden Strömungen folgt ein Jargon, der eine ökonomische Verständigung durch präzise Sprache erschwert. Als *Netspeak* oder *Weblish* wird er in Amerika verspottet, manche amerikanischen Konzerne erfüllt er mit Sorge, und da die Sprache unser Denken prägt und unsere Kultur transportiert, kann kein denkender Mensch sich darüber freuen.

4. Die Hektik des Büroalltags hat sich durch die E-mail dramatisch verschlimmert. Aus der Allgegenwart des Computers und dem Bewusstsein, dass die Übermittlung sich mit Lichtgeschwindigkeit vollzieht, folgt die Erwartung, ja der Anspruch, die Antwort sollte binnen Minuten, müsse binnen Stunden eintreffen, jedenfalls noch am selben Tag. Es liegt auf der Hand, dass solcher Dauerstress die Sorglosigkeit im Umgang mit Stilistik, Grammatik, Orthographie zusätzlich begünstigt.

5. Nicht genug mit der Überproduktion an oft nur hingestammelten Texten, wird die E-Mail unter Nutzung der elektronischen Möglichkeiten zumeist an fünf-, an zehnmal so viele Adressaten verschickt wie einst der Brief oder die Hausmitteilung – Papier wird ja nicht gebraucht, und der Schreiber hat sich abgesichert: Sage keiner, ich hätte ihn nicht informiert!

In vielen Firmen, Redaktionen, Behörden empfinden die Adressaten, zumal solche in gehobenen Positionen, dies als eine Belästigung. In die Mail-Schwemme nicht einzutauchen, können sie nicht riskieren, und aus dem Urlaub zurückgekehrt, finden sie nicht, wie früher, zehn Hausmitteilungen, sondern hundert E-Mails vor. So hat die Firma Siemens schon 2003 in ihrer Hauszeitschrift gemahnt: «Bei jeder Mail sollte man sich fragen, ob wirklich jeder Empfänger diese Mail benötigt», und mehrere amerikanische Unternehmen haben sich für die interne Kommunikation einen e-mail-freien Wochentag verordnet.

Die Belästigung kann zur Landplage werden, wenn unverlangte Reklame den Computer verstopft, englisch *spam* genannt. Mail-Dienste bieten Filter dagegen an, mit unterschiedlichem Erfolg; ein Filter gegen überflüssige PR-Texte und wichtigtuerische Hausmitteilungen dagegen ist nicht in Sicht.

Wo liegt – inmitten all dieses oft hingehudelten, oft unerwünschten Überangebots an Geschriebenem – die Chance für Schreiber, die noch gelesen werden wollen? Dreierlei können sie tun:

- sich dieser Inflation in jedem möglichen Grenzfall verweigern
- sich, wenn E-Mail, herausheben aus dem Wortmüll durch gedrängte Substanz (nebst antizyklischer Beherzigung aller Regeln der Grammatik)
- regelmäßig prüfen, ob nicht ein Fax oder gar ein Brief die bessere Wahl sein könnte – der zunehmenden Seltenheit wegen und weil er dem Adressaten ein leibhaftiges Stück Papier in die Hand legt, einen nobel gestalteten Briefbogen, der Schriftblock eingepasst in gefälligem Design, frei von allem Wirrwarr der Computer-Kürzel. (Unbedingt freilich mit der eigenen E-Mail-Adresse versehen: Denn niemand sollte sich genötigt fühlen, sich für die Antwort ebenfalls des Papiers zu bedienen.)

Im Stil, in der Wortwahl allerdings sollten auch sprachbewusste Schreiber eine Konzession an die E-Mail-Form erwägen. Ein paar Sympathie-Punkte ließen sich vermutlich damit gewinnen, dass der Schreiber sich dem mehr mündlichen Sprachduktus annähert – natürlich in korrekter Grammatik und mit Augenmaß: *kriegen* statt bekommen zum Beispiel, *runter* statt herunter, *mal* statt einmal – und allemal «sonst zieht's» (mehr in Rezept **40**). Dies unbedingt verbunden mit besonders konsequenter Anwendung der Gesetze der Verständlichkeit und der Regeln des attraktiven Deutsch – denn der E-Mail-Leser ist der ungeduldigste, der fluchtbereiteste von allen.

Short Message Service (SMS)

Der *Short Message Service* ist Stilratschlägen unzugänglich und bedarf ihrer nicht; es könnte aber sein, dass der Umgang mit ihm die Erwartungen verändert, mit denen seine Benutzer den konventionellen Sprachprodukten entgegentreten.

Die 160 möglichen Zeichen wären eigentlich ausreichend für zwei oder drei ganz normale Sätze; weil es aber bis zu siebenmaliges Drücken erfordert, aus den 10 Tasten des Handys die 26 Buchstaben und dazu die Satzzeichen herauszuholen, regiert ein extremer Telegrammstil, überhöht durch einen Kult der Kürzel wie *c u later* (see you later) oder *rofl* (rolling on floor laughing). Dazu tritt gewiss die Lust am Spiel mit diesen, es ist ein Sport, den zu beherrschen Zugehörigkeit beweist. Zwei Folgen: Suchtverhalten mit ruinösen Telefonrechnungen breitet sich aus, und SMS «erhebt Fauldeutsch zur Amtssprache», schrieb 2004 die *Weltwoche*.

Das Chatten

Die Anonymität dieses Elektronik-Schwatzes wird oft als Einladung zur Selbstinszenierung empfunden, zur spielerischen Lüge, befreit von allen Zwängen bürgerlichen Anstands. So entsteht eine Schnellkommunikation von äußerster Laxheit – man ist ja ungeduldig und haftet für nichts. Obwohl der Chatter für jeden Buchstaben nur einmal zu drücken braucht, feiern die meisten eine ähnliche Orgie der Abkürzungen, vermehrt um Kunstwörter, die oft Züge einer Babysprache haben oder sich an die Sprechblasen der Comics anlehnen: *handgeb, kopfschüttel, megaknuddel, luftschnapp*.

Was folgt daraus für die Schreiber konventioneller Texte, wenn sie noch auf Leser hoffen? Nie zuvor ist mit der Schrift, einst von Priestern erfunden und verwaltet, ein derart flatterhafter Umgang getrieben worden. *Was* da mitgeteilt wird, wäre in einem anderen Medium überwiegend der schriftlichen Mitteilung nicht für wert befunden worden; in der Sache also handelt es sich zumeist um redundantes Geplapper.

Doch *wie* es mitgeteilt wird, in dieser Mischung aus totaler Sorglosigkeit und äußerster Gedrängtheit – das sollte Berufsschreibern wohl drei Einsichten nahe legen: Lange Texte haben es noch schwerer als früher, gelesen zu werden; die Empfindlichkeit gegenüber bombastischen Wörtern steigt (dazu Rezepte **24** bis **28**); die Bereitschaft, sich auf komplizierte Satzkonstruktionen einzulassen, sinkt. Schon hat die Kürzelsprache Eingang in die Werbung gefunden: *2 BIG 4YOU*, inseriert McDonald's (too big for you). Vielleicht also wird das Drei-Sekunden-Intervall beim Satzbau (in Rezept **3** vorgestellt) bald eine zu hoch angesetzte Obergrenze sein.

Schreiber: Unsere Plage wächst!

IV
Ist die Sprache nicht sowieso unlogisch?

Ja, sie ist es – von Vieldeutigkeiten und Widersprüchen schmerzlich durchsetzt. Nur ausnahmsweise sind sie in der *Grammatik* verwurzelt: «Die Einbrecher erwischten die Polizisten auf frischer Tat», dürfen wir schreiben, falls wir es ertragen, dass die grammatisch nächstliegende Deutung des Satzes lautet, die Einbrecher (Nominativ) hätten die Polizisten ertappt. Für den wahrscheinlicheren Fall, dass die Einbrecher die Erwischten waren (Akkusativ), stellt uns die Grammatik keine unterscheidende Form zur Verfügung. Damit können wir leben; wir sollten lediglich beschließen, einen Satz nur dann mit dem Objekt zu beginnen, wenn es durch seine Form als solches erkennbar wird («Den Einbrechern lauerten die Polizisten ...», Rezept **13**).

Wer aber in den *Wörtern* Klarheit sucht, macht peinliche Erfahrungen. Wir bedienen uns eines Mediums, das bei einer Eignungsprüfung «Wie können wir uns optimal verständigen?» ziemlich schlechte Noten bekäme. Zunächst: Viele Wörter, die wir durchaus brauchen könnten, bietet die Sprache uns einfach nicht an, von *Wortlücken* wird da gesprochen. Einer, der genug gegessen hat, ist *satt* – was ist einer, der genug getrunken hat? Die «Gesellschaft für deutsche Sprache» hat da 1993 ein Preisausschreiben veranstaltet – vergebens, aber unter anerkennender Nennung des von Robert Gernhardt erfundenen Wortes *schmöll*.

Fast immer verweigert uns die Sprache die Benennung der Mittellagen: Einer, der nicht lacht und nicht weint, mag ja noch lächeln oder traurig, zornig, finster dreinblicken; der Ausdruck eines typischen U-Bahn-Gesichts jedoch entzieht sich jeder Beschreibung. Zwischen der verschämten Jungfrau und dem unverschämten Erpresser müsste sich die natürliche Nichtverschämtheit eines Liebespaars formulieren lassen – aber ohne dieses Kunstwort schaffen wir das nicht.

Wo wir Wörter vermissen, können wir uns behelfen; den Tiefpunkt erreicht unser Wortvorrat dort, wo er sinnlos durch die Logik taumelt. Wörter sind immer Urenkel: Vielen kleben noch die Urteile und Vorurteile unserer steinzeitlichen Ahnen an, andere haben sich durch die Wechselfälle ihrer langen Geschichte eine Menge Unsinn aufgeladen. Und meistens lassen wir's dabei: Niemand hat bisher versucht, den doch eigentlich unerträglichen Zustand zu beenden, dass der Bestandteil *Lust* im Lustspiel ebenso zu Hause ist wie im Lustmord.

Ja, die zusammengesetzten Substantive! Einerseits sind sie der erfolgreichste Exportartikel deutscher Sprache (Weltschmerz, Kindergarten, Wanderlust), andrerseits stehen ihre Elemente auf verwirrende Weise in jeder beliebigen Beziehung zueinander. Das Schneckenhaus gehört nur einer Schnecke, die Zahnbürste putzt meist mehr als einen Zahn. Der Juwelendieb stiehlt Juwelen; der Taschendieb aber nicht Taschen, sondern den Inhalt von Taschen; der Hoteldieb nicht Hotels, sondern Wertsachen aus dem Hotel, zum Beispiel Juwelen; der Meisterdieb nicht Meister, sondern er ist ein Meister im Stehlen; der Strauchdieb nicht Sträucher, sondern er lauert hinterm Strauch, um zu stehlen.

Am übelsten aber werden wir dort bedient, wo ein Wort zugleich sein eigenes Gegenteil bedeutet. Wir kennen das schon aus dem Lateinischen, der viel gerühmten Hochburg der Logik: *altus* heißt erstens «hoch, erhaben», zweitens «breit, weit», drittens «tief, versteckt». Es ließe sich also mit demselben Wort ein hoher Turm bezeichnen, der sich breit und tief im Land vergräbt. Und dann die so genannten Deponentia, Verben in Leideform, die das Leiden jedoch irgendwo deponiert haben müssen: *admiror* hat die grammatische Gestalt «ich werde bestaunt», aber den Inhalt «ich staune» – logisch der schiere Skandal.

Seltsame Widersprüchlichkeit begegnet uns auch im Französischen: *personne* heißt ursprünglich «jemand», eine Person natürlich – heute aber fast nur noch «niemand», die Person ist verschollen.

Wenn wir ein unscheinbares, fast beliebiges deutsches Wort wie *aufheben* unter die Lupe legen, kann uns ebenfalls schwindlig werden. Denn aus den drei Silben springen uns fünf Bedeutungen entgegen, die absolut nichts miteinander zu tun haben. «Aufheben» kann ich ein Blatt Papier, weil es runtergefallen ist – aber auch, indem ich es aufbewahre. Wird jedoch eine Vorschrift «aufgehoben», so soll sie gerade nicht konserviert werden, sondern im Gegenteil: abgeschafft, außer Kraft gesetzt (ähnlich Gesetze, Zölle, Sanktionen). Bin ich wiederum bei einem Freund «gut aufgehoben», so hat er mich weder für ungültig erklärt noch mich vom Boden aufgelesen, noch mich seinem Archiv einverleibt; und was eigentlich tadeln wir an einem Menschen, dem wir vorwerfen, er mache «zu viel Aufhebens» von sich?

So geht es weiter. Das Wörtchen *erst* hat nicht weniger als 12 Bedeutungen, die großenteils einander ohrfeigen (am Schluss des Kapitels vorgestellt). Der Tiefpunkt wird von der *Untiefe* markiert: Sie bezeichnet, mit dem Segen des Dudens, ja des Grimm'schen Wörterbuchs, erstens eine seichte Stelle, das Gegenteil von Tiefe also, und zweitens «die ungewöhnliche, abgrundartige Tiefe», wie der Große Grimm sich ausdrückt.

Der Ursprung des Zwiespalts ist erklärlich – sein Resultat ist kaum erträglich. Er liegt in der Doppeldeutigkeit der Vorsilbe *un-*. Sie bewirkt zum einen die Verneinung, die Durchkreuzung (unmöglich, unvorstellbar), zum andern aber eine Verstärkung: Die Unmenge ist mehr als die Menge, das Unwetter schlimmer als das Wetter (dazu Rezept **42**). Für Segler und Seefahrer – und nur für sie – fallen die beiden Bedeutungen zusammen: Die verneinte Tiefe ist zugleich die für sie schlimme Tiefe, sie wollen nicht auf Grund laufen. Die meisten anderen Deutschen aber hören nur die Steigerung durch *un-* heraus: Beim Schwimmen wird ihnen dann unheimlich zumute, wenn das Wasser nicht mehr zwei, sondern wenn es plötzlich zweitausend Meter tief ist.

Wie können wir mit solchem Unfug leben? Der Widerspruch in sich selbst, wie hier, ist noch das seltenere Problem: Was jeden, der sich eindeutig ausdrücken möchte, ins Grübeln oder in Verzweiflung stürzt, ist das Schillern der Wortbedeutungen, gerade wenn sie alle verwandt miteinander sind.

Feiert also der Festredner am Muttertag die Mütter. Dass er die Schraubenmuttern nicht meint, ist klar. Aber will er eigentlich auch Pflegemütter, Stiefmütter, Schwiegermütter einschließen und unter den leiblichen Müttern die Rabenmütter? Hat er eine Kontrolle darüber, welche Art von Müttern den Zuhörern während seiner Rede einfällt? Vielleicht färben bei einigen ja sogar Mutter Teresa, Mutter Courage oder Mutter Erde auf ihr Verständnis ab.

Und bei politischen Kampfbegriffen wie «Gleichheit» oder «Gerechtigkeit» sollte das Problem geringer sein? Bei der Gleichheit ist die Wörterbuchdefinition verwirrend genug: «Übereinstimmung in bestimmten Merkmalen», lautet sie, «große Ähnlichkeit». Die Gleichheit eine bloße Ähnlichkeit – wer hätte das gedacht? Meinen es die Politiker so, die das Wort so gern im Munde führen, bei der «Chancengleichheit» beispielsweise? Verstehen es auch ihre Wähler so? Ist es populäres Wissen, dass ein Würfel und eine Kugel in der Mathematik als «gleich» bezeichnet werden, falls sie dasselbe Volumen haben? Zwei *Kugeln* gleicher Größe wären «kongruent», viel mehr als gleich also. Mag sein, dass viele Politiker den Unterschied nicht kennen; die aber doch, verschweigen ihn.

Was folgt aus alldem? Nicht Verzweiflung, sondern einfach Vorsicht. Falls es – hoffentlich – unser Wunsch ist, uns eindeutig auszudrücken, so müssen wir unsere Wörter misstrauisch beäugen, im Idealfall ihnen sogar jene Geduld zuwenden, die Franz Kafka beim Formulieren besaß: «Jedes Wort, bevor es sich von mir niederschreiben lässt, dreht sich zuerst nach allen Seiten um.»

Oft, das ist wahr, stellt die Sprechsituation die Klarheit her: Niemand wird grübeln, ob ich mit dem Wort «Tor» das Hoftor meine oder den armen Tor, als den Faust sich bezeichnet, oder beim Fußball den Jubelschrei. Ebenso oft aber trägt das Umfeld zur Verdeutlichung nichts bei: Die Mutter beim Festredner und die Chancengleichheit beim Politiker werden ja normalerweise nie erklärt. Auch ist es nicht üblich, dass ein Naturschützer uns auseinander setzt, was er da schützen will: die Donau-Auen und die Serengeti – oder auch Bandwürmer und Streptokokken, die doch genauso dazugehören?

Wer sich mit dem Satzzusammenhang trösten möchte, der ist sogar besonders schlecht beraten. Mag es ihm auch hie und da gelingen, einen Satz zu bauen, dessen Klarheit auf die Wörter abstrahlt – was wir lesen müssen, ist überwiegend das Gegenteil: Selbst eindeutige Begriffe ersticken im Morast einer Syntax, die Verständlichkeit entweder gar nicht anstrebt oder außerstande ist, sie herbeizuzwingen; die Rezepte **2** bis **15** werden anschaulich machen, dass es schrecklich oft so ist – und was man dagegen tun kann.

Wenn der Erste zugleich der Letzte ist

Einen Gipfel der Vieldeutigkeit, ja des Selbstwiderspruchs erklimmen die vier Buchstaben des Wörtchens ERST. Wem dazu unwillkürlich einfällt, dass es einfach den Ersten, die Erste, das Erste bezeichne, das Vornedran – der irrt. «Erst» hat 12 Bedeutungen: früher *und* später, oben *und* unten, wenig *und* viel.

Früher

1. *zuerst, ganz vorn:* Erst bin ich dran, Liebe auf den ersten Blick.
2. *anfänglich, vorläufig:* Erst ging noch alles gut, das reicht fürs Erste.
3. *kurz zuvor:* Ich bin eben erst gekommen.

Später

4. *etwas später:* Darüber muss ich erst nachdenken.
5. *viel später:* Das werde ich erst in drei Jahren schaffen.
6. *ganz spät, endlich:* Wären wir doch erst zu Hause!
7. *zuletzt, ganz hinten:* Erst kommen wir – *dann erst* bist du dran!

Oben oder unten

8. *ganz oben:* erstklassig, die erste Wahl, das erste Haus am Platze.
9. *ganz unten:* der Erstklässler

Wenig

10. *in der Zeit:* Wir haben erst die Hälfte geschafft.
11. *im Wert:* Sie nahm den erstbesten Mann.

Viel

12. *auftrumpfend:* Und ich erst! Nun erst recht!

V
Die Sprache verändert sich –
was sollen die alten Normen?

Die Frage ist berechtigt – die in ihr schon angelegte Antwort falsch. Die Sprache verändert «sich» nämlich *nicht*. Es existiert keine abstrakte Wirkungsmacht namens «Sprache», die auf unerforschliche Weise sich selbst veränderte. Nein: *Wir* entwickeln sie, wir, die fast hundert Millionen Europäer deutscher Muttersprache, mit allem, was wir sagen oder nicht sagen, schreiben oder nicht schreiben. Jeder hat einen Einfluss größer als null.

Martin Luther hat die Sprache ganz gewaltig entwickelt, alle Dichter, zumal die populären, haben es getan, und heute üben Journalisten, Schriftsteller, Werbetexter einen mächtigen Einfluss aus, auch Fernsehplauderer, Popstars, Discjockeys, Sportler mit ihrem Mikrophongestammel; nicht zu vergessen die Soziologen, deren Hinterfragungs- und Selbsteinbringungskauderwelsch man sogar von jungen Leuten hören kann, die auf der Parkbank schmusen.

Und dann jene gesellschaftlichen Gruppen, die bewusst eine Sprachlenkung betreiben und dabei die Macht bewiesen haben, sie durchzusetzen: Die feministische Bewegung hat es binnen etwa zwanzig Jahren geschafft, in allen amtlichen Schriftstücken sowie in den meisten Redaktionen entweder eine neutrale Geschlechtsbezeichnung («die Lehrperson») oder die Doppelnennung zu erzwingen, und andere Abweichungen vom herkömmlichen Sprachgebrauch will die *Political Correctness* uns vorschreiben (dazu Rezept **22**).

Sprachmacht wird indessen auch ohne politische Absicht ausgeübt. Etliche Marotten, die sich Rudolf Augstein 1947 als Markenzeichen für den *Spiegel* ausdachte, sind Gemeingut geworden: die Abschaffung des Personalpronomens zum Beispiel («Ehefrau Hilde mit Sohn Otto» – für *seine* Frau mit *ihrem* Sohn war kein Platz) oder die Versaubeutelung des Genitivs («Der Einfluss *von* Gesellschafter Meyer ...»). Wer bezweifelt, dass dies eine Erfindung von 1947 ist, beweist damit nur, wie erfolgreich sie die Sprache unterwandert hat. Die *Bildzeitung* wirkt natürlich sprachbildnerisch auf ihre elf Millionen Leser ein; und wenn wir heute «Iran» sagen zu jenem Land, das vor einem halben Jahrhundert alle Deutschen «Persien» nannten, dann deshalb, weil die *Deutsche Presseagentur* (dpa) sich entschieden hatte, die Sprachregelung des Auswärtigen Amtes zu übernehmen, so dass die nun alle Zeitungsleser erreicht.

Keiner von den Sprachveränderern hat gefragt, ob er befugt ist, einen Wandel herbeizuführen, keiner war von einer Mehrheit der Deutschsprachigen oder von einem halbwegs zuständigen Gremium beauftragt oder legitimiert. Alle haben die Sprache wohlgemut verändert zu ihren politischen, kommerziellen oder individuellen Zwecken.

Wer solche Zwecke nicht verfolgt, sondern einfach einer klaren, kraftvollen Sprache dienen will, der muss sich also seinerseits um Legitimation nicht scheren. Er ist selbst ein Stück Sprachentwicklung und kann sich fröhlichen Gewissens zur Umgestaltung aufgerufen fühlen. Ebenso selbstverständlich hat er das Recht, solche Veränderungen zu kritisieren oder zu bekämpfen, die er für unglücklich hält.

Wie dient man der Sprache am besten? Indem man versucht,
- ihren Reichtum zu erhalten
- ihre Alltagstauglichkeit unter ständig wechselnden Bedingungen zu wahren
- ihre Kraft und Eleganz zu mehren
- jedem tückischen oder lümmelhaften Umgang mit ihr in den Weg zu treten.

Einbalsamieren will die Sprache keiner. Wir wissen, dass sie lebt und sich verändern muss; aber das ist nicht gleichbedeutend mit der Leidenschaft, vor jedem modischen Unfug in die Knie zu gehen.

Der simpelste Fall von Sprachentwicklung findet dort statt, wo etwas neu in die Welt tritt und nach Benennung ruft. Wie, zum Beispiel, sollte die Maschine heißen, der das Kunststück gelang, Wagen über Schienen zu ziehen? «Dampfross» wurde sie zunächst genannt, Erfinder der Metapher unbekannt – aber eigentlich war er ein begabterer Mensch als jener lateinkundige Studienrat, der das Wort «Lokomotive» durchsetzte. Die Bedeutung «sich von der Stelle bewegend» träfe ja ebenso auf das Automobil zu, «das sich selbst Bewegende»; die Abgrenzung zwischen den beiden Wörtern ist ein historischer Zufall – und kein Beispiel für intelligenten Umgang mit der Sprache.

Nach diesen Schlaglichtern auf den Sprachwandel, gesteuerten und unwillkürlichen, stellen sich erst recht zwei Fragen: Sind *Sprachnormen* noch zeitgemäß, zumutbar, durchsetzbar? Und muss dieses Buch die grammatische Norm wirklich durch *Normen der Verständlichkeit* noch ergänzen, ja übertrumpfen?

Die Normen der Verständlichkeit – in den nun folgenden Rezepten werbend ausgebreitet – haben immerhin zwei Vorzüge. Von der grammatischen Norm heben sie sich ab durch lückenlose Klarheit, ohne lästige Ausnahmen wie die vielen unregelmäßigen Verben, ohne Hochseilakte wie die Unterscheidung der beiden Konjunktive; und von den Selbstwidersprüchen der Sprache und dem Gewoge der Wortbedeutungen unterscheiden sie sich durch strikte Plausibilität.

Trotzdem: Soll sich der Schreiber denn von noch mehr Normen einmauern lassen als in der Schule? Wo bleibt die viel gepriesene Kreativität? Sie muss keinen Schaden leiden:

Die meisten großen Schreiber deutscher Sprache haben so geschrieben, dass aus ihren Texten die Gesetze der Verständlichkeit jederzeit hätten abgeleitet werden können; die Wissenschaft liefert nur Messzahlen für ihre Schreibtechnik: Luther und Brecht zum Beispiel, Lichtenberg und Büchner, der ganze Heine in der Prosa wie in den Gedichten, Franz Kafka und Heinrich Böll. Nicht Kleist, gewiss, nicht Thomas Mann – die gehören zu jener Minderheit der Dichter, die wir uns *nicht* zum Vorbild nehmen können, wenn wir für den Tag schreiben wollen und nicht für die Ewigkeit.

Die *grammatische Norm* ist nicht das Thema dieses Buches – sondern das Problem, wie weltfremd und leserfeindlich man schreiben kann, wenn man meint, mit der Befolgung ihrer Regeln habe man genug getan. Es ist die korrekte Grammatik, in der der Teufel steckt. Doch sogar für sie hier ein kurzes Plädoyer.

Die grammatische Norm ist ja ins Gerede gekommen, sie passte nicht in das Weltbild der revoltierenden Studenten von 1968. Die berüchtigten «Hessischen Rahmenrichtlinien für das Fach Deutsch» dekretierten 1972: «Mit der unreflektierten Einübung in die Normen der Hochsprache» würden die meisten Schüler ihrer sozialen Herkunft entfremdet und in der Artikulierung ihrer Interessen benachteiligt.

1976 gab der *Duden* die grammatische Norm preis: Er ersetzte das Soll durch das Ist, eine kritikfreie Bestandsaufnahme des geschriebenen Deutsch – wobei er zu seinen Quellen Johannes Mario Simmel und das Bulletin des Bundespresseamts zählte, ebenso die *Bildzeitung* und das *Neue Deutschland*. Die *Deutsche Presseagentur* folgerte daraus in einer Dienstanweisung von 1985: Vorsicht mit dem Duden! Da er nicht nur das Richtige, sondern auch das Übliche verzeichne, werde dpa sich mit seinen Fehlern im Duden wiederfinden, sobald es sie oft genug gemacht habe.

Wer das Übliche wiedergibt, ohne vor Missbrauch und Entstellung zu warnen, hat de facto eben das Übliche zum Richtigen ernannt, es zur Norm erhoben. Die Norm ist es ja wie eh und je, die die Duden-Benutzer in ihm suchen – eine Teufelsspirale, die sich in die Tiefe windet.

Dass eine Sprachnorm sich wissenschaftlich gar nicht begründen lasse, lautet ein flankierendes Argument ihrer immer noch zahlreichen Gegner in der Linguistik. Es hat zwei Schwächen: Wissenschaftlich nicht zu begründen ist auch der Rang der Bibel als Sprachkunstwerk – das spricht sehr für die Bibel. Und ein wichtiges Teilgebiet, die Verständlichkeit von Texten, *ist* längst eine Wissenschaft (seit 1949 in den USA, in Deutschland seit 1974).

Inzwischen hat die *Werbung* den Normverstoß als Köder für die Aufmerksamkeit entdeckt: «Deutschlands meiste Kreditkarte» zum Beispiel oder der Name einer Talkshow «Was erlauben Strunz?» (in Anlehnung an das krause Deutsch eines italienischen Fußballtrainers). Und fast schon geflügelt geworden ist der Werbespruch: «Da werden Sie geholfen.» Anno 2004 hat sogar und ausgerechnet die Präsidentin des Goethe-Instituts, Jutta Limbach, den *Spiegel* gelobt für seine «lebensnahe und schöpferische Sprache, die sich über einengende Regeln der deutschen Grammatik erhaben weiß».

Unbeschadet der Hoffnung, dass Frau Limbach dies ironisch gemeint haben könnte, hier die vier wichtigsten Gründe für die grammatische Norm.

1. Sie sorgt für Kontinuität in Raum und Zeit. Ein Holsteiner und ein Tiroler können mühelos miteinander korrespondieren, und selbst die mehr als 230 Jahre alten Texte des jungen Goethe können wir noch lesen.

2. Die Norm hält jenen Reichtum am Leben, der durch hundert Generationen aufgehäuft worden ist. Aus der Sprache des Volkes tauchen immer wieder kernige Wörter empor

– die Feinheiten der Form haben stets Priester, Mönche, Dichter, Lehrer der Sprache abgelistet oder aufgezwungen.

3. Die Norm kanalisiert die *spontane* Sprachentwicklung, soweit sie sich in den Formen äußert. Soll sie zum Beispiel die modische Wortstellung gutheißen «Weil ich habe keine Zeit»? Eine Mischung aus Steuerung und Phantasie hat noch keiner Kunst geschadet. Die Vorgabe «Eine Symphonie habe vier Sätze, der zweite sei langsam, der dritte ein Scherzo oder ein Menuett» hat Mozart oder Beethoven nicht eingeengt – sie wurden dadurch beflügelt.

4. Wer die grammatische Norm grob oder gar mutwillig verletzt (ohne sich den Dichtern, den Kabarettisten oder den Werbetextern zuzurechnen), der irritiert seine Mitmenschen oder macht sich vor ihnen lächerlich. Eben, wird da im Ungeist der Hessischen Rahmenrichtlinien argumentiert: Die Norm ist die Folter, der die Unterprivilegierten von ihren Beherrschern unterworfen werden.

Umgekehrt wird ein Schuh draus: Die Schule hat das Äußerste zu tun, um bei allen Schülern die Norm gegen die Gefühlsgrammatik durchzusetzen. Alle wollen, alle müssen sich an dem großen Sprachspiel beteiligen, ohne das unser Zusammenleben nicht funktionieren kann; also ist es zwingend, die Regeln dieses Spiels zu erlernen, und zumutbar auch: Komplizierter als die Abseitsregel im Fußball ist nämlich keine. Hauptsache, das Lernen macht nicht *nur* Spaß.

«Ohne Regeln», sagt Dolf Sternberger, «gibt es überhaupt keine Gesellschaft, auch keine künftige.» Und so werden hier zusätzlich die Grenzpfähle aufgestellt, zwischen denen Geschmack, Gefühl und Stil sich bewegen müssen, wenn sie es ernst meinen mit dem großen Ziel: Leser zu erreichen.

44 REZEPTE
FÜR DIE THERAPIE

1
Den Leser abholen

Wo? Dort natürlich, wo er sich mutmaßlich aufhält. Und wo wäre das? Dazu sollten wir die Psychologie des Lesens ins Auge fassen.

Wer sich entschließt, mit der Lektüre eines Textes zu beginnen, befindet sich zumeist in einer von drei Situationen: Er fühlt sich verpflichtet – er fühlt sich animiert –, und wenn keines von beiden: Er nimmt eine kleine Probe und entscheidet dann, ob er weiterlesen soll.

Wer sieht sich zum Lesen *verpflichtet*? Wer ein Schriftstück seines Lehrers, seines Professors, seines Vorgesetzten empfängt, auch den Brief eines schwierigen Sohnes, einer zudringlichen Behörde oder eines drohenden Rechtsanwalts. Solche Texte brauchen um Aufmerksamkeit nicht zu buhlen.

Wer fühlt sich zum Lesen *animiert*? Da gibt es vier typische Situationen:

- Der Autor oder der Titel eines Buches verspricht mir eine spannende oder bereichernde Lektüre.
- Die Überschrift eines Artikels kündigt mir ein Thema an, das mich angeht (Steuererhöhung) oder betroffen macht (Mord im Nachbarhaus) oder verblüfft (Schneesturm in der Sahara).
- Der Absender eines Briefes ist mir vertraut oder wichtig.
- Ich will mich in einem Lehrbuch oder einer Gebrauchsanweisung informieren (nach dem Murphy zugeschriebenen Spruch: «If all else fails, read the instructions»).

Ist es nun ein häufiger oder ein eher seltener Fall, dass ich mich gegenüber einem mir vorliegenden Text zum Lesen animiert oder verpflichtet fühle? Bei der Unmenge des Gedruckten und Geschriebenen, das auf uns eindrischt, muss man wohl sagen: Zum Lesen angestiftet zu werden durch Pflichtgefühl oder Interesse ist die weit seltenere Reaktion.

Wer eine Zeitung oder eine Zeitschrift vor Augen hat, einen Prospekt, eine Werbebotschaft, einen unverlangten Brief – der wird vielleicht schon durch eine langweilige Überschrift, einen hässlichen Anblick, eine entmutigende Länge des Textes daran gehindert, mit dem Lesen auch nur zu beginnen (dazu Rezept **43**). Wenn aber nicht, dann ist das Durchschnittsverhalten: Ich probier's mal ein paar Zeilen lang.

Das ist der Punkt, bei dem alles darauf ankommt, ob der Schreiber sein Handwerk versteht – ob es ihm also gelingt, das mäßige, vorsichtige, fast misstrauische Interesse dieses tendenziell Lesewilligen in eine nachhaltige Zuwendung zu verwandeln. Wenn der Autor das erreichen will, muss er vor allem dreierlei beherzigen.

Zum Ersten: Der Anfang, der «Einstieg» ins Thema, die allerersten Zeilen sollen den Leser fesseln; der Autor beginnt also mit dem Besten, Griffigsten, Überraschendsten, was sein Text hergibt. Die «Einleitung», wie der Schulaufsatz sie fordert, ist abgeschafft – es sei denn, gerade sie enthielte die Rosine. Der Schulaufsatz zielt ja nur auf *einen* Leser und findet ihn mit Sicherheit. Also ist er der Gegenpol aller Texte, die um Leser werben (dazu Rezept **33**).

Zum Zweiten: Geht es um ein Thema, bei dem der Autor mit ausgeprägten Meinungen seiner Leser darüber rechnen muss, so tut er gut daran, die vermutete Mehrheitsmeinung zunächst aufzugreifen, mit echtem oder scheinbarem Wohlwollen – ja die Leser sogar bei ihren Vorurteilen «abzuholen». Vorbildlich im Leitartikel der *Süddeutschen Zeitung* (2004) – unter der nichts verratenden Überschrift «Große und kleine Propheten» beginnt der Text so: «Dies ist ein Plädoyer fürs Langweilige, schon mal Dagewesene und Gutmeinende. Kurz: Es ist ein Plädoyer für den Katholikentag.» So eingestimmt und vermutlich gewonnen, ist der Leser bereit, es noch ein bisschen weiter zu versuchen. Hätte der Autor mit dem Großartigen an den Katholikentagen angefangen – vermutlich hätten zwei Drittel der Leser nach zwei Sätzen abgewinkt.

Und zum Dritten: Mit besonderer Aufmerksamkeit sollte der Autor das vermeiden, was den Leser nicht nur langweilt, sondern ärgert, oft also aus dem Text verscheucht – abstoßende Wörter und labyrinthische Sätze. Sie wären die Einladung, das zu tun, was dem Gros alles Gedruckten sowieso als Mehrheitsverhalten widerfährt: aufhören, nächster Text.

Also: Aufmerksamkeit gewinnen, herausragen aus der Wortlawine, den Zeitgeist überlisten – Leser herbeizaubern! Wie nimmt man sie an die Hand, damit sie sich nicht verirren in jenem Wortsumpf, der so oft entsteht, wenn die gute Absicht nicht weiß, wie sie sich realisieren soll? Welche Art von *Sätzen* man dazu anstreben, vor allem aber unbedingt vermeiden muss: Damit fangen wir an.

DIE SÄTZE

2
Rührei vermeiden

Man muss nicht unbedingt etwas gehört haben von dem kolumbianischen Philosophen Nicolás Gómez Dávila. Aber die *FAZ* hat 2004 einen goldenen Satz von ihm ausgegraben: «Der Schriftsteller, der seine Sätze nicht foltert, foltert seine Leser.» Das sagt es besonders drastisch, wofür hier schon in Kapitel I geworben wurde: Keiner möge von seiner ersten Niederschrift begeistert sein; wenn er Zeit und Ehrgeiz hat, dann plage er sich mit ihr – sonst bleibt die Plage am Leser hängen. Bestenfalls ärgert der sich nur; mit höherer Wahrscheinlichkeit läuft er dem Schreiber davon.

Warum aber den praktischen Teil dieses Buches mit den *Sätzen* beginnen – sind sie nicht aus *Wörtern* gemacht, gehen die nicht den Sätzen vorher? Dieser Einstieg hat zwei Vorzüge.

Erstens: Wörter dürfen sich durchaus unterscheiden je nach den angepeilten Lesern und dem angestrebten Sprachniveau; Sätze aber sollten *immer* überschaubar sein, jeder Leser ist dafür empfänglich. Demgemäß kann der Satzbau wenigen elementaren Gesetzen folgen; so viel Klarheit bietet die Auswahl der Wörter nicht.

Und zweitens: Abseitige, aufgequollene Wörter sind ja der klassische Gegenstand der Sprachglossen in unseren großen Zeitungen, und ebenso wird in der Schule fast durchweg vor ihnen gewarnt; da sind die Deutschlehrer zu loben. Ja, auch verschachtelte Sätze kreiden sie den Schülern manchmal an –

doch Rezepte dafür, wie man einen Wortmorast entwässert, sind in der Schule so selten wie bei den Glossenschreibern. Auf diesem Feld also herrscht der größere Nachholbedarf. Er beginnt mit der Einsicht: Die Unklarheit der Sätze ist meist noch größer als die Summe der Unklarheit oder Hässlichkeit der Wörter, aus denen die Sätze bestehen.

Denn tief steckt in den meisten von uns ein Freund des Omeletts; und sowenig sich kulinarisch dagegen sagen lässt: Wer Sätze zubereitet, sollte sich nicht des Schneebesens, sondern des Lineals bedienen. Was wird da alles ineinander gerührt an Haupt- und Nebensachen, Vorgriffen und Rückgriffen, Zuschreibungen und Abschweifungen – damit der Wortkoch nur sein geheimes Ziel erreicht: Erst wenn das Omelett gebacken und der Satz an seinem Ende ist, soll ich den Sinn verstehen. Die Satzbauregeln der deutschen Grammatik begünstigen das Rührei, aber sie erzwingen es nicht. Die Aufgabe für jeden, der gelesen und verstanden werden möchte, heißt daher: sich an ein paar schlichte Grundeinsichten halten – vor allem diese.

1. Mit *Hauptsätzen* kommt man überraschend weit, sie sind die erste Wahl (Rezept **7**).

2. *Angehängte Nebensätze* sind die häufigsten und die am ehesten willkommenen, leider mit etlichen Ausnahmen; also: zweite Wahl (Rezept **8**).

3. *Vorangestellte Nebensätze* können gut sein, wenn sie kurz sind – dritte Wahl (Rezept **11**).

Nicht zur Wahl dagegen stehen für jeden, der transparente, elegante Sätze formen will:
* Eingeschobene Nebensätze (Rezept **12**)
* Vorangestellte Attribute (Rezept **6**).

Alle Probleme des Satzbaus aber werden von der Einsicht überstrahlt, dass und warum ein Händedruck fast niemals länger als drei Sekunden dauert (Aufklärung folgt).

3
An die 3 Sekunden denken

«Beim 14. Wort eines Satzes setzt das Verständnis der meisten Zuhörer aus; Lesern kann man eine Satzlänge von allenfalls 18 Wörtern zumuten.»

Von dieser Art sind die Ratschläge in Stilfibeln und die Dienstanweisungen in Fernsehredaktionen und Nachrichtenagenturen. Doch sie sind allesamt ziemlich irreführend, und zwar aus vier Gründen.

1. Kurze Sätze garantieren für gar nichts – auch sie kann man miserabel bauen. «Vor vor dem Rathaus unbefugt abgestellten Kraftfahrzeugen wird gewarnt», heißt es auf einem Straßenschild in Hamburg, schwer verständlich, scheußlich – und nur 9 Wörter lang.

2. Eine *Reihung* kurzer Sätze, mit fünf Punkten in vier Zeilen beispielsweise, ergibt einen Holzhacker- oder Asthma-Stil, der niemanden zum Weiterlesen einlädt. (Abschreckende Beispiele in den Rezepten **14** und **15**.) Spätestens auf zwei kurze Sätze sollte ein längerer folgen (Rezept **8**).

3. Entscheidend für die Lesbarkeit ist gar nicht die Zahl der Wörter pro Satz, sondern die Einhaltung des Gesetzes der drei Sekunden, für die der Händedruck das erste Beispiel war (gleich mehr davon).

4. Was ist eigentlich ein Satz – immer das, was zwischen zwei Punkten steht? Aber wie verhält es sich mit den zwei Sätzen oder Satzteilen vor und hinter dem Doppelpunkt: Zählen wir die als einen Satz oder als zwei Sätze? Und mit dem Semikolon (Strichpunkt), das den Punkt zu einer Art gehobenem Komma aufweicht? (Über die Satzzeichen: Rezept **15**.) Wie steht es gar mit einer Reihung von Hauptsätzen, die der Schreiber nicht durch Punkte getrennt hat, sondern durch

Kommas – was immer erlaubt ist, sich für kurze Hauptsätze aber geradezu empfiehlt?

Zur weiteren Erschütterung der allzu groben Faustregel hier eine Strecke von 30 Wörtern, die Schiller (in der «Bürgschaft») seinen Lesern zumutet, ehe der Punkt kommt:

> Da treibt ihn die Angst, da fasst er sich Mut und wirft sich hinein in die brausende Flut und teilt mit gewaltigen Armen den Strom, und ein Gott hat Erbarmen.

Die Passage besteht aus drei Hauptsätzen: 5 Wörter – 20 Wörter, per Komma angehängt und durch zwei *und* gestreckt – 5 Wörter, wieder durch ein Komma mit dem Satzteil davor verbunden. Drei Hauptsätze also, aber *ein* Satz, oder? 30 Wörter lang, aber von Klarheit und von Kraft! Denn der Satz bewegt sich linear voran, ohne Schachtel, Ausbuchtung und Girlande, wie ein Pfeil – und das ist es, was einen guten Satz ausmacht.

Dem Rat, sich auf kurze Sätze zu beschränken, bleibt ein einziger Vorzug: Wer nach 18 Wörtern einen Punkt machen muss, hat einen Schachtelsatz von 30 oder 40 Wörtern in der Tat nicht produzieren können. Wer das jedoch begriffen und die Satzschachteln ein für alle Mal zertreten hat, der darf dann in der Länge wieder variieren, ja er soll es sogar. Sein Maßstab sei allein der: Habe ich alles, was im Satz zusammengehört, so dicht aneinander geschoben, dass meine Leser den Abstand dazwischen in maximal drei Sekunden überbrücken können?

Wer beim Händedruck seine Hand nach *weniger als zwei Sekunden* wegzieht, irritiert seinen Partner: Habe ich vielleicht klebrige Finger, oder kann der da mich nicht leiden? Wer sie mir aber *länger als drei Sekunden* schüttelt, der nimmt einen «Symmetriebruch» vor: Er will mich einer Freundschaft versichern, auf die ich vielleicht gar nicht gewartet habe, er ist zudringlich; vielleicht schielt er auch auf eine Fernsehkamera.

Dies ist eines der vielen Beispiele, mit denen Ernst Pöppel, Vorstand des Humanwissenschaftlichen Zentrums der Universität München, das zuerst von ihm formulierte Gesetz anschaulich macht: Für unser Bewusstsein, sagt er, ist die Gegenwart ein Fenster, das sich jeweils für zwei bis drei Sekunden öffnet – kein bloßer wandernder Punkt also wie in der Physik; was zwei Sekunden währt, empfinden wir als passend und angenehm, was drei Sekunden überschreitet, vermögen wir nicht mehr als Einheit zu umfassen, es springt ins nächste Fenster hinüber, «eine Gegenwartsinsel folgt der nächsten».

Zum Beispiel: Wie viel Zeit darf zwischen zwei Tönen höchstens verstreichen, damit wir sie noch als zusammenhängend erkennen, als Melodie? Zwei Sekunden. Wann spätestens muss sich ein neu erfundener Tanzrhythmus wiederholen, damit die Leute merken, dass man nach ihm tanzen kann? Nach zwei bis drei Sekunden. Wie lange dauern die Gesten der Völker – das Winken, Nasereiben, Vogelzeigen? Zwei bis drei Sekunden. Wie viel Zeit braucht der Leser für die laute oder leise Lektüre einer Verszeile in allen Kultursprachen? Fast immer zwei bis drei Sekunden. «Unbewusst», schreibt Pöppel, «nutzen die Dichter den Gehirnmechanismus, um Informationen optimal abzubilden.»

Und: «Auch Satzkonstruktionen liegen in diesem Zeitbereich», stellt Pöppel fest. Genauer: Sie müssen in ihm liegen, falls der Schreiber verstanden werden möchte. Das ist der Kernpunkt. Was im Satz zusammengehört und was der Leser folglich als zusammengehörig erkennen soll, das muss sich ihm binnen drei Sekunden erschlossen haben. Also hängt alles von der Antwort auf zwei Fragen ab: Wie viele Wörter oder Silben kann ich in diesen drei Sekunden lesen? Und auf welche Satzteile erstreckt sich das Gesetz?

Der Durchschnittsbürger bewältigt in drei Sekunden sechs

Wörter oder zwölf Silben. Selbst die oft empfohlenen Kurzsätze können also den Leser überfordern (wie der mit «Vor vor dem Rathaus ...»), wenn sie nicht sauber gebaut sind.

Natürlich, die Kennzahl ist ein grober Mittelwert. Leser, die hellwach und hochgebildet sind oder sich neugierig auf ein Thema stürzen, können vermutlich mehr als sechs Wörter überbrücken. Überwiegend aber richtet sich alles Gedruckte, Geschriebene und Gesendete an mäßig gebildete, mäßig wache, mäßig interessierte Leser, die fürs Lesen oder Hören eines bestimmten Textes erst gewonnen werden wollen.

Zwei Silben pro Wort sind erst recht ein grober Durchschnitt: Texte aus der Wissenschaft (Psychopharmakologie, 7 Silben) oder aus dem Marketing (Telekommunikationsdienstleistungen, 11 Silben) eilen ihm weit davon. Wer Zeit und Ehrgeiz hat, sollte also nicht die Wörter, sondern die Silben zählen – 12 dürfen es sein; und selbst dabei ist es ein Unterschied, ob ich die vier Silben *inkognito* oder die vier Silben *Schnellzugzuschlag* verwende.

Nur: Widerlegt wird das Gesetz der 3 Sekunden damit nicht. Unsern Leser kennen wir ja nur dann, wenn es sich um einen persönlichen Brief oder um den Schulaufsatz handelt. Das meiste, was wir schreiben, wendet sich an Leute, die wir nie zu Gesicht bekommen, oft an eine diffuse Masse, und die ist eben mit den Durchschnittswerten 3 Sekunden = 6 Wörter = 12 Silben gut bedient – jenem Abstand zwischen zusammengehörigen Satzteilen, den der Schreiber ihr gerade noch zumuten kann.

Dieser Abstand ist wahrscheinlich auch noch im Schrumpfen begriffen: Vorbei die Zeit, in der eine Kameraeinstellung im Film mindestens zwei Sekunden dauerte, wie das bis ins dritte Viertel des 20. Jahrhunderts üblich war. Heute tanzen uns die Bildschnitte in Viertelsekunden vor den Augen, ob in Werbespots, Videoclips oder den Vorspännen amerikanischer

Fernsehserien; und es wäre kurios, wenn diese organisierte, fast unentrinnbare Hektik *nicht* dazu beitrüge, unser Gegenwartsfenster zu verkleinern, zumal bei jungen Leuten, denen geruhsame Bilder völlig fremd geworden sind – so, dass sie den Abstand von 6 Wörtern schon als zu groß empfinden könnten.

Desto schwerer also wiegt die zweite Frage: *Was* im Satz ist so eng miteinander verwoben, dass jeder, der gelesen werden will, das Gesetz der 6 Wörter/12 Silben – oder demnächst ein noch strengeres – darauf anwenden muss? Viererlei vor allem:

- der Hauptsatz – also keine eingeschobenen Nebensätze (Rezept **7**)
- Artikel und Substantiv – also keine vorangestellten Attribute (Rezept **6**)
- Satzgegenstand und Satzaussage, Subjekt und Prädikat (Rezept **5**)
- die beiden Hälften eines mehrteiligen Verbums (Rezept **4**).

Es ist das zweigeteilte Verb, das Deutsch lernende Ausländer den Kopf schütteln lässt und Simultandolmetscher quält. Doch auch schlichte Leser deutscher Muttersprache sind jedem Schreiber dankbar, wenn er diese Tücke der deutschen Grammatik überlistet.

4
Beim Verb die Grammatik überlisten

Dass Peter seinem Vater im Garten geholfen hat, wäre wirklich nicht der Erwähnung wert – hätte die Duden-Grammatik diesen zeitlos schönen Satz nicht als Beispiel für das leidige «Umklammerungsgesetz der deutschen Syntax» aufgeführt. Auf Englisch, Französisch, Spanisch, Italienisch und in fast allen Sprachen der Welt heißt es ja: Peter hat *geholfen* seinem Vater im Garten; zuerst also wird mitgeteilt, was er getan hat – dann folgen die näheren Umstände.

Auch Deutschsprachige erkennen den Satz als ein bisschen kurios, sobald sie ihn auf der Zunge zergehen lassen. Peter *hat* (ich sag jetzt nicht, was er hat, sondern: *wem?*) *seinem Vater* (ich sag immer noch nicht, was er hat, sondern: *wo?*) *im Garten* (und nun sag ich, was er hat: seinem Vater vors Schienbein getreten? Ihm eine 5 in Mathe gebeichtet? Nein:) *geholfen*.

Das zweigeteilte Tätigkeitswort «umklammert» die Aussage, und das mag ja in den Augen von Linguisten und Literaturwissenschaftlern eine Stärke des Deutschen sein – für alltagstaugliche Prosa ist es die Pest, dass wir die zwei Hälften eines Verbums beliebig weit auseinander schleudern dürfen, ehe wir den Leser mit dem letzten Wort endlich wissen lassen, wie er den Satz hätte lesen sollen.

Zweiteilung ist sogar der häufigere Fall: in allen zusammengesetzten Tempora (ich habe ... gerufen, ich bin ... gekommen, ich werde ... verreisen); in Kombination mit den so genannten Modalverben (du kannst ... helfen, du sollst ... gehen, du musst ... verzichten); und bei vielen Verben schon im Präsens und im Imperfekt (ich klopfe ... an, ich schlage ... vor, mir fiel ... auf). Wir haben also Grund, vor dieser Fallgrube der Grammatik pausenlos auf der Hut zu sein.

Der Satz mit Peter allerdings *darf* so stehen bleiben. Warum? Weil der Abstand zwischen *hat* und *geholfen* nur 4 Wörter (7 Silben) beträgt: «seinem Vater im Garten». Das bleibt im Rahmen dessen, was unser Kurzzeitgedächtnis mühelos überbrücken, als Einheit begreifen kann: 6 Wörter/ 12 Silben. Doch ein Deutscher dürfte ja auch schreiben: «Peter hat, obwohl an einer fiebrigen Grippe leidend, seinem Vater, mit dem er gestern noch eine heftige Auseinandersetzung über . . .» und so weiter, beliebig lang, stets grammatisch korrekt, bis irgendwann die Auflösung kommt: Ach, wirklich geholfen? Das hätte ich nicht gedacht nach allem, was ich unterwegs erfahren habe.

In der Werbung, sollte man meinen, wird solcher Unfug nicht getrieben: Die Werber werden ja bezahlt dafür, dass sie Leser finden. Aber was musste man über eine Hautcreme lesen?

Auch im Wasser sind Sie (*ich bin also im Wasser – aber warum?*) entsprechend Ihrem Hauttyp (*dass ich meinem Typ entsprechend im Wasser bin, habe ich noch nie gewusst*) und dem verwendeten Lichtschutzfaktor (*dunkel bleibt der Rede Sinn*) bis zu 80 Minuten (*nein! So lange im Wasser war ich noch nie!*) vor der Sonne geschützt.

Vor der Sonne geschützt – warum nicht gleich? Weshalb hat der Texter uns 15 Wörter lang in die Irre geführt? *So* hätte er doch schreiben können:

> Auch im Wasser sind Sie bis zu 80 Minuten vor der Sonne geschützt, je nach Ihrem Hauttyp und dem verwendeten Lichtschutzfaktor.

Nun sind die beiden Hälften des Verbums, *sind* und *geschützt*, nur noch durch 8 Wörter statt 15 voneinander getrennt. Man könnte den Abstand sogar weiter verringern, wenn man schriebe:

Auch im Wasser sind Sie vor der Sonne geschützt – bis zu 80 Minuten, entsprechend Ihrem Hauttyp und dem verwendeten Lichtschutzfaktor.

Diese Form hätte zwei Vorzüge auf einmal: Die Kernaussage – dass die Creme mich auch im Wasser schützt – wäre in 1,5 Sekunden abgespult, und die beiden Hälften des Verbums wären nur noch durch die 3 Wörter *vor der Sonne* unterbrochen. Noch weniger ist im Deutschen nicht möglich: «Auch im Wasser sind Sie geschützt vor der Sonne», diese in fast allen Sprachen übliche und bei weitem praktischste Wortstellung, lässt unsere Grammatik nicht zu.

Dass die zweite, die sinnstiftende Hälfte des Verbums 15 Wörter lang auf sich warten lässt, ist noch ein glimpflicher Fall – verglichen mit jenen Sätzen, in denen unsere großen Zeitungen ihren Lesern mehr als 40 Wörter lang die Mitteilung vorenthalten, welchen Weg durch das Labyrinth sie hätten nehmen sollen. (Wenn als abschreckende Beispiele hier vor allem die *Süddeutsche Zeitung* und die *FAZ* zitiert werden, so deshalb, weil es die Blätter sind, die der Verfasser regelmäßig liest; vielleicht aber auch, weil der höhere Anspruch der beiden Redaktionen mit dem im Bildungsbürgertum verbreiteten Missverständnis einhergeht, nur komplexe Sätze könnten gute Sätze sein.)

Zum Beispiel 43 Wörter in der Information, die der Süddeutsche Verlag 2004 an seine Leser richtete (eine *nicht vollziehbare* Information also, siehe **II**):

In und um München **wird sich** die *Süddeutsche Zeitung* künftig auf den für ihre Leserschaft und den Anzeigenmarkt maßgeblichen Wirtschaftsraum mit seinem Großstadtpublikum *und* den nach München orientierten Berufs-, Einkaufs- und Freizeitpendlern in den Landkreisen München, Dachau, Fürstenfeldbruck, Starnberg, Ebersberg sowie Teilen der Landkreise Freising, Erding und Wolfratshausen **konzentrieren**.

Die *Süddeutsche Zeitung* wird sich also auf den Wirtschaftsraum konzentrieren, der für ihre Leser und den Anzeigenmarkt maßgeblich ist (nun ein Doppelpunkt): das Großstadtpublikum und die Pendler auch aus Landkreisen, nämlich …

Dass es sich um «Berufs-, Einkaufs- und Freizeitpendler» handelt, ist eine vermeidbare Pedanterie; dass sie «nach München orientiert» sind, ahnte man ohnehin; und die acht Landkreise allesamt aufzuführen, noch ehe die Satzkonstruktion überschaubar geworden ist, zeigt typisch den weltfremden Hochmut der Grammatiker gegenüber allen, die sie sich doch als Leser wünschen. Wären die beiden Teile des Tätigkeitswortes wenigstens **gefettet** wie hier – der Leser hätte hinten beginnen und sich nach vorn durchrobben können. Aber solches Entgegenkommen ist in Zeitungen nicht üblich, und so stochert man bis zum Schluss ratlos im Bleisumpf herum.

Einem Freiburger Literaturwissenschaftler gab die *FAZ* 2004 Gelegenheit, den folgenden Satz gedruckt zu sehen – mit zwar nur 42 Wörtern bis zum sinngebenden Verb, unter denen sich aber Kostbarkeiten wie *Komplementaritätsansatz* befinden:

> Tatsächlich **haben** Wolfgang Pauli, einer der kritischsten Köpfe der modernen Physik, und der Tiefenpsychologe C. G. Jung in ihrem Briefwechsel auf der Basis dieses Komplementaritätsansatzes von Wellensicht und Teilchensicht das Modell einer universalen Komplementarität der kausalitätsorientierten naturwissenschaftlichen Betrachtungsweise und der sinnorientierten Betrachtungsweise der Geisteswissenschaften **entwickelt**, die zwar einander ausschließen, aber nur einander ergänzend die eine Welt ganz erfassen.

Wie bewältigt ein Simultandolmetscher einen solchen Satz? Überhaupt nicht – falls er sich nicht anhand eines ihm schriftlich vorliegenden Textes präparieren kann: Dann unterstreicht er das Verbum am Ende des Satzungetüms, um es in allen Sprachen, in die er übersetzt, nach vorn zu ziehen; verrückt genug.

Muss er jedoch ohne Manuskript arbeiten, so packt ihn die Panik: Er kann es nur falsch machen. Stellt er auf halbem Wege eine Vermutung darüber an, wie der rettende Verbteil lauten könnte, so läuft er Gefahr, sich in Peinlichkeit zu verstricken: «Die Schüler *schlugen* Otto, nachdem sie ihn . . . , obwohl er . . .», *grün und blau* also? April, April!, «. . . zum Klassensprecher *vor.*»

Wartet der Dolmetscher aber, bis das hintere Verbteil endlich herankeucht, dann kann er (**a**) Satz 1 erst übersetzen, während er eigentlich dem Satz 2 lauschen müsste, und (**b**) die 42 Wörter davor niemals aus dem Gedächtnis rekonstruieren. Nach einer verbreiteten Selbsteinschätzung dieses Berufsstandes ist bei 12 Wörtern die Obergrenze der Merkfähigkeit erreicht – 30 Wörter des Redners wären bei der mündlichen Übersetzung durchgefallen. Welche Narretei!

Die 12 Wörter der trainierten, angespannten, zum Schwitzen bereiten Berufszuhörer sind kein Widerspruch zu unserem Gesetz der 6 Wörter/12 Silben, sondern eine plausible Ergänzung: Wer eben kein ausgebildeter, hochkonzentrierter, auf unseren Text erpichter Hörer oder Leser ist, der schafft die Hälfte.

Und doch sollten die Simultandolmetscher jedem Schreiber ein warnendes Beispiel sein: Seine Leser oder Hörer haben ja dasselbe Interesse wie der Übersetzer, frühzeitig im Satz zu erfahren, wohin der steuert – nur der *Grad* ihres Ärgers ist verschieden: Was dem Dolmetscher den kalten Schweiß auf die Stirn treibt, bewirkt beim typischen Leser oder Hörer nur, dass er das unsägliche Satzgebilde entweder halbverstanden an sich vorüberrauschen lässt oder dass er in die gähnende Bereitschaft verfällt, sich der weiteren Lektüre zu verweigern.

Und was tut man dagegen?

Es gibt genügend Methoden, das vermaledeite Umklamme-rungsgesetz der deutschen Syntax zu überlisten oder lahm zu legen: neun an der Zahl.

1. ZWEITEILUNG VERMEIDEN: Man versucht ein ein-teiliges Tätigkeitswort zu finden, das das geteilte ersetzen kann. *Nicht*: Das Buch stellt die Zusammenhänge dar, *son-dern*: Das Buch behandelt, beschreibt, erörtert die Zusam-menhänge.

2. NEUEN HAUPTSATZ ERÖFFNEN *Nicht*: Die Aktio-näre *werden* nach der Entgegennahme des festgestellten Jah-resabschlusses einen Beschluss über die Erhöhung des Grundkapitals von 40 auf 60 Millionen Euro *fassen*. *Sondern:* Die Aktionäre werden zunächst den Jahresabschluss entge-gennehmen. Dann werden sie ... (oder: ... entgegennehmen, dann ... fassen).

3. UMSTANDSANGABEN VOR DIE ERSTE HÄLFTE DES VERBUMS ZIEHEN (*ins Vorfeld* des Satzes).

Nicht: Das kann in der aktuellen Verfassung unseres Lan-des ... (folgen 12 Wörter) ... nicht wünschenswert sein.

Sondern: In der aktuellen Verfassung unseres Landes ... *kann* das nicht wünschenswert *sein*.

4. Bei einer Aufzählung: DIE ZWEITE HÄLFTE DES VERBUMS HINTERS ERSTE ODER ZWEITE GLIED SCHIEBEN.

Nicht: Sie *hatten sich* über den bevorstehenden Umzug, die Einrichtung des Wohnzimmers, die Kacheln im Bad, den Motorrasenmäher und vieles mehr *gestritten*.

Sondern: Sie *hatten sich* über den bevorstehenden Umzug *gestritten*, über die Einrichtung des Wohnzimmers ...

Auch einem kurzen, durchaus übersichtlichen Mittelfeld kann dadurch ein Gewinn an Kraft entstehen.

Aus einer Tischrede über den Verfall der Höflichkeit: «Wenn ein Mann einer Frau die Autotür öffnet, dann nur, weil entweder das Auto oder die Frau neu ist.»

Das ist hübsch. Noch besser aber: «... dann nur, weil entweder das Auto *neu ist* oder die Frau».

Im ersten Fall enthalten die Wörter «das Auto oder die Frau» noch keinerlei Witz; erst wenn ich «neu ist» gelesen habe, erkenne ich, zurückspringend, die Pointe.

Heißt es aber: «... entweder das Auto *neu ist* oder ...», so kann ich sofort zu lachen beginnen, wenn das Wort «Frau» gefallen ist. Und dies sollte man nicht als Kichererbsenzählerei abtun. Es ist umgekehrt ein Beitrag zu der Gesinnung, die den Schreiber ununterbrochen leiten sollte: Ich schreibe immer *vorwärts*, meine Sätze sind Pfeile, keinen meiner Leser nötige ich zu einer Springprozession (zwei vor – eins zurück), und keine Verbesserung ist mir zu geringfügig, wenn ich um Leser werbe.

5. MÖGLICHST VIELE EINZELHEITEN IN EINEN ANGEHÄNGTEN NEBENSATZ SCHIEBEN.

Nicht: Dem Fachausschuss *sollte* bis zum 18. Juni ein Vorschlag über ein Stufenkonzept zum Aufbau einer Notrufzentrale einschließlich des hierfür erforderlichen zeitlichen Rahmens *unterbreitet werden*.

Sondern: Dem Fachausschuss *sollte* bis zum 18. Juni ein Vorschlag *unterbreitet werden*, wie der Aufbau einer Notrufzentrale in Stufen vollzogen werden kann, einschließlich der hierfür erforderlichen Zeit. (Ab «einschließlich»: Methode 7. Der *Rahmen* entfällt sowieso.)

6. EINGESCHOBENE NEBENSÄTZE IN ANGEHÄNGTE VERWANDELN.

Nicht: Hat ein Verurteilter die Fähigkeit, öffentliche Ämter zu bekleiden und ... (folgen 17 weitere Wörter) ... *verloren*, so läuft die Frist nicht ab.

Sondern: Hat ein Verurteilter die Fähigkeit *verloren*, öffentliche Ämter zu bekleiden ...

Das Nicht-nach-vorn-Ziehen der zweiten Verbhälfte ist hier der schiere Mutwille.

7. EINZELHEITEN NACHTRAGEN MIT DOPPELPUNKT, GEDANKENSTRICH ODER KOMMA.

Nicht: Dafür *werden* rund 85 000 Tonnen – von der kleinsten Schraube bis zu groß dimensionierten Lasten – aus USA, Kanada, Deutschland, Italien, Spanien und Japan nach Chile *transportiert.*

Sondern: Dafür *werden* 85 000 Tonnen nach Chile *transportiert*, von der kleinsten Schraube bis zu groß dimensionierten Lasten, aus den USA, Kanada ...

8. EINZELHEITEN NACHTRAGEN MIT HILFE VON

und zwar

nämlich

besonders

außerdem

das heißt

in der Absicht

mit der Begründung usw.

Nicht: Er *zog* in der Hoffnung auf günstigere Berufschancen vor zwei Jahren mit Kind und Kegel nach New York *um.*

Sondern: Vor zwei Jahren (Methode 3) *zog* er mit Kind und Kegel nach New York *um*, in der Hoffnung auf günstigere Berufschancen/in der Hoffnung, dort günstigere Berufschancen zu finden.

9. DIE UMSTANDSANGABEN NACHTRAGEN. Dies ist ein klassisches Stilelement der deutschen Literatur von Lessing bis zur Gegenwart; aus unerforschten Gründen jedoch hält die Schulgermanistik eine solche Wortstellung für bedenklich, wenn nicht für falsch – mit ihr die Mehrzahl der Deutschlehrer und dazu viele, zumal ältere Bildungsbürger.

Heine schreibt aber *nicht*: Da ist jeder hoffähig, der keine Mesalliance mit der Lüge geschlossen hat, *sondern*: «... der keine Mesalliance *geschlossen hat* mit der Lüge». Und Thomas Mann: «Wer bin ich, dass ich das Wort *führen soll* zu seinem Preis?» Ingeborg Bachmann: «... dass ihr nie *einverstanden wart* mit euch selber». Siegfried Lenz gleich zweimal hintereinander: «... so dass ihm nichts übrig blieb, als ihren Arm zu *packen* in spielerischem Polizeigriff und sie *abzuführen* den fleckigen Pfad entlang». Durs Grünbein: «... wo jeder Größenwahn *verbrennen musste* zu einem Häufchen Asche».

Die große Literatur also Arm in Arm mit der Forderung nach Verständlichkeit – was will man mehr? Auch die Autoren der gerühmten Dritten Seite der *Süddeutschen Zeitung* bedienen sich überwiegend desselben Stilmittels.

Was folgt daraus für die Alltagssprache? Diese Wortstellung *mit Maßen* verwenden – nur dort nämlich, wo sie (idealerweise laut gelesen) einen angenehmen Klang erzeugt.

5
Das Subjekt nicht allein lassen

Wie die beiden Hälften des Verbums, so dürfen wir nach der Schulgrammatik auch die beiden regierenden Wörter des Satzes beliebig weit auseinander reißen: Subjekt und Prädikat, Satzgegenstand und Satzaussage – die Antwort auf die Frage also: *Wer* tut *was*? Die Grammatik erlaubt uns diesen Widersinn; schreiben sollten wir so nie, wenn wir informieren, wenn wir gelesen werden wollen: 6 Wörter Abstand und keins mehr.

«Sein Haus ist abgebrannt», das ist die einfachste Verbindung von Subjekt und Prädikat. «*Sein Haus*, in das er so viel Geld und Liebe investiert hat, *ist* gestern trotz eines Großeinsatzes der Feuerwehr vollständig *abgebrannt*» – das ist korrekt, aber unerwünscht: Denn auf das Subjekt (*sein Haus*) folgt erst 10 Wörter später die erste Hälfte des Prädikats (*ist*) und weitere 7 Wörter später die zweite (*abgebrannt*). Und warum? Weil der Schreiber sich mit der Grammatik zufrieden gegeben und die Verständlichkeit ignoriert hat. Wie könnte es heißen? Zum Beispiel so: «Gestern ist sein Haus abgebrannt. Ein Großeinsatz der Feuerwehr konnte es nicht verhindern – ein Haus, in das er so viel Geld und Liebe investiert hatte.» Oder: «Nun hat er so viel Geld und Liebe in sein Haus investiert – und gestern ist es abgebrannt.»

Das war noch ein harmloses Beispiel für vergeudete Verständlichkeit. Aus einem deutschen Großunternehmen kam 2004 folgender Text:

Der *zur* Vermittlung entscheidungsrelevanter Informationen vorzunehmende **Ausweis** *von* Bewertungsgewinnen und -verlusten *in* der Gewinn- und Verlustrechnung *ohne* Abgrenzung *von* realisierten und unrealisierten Erfolgsbeiträgen **wird** *von* der XX *mit* dem Fehlen leistungswirtschaftlicher Risiken und der damit verbundenen Unmaßgeblichkeit des herkömmlich interpretierten Realisationsprinzips *bei* der Bilanzierung *von* Finanzinstrumenten **begründet**.

Was also geschieht mit dem Ausweis? 39 Wörter später die Antwort: Er wird begründet. Womit? «Mit dem Fehlen leistungswirtschaftlicher Risiken und der damit verbundenen Unmaßgeblichkeit des herkömmlich interpretierten Realisationsprinzips» (alles klar?). Der Satz enthält außerdem 9 *Präpositionen*: zur-von-in-ohne-von-von-mit-bei-von (eine Sünde sui generis, s. Rezept **13**).

Wozu ist *Kindlers Literaturlexikon* da? Zur Information über Bücher und Theaterstücke. Was liest der Informationswillige in dem Artikel über Thomas Manns Romanzyklus «Joseph und seine Brüder»?

> **Die Zusammenziehungen**, Verwechslungen und Durchblickstäuschungen, die die Höllenfahrt des Einleitungskapitels als für das mythische Bewusstsein charakteristische Verhaltensweise angesichts eines «stilleren, stummeren, gleicheren Zeitgebreites» mit langsamerem Entwicklungsgefälle beschreibt – so hält Joseph in «träumerischer Ungenauigkeit» Abraham für seinen Urgroßvater, ohne zu bemerken, dass eine Zeitspanne von wenigstens zwanzig Generationen ihn von Abraham trennen muss –, **lassen** ein personales Bewusstsein **sich entfalten**, das gleichsam «nach hinten ...» (und noch 28 Wörter mehr.)

Das ist doppelt so verschachtelt wie Thomas Mann und kaum halb so gut. Was geschieht eigentlich mit den *Zusammenziehungen*? 56 Wörter später dürfen wir's erfahren: Sie lassen ein Bewusstsein *sich entfalten*.

Der Abstand wird überwiegend hergestellt durch einen eingeschobenen Nebensatz von 47 Wörtern (ab *die die Höllenfahrt*), der als Untereinschub eine Parenthese von 25 Wörtern enthält (ab *so hält Joseph*). Gegen diese Krankheit: Rezept **12**.

Dem Satz mit seinen insgesamt 90 Wörtern wäre die in Rezept **3** kritisch angeleuchtete Obergrenze von 18 Wörtern in der Tat gut bekommen.

Einen solchen Satz *nachträglich* umzubauen wäre mühsam, unbestritten. Nur war es ja auch zeitaufwendig, den gedruckten Satz in seiner vielfältigen Verschachtelung zum grammatisch korrekten Ende zu führen. Spätestens auf halbem Weg hätte der Schreiber spüren müssen, wie viel Mühe es *ihn* kostet, diesen Bauplan durchzuhalten; also hätte er den Plan schon auf halbem Weg verwerfen können und damit den Zeitverlust halbiert, der durch einen nachträglichen Umbau eingetreten wäre. Noch besser: Er hätte die überbordende Substanz des ihm vorschwebenden Satzgebildes vor Beginn der Niederschrift als Problem erkannt und daraufhin seinen Plan geändert.

Gewiss: 56 Wörter zwischen Subjekt und Prädikat sind ein Extremfall – nur so extrem auch wieder nicht, dass sie nicht binnen zehn Minuten in jedem Lexikon und jeder großen Zeitung gefunden werden könnten. Fast durchweg fehlt es Berufsschreibern an dem Bewusstsein, dass Subjekt und Prädikat die Chance haben müssen, einander zuzuwinken, wenn ein überschaubarer Satz entstehen soll. Fünfzig Wörter Abstand zwischen Satzgegenstand und Satzaussage mögen die Ausnahme sein – zehn, zwanzig sind trauriger Alltag.

Wer nett zu seinen Lesern sein will, weil sie ihm sonst davonlaufen: Der lässt nicht mehr als 6 Wörter/12 Silben zu zwischen der Person oder der Sache, von der er redet, und der nun überfälligen Auskunft: Was tut die eigentlich? Oder: Was ist ihr widerfahren? (Ist das nicht schrecklich plausibel?)

Das aberwitzige Juristen-Deutsch

Dem Hausjuristen einer Hamburger Fernsehproduktionsfirma ist es 2004 gelungen, in einem Satz von **101** Wörtern einen angehängten Nebensatz von 78 Wörtern unterzubringen, in dem Subjekt und Prädikat («die Leistungen ... zugänglich zu machen») durch **63 Wörter** voneinander getrennt sind – das Zehnfache dessen, was eine anständige Verständigung zwischen Menschen ermöglicht:

> Vorbehaltlich einer noch abzuschließenden tarifvertraglichen Regelung bezüglich der Ergänzung weiterer multimedialer Verwertungsrechte in Nr. 2 der allgemeinen Bedingungen zum Vertrag **ist die Firma XY** ausschließlich **berechtigt,** selbst oder durch Dritte oder gemeinsam mit ihnen **die Leistungen** des Vertragspartners im In- und Ausland ganz oder teilweise ohne zeitliche Begrenzung durch Rundfunk jeder Art (z. B. Tonrundfunk, Fernsehrundfunk, Drahtrundfunk, Kabelhörfunk und Kabelfernsehen – einschließlich des Rechtes der Kabelweitersendung durch Dritte –, Satellitenhörfunk und Satellitenfernsehen, pay-Diensten – wie beispielsweise in pay-Radio, pay-TV einschließlich pay-per-channel, pay-per-view, near-video-on-demand – und/oder sonstigen Verbreitungsarten und/oder Medien) der Öffentlichkeit **zugänglich zu machen.**

Der einleitende Hauptsatz – scheußlich genug gebildet – hat 26 Wörter (bis **berechtigt**). Bei *selbst oder durch Dritte* beginnt der Nebensatz. In ihm wird nach 8 Wörtern dessen Subjekt genannt (**die Leistungen**).

16 Wörter nach dem Subjekt wird eine *Klammer* von 45 Wörtern geöffnet (*z. B. Tonrundfunk . . .*).

In sie ist eine Parenthese von 7 Wörtern (ab *einschließlich*), dann eine Parenthese von 18 Wörtern (ab *wie beispielsweise*) eingeschoben (dagegen: Rezept **14**). Nach 63 Wörtern erfährt der Leser, was mit den **Leistungen** geschehen soll: **zugänglich gemacht** werden sollen sie.

«Sentences we hated to come to the end of» heißt die ironische Überschrift im *New Yorker* über vergleichbar groteske Sätze in amerikanischen Publikationen.

Juristischer Hochmut hat hier die grammatische Korrektheit bei vollständiger Unlesbarkeit auf die Spitze getrieben. Dabei hat der Hausjurist vermutlich billigend in Kauf genommen, dass der unterschreibende juristische Laie unmöglich verstehen kann, was er unterschrieben hat. Jeder Jurastudent aber sollte vor dem Ersten Staatsexamen (spätestens vor dem Zweiten) gezwungen werden, einen solchen Text auswendig zu lernen und täglich vor dem Schlafengehen so oft zu deklamieren, bis er ihn hasst.

6
Attribute tilgen

Nun zu einer der beiden törichtsten Formen, sich mitzuteilen: den vorangestellten Attributen (die andere ist der eingeschobene Nebensatz, Rezept **12**). Attribute, «Beifügungen», sind Wörter oder Satzteile, die den Sinn des tragenden Wortes präzisieren oder einschränken: nicht alle Kinder, sondern alle *hübschen* Kinder; nicht alle Häuser, sondern das Haus *meines Vaters*.

Dagegen wäre überhaupt nichts zu sagen, wenn die Beifügungen entweder *hinter* dem Hauptwort stehen oder, falls davor, sich auf ein Eigenschaftswort beschränken: das *hübsche* Kind. Leider aber gestattet uns die Grammatik wieder einmal, einen leserverscheuchenden Unsinn zu begehen: Zwischen *das* und *Kind* dürfen wir beliebig viele Wörter aller Gattungen klemmen; *vorangestellte Attribute* heißen sie dann. Der zehnbändige Duden von 1999 macht es vor, wo er das Wort *Vorurteil* definiert – das ist: **eine** ohne Prüfung der objektiven Tatsachen voreilig gefasste oder übernommene, meist von feindseligen Gefühlen gegen jemand oder etwas geprägte **Meinung**.

Ein Skandal: Zwischen *eine* und *Meinung* 18 präzisierende Wörter – 18, von denen ein Simultandolmetscher 12, ein Durchschnittsleser 6 im Kurzzeitgedächtnis speichern kann, um sie nachträglich abzurufen, sobald er erfahren hat, dass er sie alle auf das Wort *Meinung* hätte beziehen sollen – 18 Wörter schafft keiner. Warum hat der Duden die Attributenkette nicht zerschlagen und sie in einen angehängten Nebensatz verwandelt? («*Eine Meinung, die* ohne Prüfung der objektiven Tatsachen voreilig gefasst ...») Offensichtlich deshalb, weil die dort regierenden Großmeister der Grammatik entweder von Verständlichkeit noch nie etwas vernommen haben oder es für unter ihrer Würde halten, an sie zu denken.

Journalisten und Öffentlichkeitsarbeiter sind nicht immer besser. 2003 war in der populärwissenschaftlichen Zeitschrift *P.M.* zu lesen: «... **der** aus einem Textilkorsett und 50 Naturkautschuksorten, aus Asche, Silika (Siliciumverbindungen) und über 200 verschiedenen Chemikalien vulkanisierte» (aha, langsam ahne ich es ja – aber hätte es mir nicht *gesagt* werden können?) «**Gummireifen**»: 16 nähere Bestimmungen einer Sache, die der Schreiber mir erst nachträglich zu enthüllen wünschte.

Oder ein klassisches Beispiel, wie man in der Mitarbeiterzeitung die eigenen Angestellten informiert: «**Die** an den Arbeitnehmer wegen EINER *vom Arbeitgeber veranlassten oder gerichtlich ausgesprochenen* AUFLÖSUNG des Dienstverhältnisses gezahlte **Abfindung** ist ...» Die Besonderheit dieser 15 vorangestellten Attribute besteht darin, dass sie, zwischen EINER und AUFLÖSUNG, 6 Attribute zweiten Grades enthalten, einen Untereinschub in den Obereinschub – eine grob fahrlässige oder arrogante Nichtinformation der Mitarbeiter.

Gemeinsam ist all diesen Schreibern offenbar die Grundhaltung: «Ich weiß so viel, und alle sollen das erfahren – nur leider weiß ich eines überhaupt nicht: wie ich die Überfülle meines Wissens gliedern müsste, damit sie eine Chance hätte, von denen verstanden zu werden, denen ich sie doch zugedacht habe. Gewiss, ich könnte es ahnen, dass mir da was fehlt – aber genügt es nicht, dass die Grammatik stimmt? Sie durchzuhalten ist schwierig genug.» Wie wär's mit 30 vorangestellten Attributen? (*FAZ* 2003)

Die vom abgewählten Gouverneur Davis, von dessen Stellvertreter Crus Bustamante, *der trotz seiner Abstimmungsniederlage beim Kampf um die Davis-Nachfolge gegen Schwarzenegger sein Amt behält,* sowie vom künftigen Gouverneur selbst angekündigte **Zusammenarbeit** über die Parteigrenzen hinweg dürfte ein Lippenbekenntnis bleiben.

Welche Abfolge in der Erfassung seines Satzes will der Schreiber mir aufnötigen? 32 Wörter lesen – von Wort 32 auf den Sinn der Wörter 2 bis 31 zurückschließen (was kein Gedächtniskünstler kann) –, mit Wort 33 fortfahren. Was für eine Zumutung! Was für ein Unsinn!

Hier noch dazu mit der Feinheit, dass sich in die Prozession der 30 Attribute ein Nebensatz geklemmt hat, 15 Wörter lang, nun *zwei* Kellergeschosse unter der *Zusammenarbeit* im Parterre. Und wieder ist die hier vorgenommene Fettung von Artikel und Substantiv **eine** vom Autor dieses Buches gewährte, vom Autor des Textes aber verweigerte und leider im Druckgewerbe gänzlich unübliche **Lesehilfe** (17 Attribute).

Mindestforderung an alle, die gelesen werden wollen: Die Standard-Obergrenze von 6 Wörtern/12 Silben einhalten für den Abstand zwischen allem, was im Satz zusammengehört, und nichts ist enger verbunden als das Substantiv mit seinem Artikel. Doch für vorangestellte Attribute geht diese Forderung nicht einmal weit genug. Es ist töricht, auch nur 6 Eigenschaften einer Person oder einer Sache vor dem Leser auszubreiten, ehe der Schreiber erklärt hat, wer oder was diese Eigenschaften besitzt. *Ein* Adjektiv zwischen Artikel und Substantiv (das niedliche Kind), notfalls zwei – alles, was darüber ist, ist von Übel.

Für diese harsche Forderung gibt es einen zusätzlichen Grund: Selbst vorsichtig dosierte Attribute können zum Missverständnis förmlich einladen. «Ein ‹Friedensprozess›», las man 2003 im *Spiegel*. April, April: Es war gar kein Friedensprozess – es war «ein ‹Friedensprozess› *genannter* Krieg». Mitten im Satz erfahre ich also, dass ich bis dahin falsch gelesen habe! Das stiftet beim Leser keine Sympathie, ja eigentlich ist es eine Ungezogenheit des Schreibers gegen ihn.

Noch verwirrender 2004 in der *FAZ*: Da hieß es über die Frau des demokratischen Präsidentschaftskandidaten des Jahres 2004, John Kerry, von ihr wisse jeder, «dass sie ihren Reichtum der Heirat mit dem *1991 bei einem Flugzeugunglück getöteten* republikanischen Senator und Lebensmittelhersteller John Heinz verdankt». Hochzeit mit einem Getöteten! Ein dümmeres Attribut ward nie ersonnen. Die natürliche Abfolge – erst Ehe, dann Tod – hätte sich mühelos in der Reihung der Satzteile nachvollziehen lassen: «... der Heirat mit John Heinz verdankt, der 1991 ...»

Wer vor solchen Blamagen sicher sein will, der könnte einen simplen Rat befolgen: Er verbiete sich vorangestellte Attribute überhaupt. Roda Roda, erfolgreicher österreichischer Schriftsteller und Satiriker im ersten Drittel des vorigen Jahrhunderts, sagte es so: «Es gibt drei Regeln, die ich mir gestellt habe: das Zeitwort so früh wie möglich in den Satz zu ordnen» (hier: Rezept **4**), «Wichtiges nie in Nebensätzen zu sagen» (hier: Rezept **9**), «am wenigsten aber Neues durch Attribute.»

Neues schon gar nicht, das ist eine Warnung mehr: Nie kann der Satz «Die Titanic ist untergegangen» durch das Attribut «Die untergegangene Titanic» ersetzt werden. Und Jesus hat nicht gepredigt: «Selig sind die das Erdreich dereinst besitzen werdenden Sanftmütigen», sondern: «Selig sind die Sanftmütigen, denn sie werden das Erdreich besitzen» (Matthäus 5,3).

7
Hauptsätze ausreizen

Trostlos wäre eine Sprache ohne Nebensätze, ohne die Abstufungen, Zuschreibungen, Querverbindungen, die sie ermöglichen. Also tut die Schule recht daran, die Kinder mit dem Instrument «Nebensatz» vertraut zu machen – die meisten haben ja nie zuvor einen verwendet.

Ihre Eltern übrigens tun dies auch ziemlich selten, wenn sie reden: «Sei doch so nett *und gib mir das Buch*», pflegen wir zu sagen. Offenbar ist schon der schlichte Nebensatz «... mir das Buch zu geben» uns nicht angenehm; lieber nehmen wir in Kauf, dass der gesprochene Text den Kausalzusammenhang zwischen Nettsein und Geben gar nicht mehr herstellt.

Der Nebensatz ist ein schriftliches Konstrukt. Das spricht nicht gegen ihn – es mahnt uns indessen zur Vorsicht, wenn es um den lebendigen Ausdruck geht, und gar in einer Warnung oder einem Alarmruf würde der Nebensatz nur die Hälfte dessen bewirken, was ein Hauptsatz leisten könnte – *nicht:* «Sie werden aufgefordert, Ihre Häuser sofort zu verlassen!», *sondern:* «Verlassen Sie sofort Ihre Häuser! Ein Blindgänger ...»

Gymnasiasten und zumal Akademiker haben Mühe, sich solche elementaren Unterschiede zu vergegenwärtigen: Auf die Institution «Nebensatz» sind viele bis zu dem Grade gepolt, dass sie der Zwangsvorstellung erliegen, an Nebensätzen könne man gar nicht genug haben, und einen Rangunterschied zum Hauptsatz gebe es nicht (schlimme Beispiele in den folgenden Rezepten).

Ja naserümpfend bemängeln viele Literaturkritiker und Germanisten die Nebenordnung aufeinander folgender Hauptsätze, die Satzreihung, griechisch *Parataxe:* Das ergebe eine einschichtige, allzu simple Prosa, die sich den Höhenflügen der *Hypotaxe* verweigere, des Satzgefüges, der Unterordnung, der Mehrstufigkeit, also der Einpassung vieler Nebensätze in ein Kunstwerk der Syntax. Die *Süddeutsche Zeitung* gab 2004 zum Auftakt einer Serie «Vom Satzbau» der Schriftstellerin Brigitte Lewitscharoff Raum für eine Polemik gegen den Kurzsatz, einen «Vetter des Schnellfeuergewehrs», ein Stück «Wehrmachtssockenprosa»: «kurz schwitzen, knapp verrecken, jäh das Fazit ziehen». Gegen solche Prosa nahm die Autorin den «langen, schillernden, schleifenden», den «kreuzweis verschränkten, wägenden, opponierenden, mäandernden Lang-, Geschiebe- und Schwebsatz» in Schutz.

In Romanen, selbstverständlich, dürfen Sätze mäandern. Die Hypotaxe hat durchaus Meriten, und Kleist verstand sie zu gewaltigen Wortgebäuden aufzutürmen. Aber Nachteile hat sie auch, und gewaltig sind die oft ebenfalls. Dreierlei sollte klar sein:

- Viele Literaten, Juristen, Journalisten lieben es, ihre Texte in Nebensätzen förmlich zu ersäufen.
- Mit gut gebauten Hauptsätzen kommt man weiter, als wir im Deutschunterricht jemals erfahren haben.
- Hauptsätze haben die Klarheit für sich und die Kraft. Viele der großartigsten Sprachkunstwerke – die Ilias, die Bibel, die klassische Lyrik – leben von der schlanken Parataxe.

«Der Wald steht schwarz und schweiget», heißt es bei Matthias Claudius, und niemand würde lesen wollen: «Der Wald, der schwarz steht ...» Rosa Luxemburg ließ 1915 zwei Hauptsätze mit solcher Bravour aufeinander stoßen, dass es ein Jammer wäre, hätte sie einen von beiden (mit «Während ...» oder so) zu einem Nebensatz degradiert: «Die Dividenden steigen, und die Proletarier fallen.»

Nein, dies ist kein Plädoyer dafür, dass ein Text nur oder fast nur aus Hauptsätzen bestehen dürfe; eine Reihung kurzer Hauptsätze kann ohnehin wirken wie ein Ochsentrott, jedenfalls wenn sie durch Punkte getrennt sind (Rezept **15**). Hier wird vielmehr die Einladung ausgesprochen: es zuerst mit Hauptsätzen versuchen! Mit ihnen kommt man weit. Sie lassen mehr Varianten zu, als die meisten Schreiber vor Augen haben. Für den Alltag bietet die schlanke Parataxe sich ebenso an wie für Kraft, Witz und Dramatik – Sätze ohne Hängematten, Sätze wie ein Pfeil. Solche zum Beispiel:

> Zu seinen Sachen kam er wie die Weiber zu schönen Kindern: Sie denken nicht daran und wissen nicht wie. (Goethe über Byron)
>
> Ach, das Ende ist so trübe! Nach der holden Liebesnot kommen Nöte ohne Liebe, nach dem Leben kommt der Tod. (Heine)
>
> Ein großer Mann wurde er. Ein Mann wurde er nicht. (Georg Brandes über Hans Christian Andersen)
>
> God in His wisdom made the fly – and then forgot to tell us why. (Ogden Nash)
>
> Ja, die Sanftmütigen werden die Erde besitzen. Aber nicht die Förderrechte. (Dem Ölmilliardär Paul Getty zugeschrieben)
>
> Auf Gott vertrauen wir. Jeden andern hören wir ab. (Ironische Selbstbeschreibung der CIA)

Eine ergiebige, vorwärts treibende Art, mit Hauptsätzen umzugehen, ist die Reihung von Prädikaten zu einem einzigen Subjekt. Vorbildlich in einer Mitarbeiterzeitschrift, die über *Frauen* viererlei aussagt:

> Frauen sind die Hälfte der Menschen, leisten zwei Drittel der Arbeit, verdienen ein Zehntel des Einkommens und besitzen ein Hundertstel des Eigentums auf dieser Welt.

Vier Prädikate in Schillers Geschichte des Abfalls der Niederlande:

Die Mannschaft war zahlreich, ihr Mut verzweifelt, fest ihr Vertrauen auf Entsatz und ihr Hass gegen die katholische Religion aufs äußerste gestiegen.

Fünf Prädikate in der Zeitschrift *Biografie* über Friedrich den Großen in seinen letzten Lebensjahren:

> Er traute keinem, wusste alles besser, schurigelte seine Minister, beleidigte die Hofdamen und prügelte die Domestiken.

Hauptsätze sind die erste Wahl für alle, die noch ein Organ besitzen für die lineare, die unverkrampfte Form, sich mitzuteilen; für alle, die etwas Kraftvolles zu sagen haben und es klar zu sagen wünschen. «Nichts», sagt Tucholsky, «nichts ist schwerer, nichts erfordert mehr Arbeit, mehr Kultur, mehr Zucht, als einfache Sätze unvergesslich zu machen.» Und wie reden wir am Rande der Erschöpfung? «Nur noch in Hauptsätzen», sagt Peter Handke.

Nebensätze, natürlich, haben ihre eigenen Vorzüge: abgestufte Gewichtungen, sinnvolle Ergänzungen, schöne Melodie – wenn sie gut sind. Ihr häufigster und meist ihr bester Platz ist hinten: Der Hauptsatz hat eine Hauptsache mitgeteilt, nun folgt eine Erläuterung. Dazu die folgenden Rezepte.

Was Goethes «Seejungfrau» uns noch immer lehren kann

In seiner berühmten Ballade «Der Fischer» (1778) erzählt Goethe in vier Strophen, wie eine Seejungfrau («ein feuchtes Weib») aus dem Meer auftaucht und den Fischer beschwört, die Fische zu verschonen und mit ihr in ihre schöne Welt hinabzutauchen. Die letzte Strophe lautet:

Das Wasser rauscht, das Wasser schwoll,
Netzt' ihm den nackten Fuß;
Sein Herz wuchs ihm so sehnsuchtsvoll
Wie bei der Liebsten Gruß.
Sie sprach zu ihm, sie sang zu ihm;
Da war's um ihn geschehn:
Halb zog sie ihn, halb sank er hin
Und ward nicht mehr gesehn.

Was läßt sich daraus lernen?

1. Ein beschwingter, melodischer Text bedarf *keiner Nebensätze* – wenn man denn mit Hauptsätzen umzugehen versteht.

2. Die 8 *Hauptsätze* des Textes sind nicht etwa durch 8 Punkte beendet, sondern durch 4 Kommas, 2 Semikolons, 1 Doppelpunkt, 1 Punkt (Rezept **15**).

3. Unter den 48 Wörtern der Strophe befinden sich 12 Verben (25 Prozent des Textes), darunter 4 statische (war's geschehn, ward gesehn) und 8 dynamische, die *Königswörter:* rauschen, schwellen, netzen, wachsen, sprechen, singen, ziehen, sinken (Rezept **19**).

4. In den letzten vier Zeilen sind von 26 Wörtern 24 einsilbig. Einsilbige Wörter sind nicht nur die Krone der Verständlichkeit, sondern auch der Kraft (**16**), und das Deutsche kann höchste Kürze durchaus zustande bringen (**29**), ja sie mit höchster Eleganz verbinden.

5. Stimmung und Farbe entstehen eben *nicht durch Adjektive.* Die Strophe enthält nur 2 (nackt, sehnsuchtsvoll) und in den letzten vier Versen nicht eines – dort, wo viele Deutschlehrer und manche Provinzredakteure wahrscheinlich «betörend, beschwörend, widerstrebend» eingefügt haben würden (**20**).

6. Als besonderer Geniestreich gilt die Zeile «halb zog sie ihn, halb sank er hin». Der Zwiespalt des Fischers, das sanfte Widerstreben wird in dem Kontrast zweier dynamischer Verben eingefangen; schlichter, zwingender lässt sich das nicht sagen.

7. Deutsch muss nicht schwerfüßig sein. Deutsch kann schön klingen.

8
Nebensätze anhängen

Die Grammatik unterscheidet bei den Nebensätzen Gliedsätze, Attributsätze, Relativsätze, Konjunktionalsätze und etliche mehr; doch weder für die Verständlichkeit noch für die Eleganz eines Satzes ist dies von Bedeutung. Sie wird durch die Platzierung entschieden:

- Geht der Nebensatz dem Hauptsatz voran? (*Vorsatz*, vorangestellter Nebensatz): Als der Nebel sich lichtete, brachen wir auf. (Dazu Rezept **11**)
- Ist der Nebensatz in den Hauptsatz hineingezwängt? (*Zwischensatz*, eingeschobener Nebensatz): Wir brachen, als der Nebel sich lichtete, auf. (**12**)
- Folgt er dem Hauptsatz? (*Nachsatz*, angehängter Nebensatz): Wir brachen auf, als der Nebel sich lichtete.

Von diesen, den *angehängten* Nebensätzen handelt dieses Kapitel. Sie sind statistisch die häufigsten und stilistisch meist die erwünschtesten: Der Schreiber hat eine Hauptsache mitgeteilt und schickt ihr eine Erläuterung nach. Diese Erläuterung kann ein Attribut sein (Die Katze, die da auf dem Fensterbrett sitzt), eine Begründung (weil), die Angabe eines Gegengrundes (obwohl), eines Mittels (indem), einer Absicht (damit), einer Zeitbestimmung (während, als, nachdem), einer Folge (so dass). Besonders willkommen sind angehängte Nebensätze:

- Wenn sie eine *Nominalkonstruktion* zerschlagen (Rezept **17**). *Statt:* Hier erfuhr er die Ursache der ganzen Entwicklung» *besser:* Hier erfuhr er, wie alles gekommen war.
- Wenn sie eine Kette *vorangestellter Attribute* zerreißen (Rezept **6**). *Statt:* «Er bewunderte das von einem Stararchitekten nach dem Modell eines griechischen Tempels entwor-

fene Haus» (10 Attribute) *unbedingt:* Er bewunderte das Haus, das ein Stararchitekt nach dem Modell eines griechischen Tempels entworfen hatte.

Nebensätze wie der letzte beleben zudem die Satzmelodie: leichtes Steigen des Tones zum Komma hin, gefälliges Ausklingen danach – auch bei lautlosem Lesen. Nie sollte der Schreiber vergessen, dass wir eine *Lautschrift* haben: Es sind eigentlich Töne, die wir abbilden, wir «hören» jeden Text – wie der Dirigent die gedruckten Noten «hört» schon vor der ersten Probe. Kinder im ersten Lesealter und viele Greise bewegen auch beim stummen Lesen die Lippen, und in der Zunge jedes Lesers sind elektrische Reize nachweisbar.

Für einen angenehmen Sprachfluss bietet sich daher die Faustregel an: Auf zwei Hauptsätze, zumal wenn sie kurz sind, möge ein Hauptsatz mit angehängtem Nebensatz folgen. Und das ist keine Obergrenze. Mit Geschick gehandhabt, können sogar zwei angehängte Nebensätze im selben Hauptsatz Klarheit und Schwung erzeugen, wenn sie *paarig* aufeinander bezogen sind:

> Haben wir bisher gestaunt, *dass solche Bauwerke nur so weit gediehen,* so werden wir mit der größten Bewunderung erfahren, *was eigentlich zu leisten die Absicht war.* (Goethe über den Kölner Dom, einen Torso zu seiner Zeit)

Zwei *voneinander abhängige* Nebensätze sind zwar nicht primär erstrebenswert, weil sie den Satz über drei Etagen strecken; doch mit Meisterschaft gehandhabt, kann eben daraus eine kernige Satzstruktur entstehen. In extremer Kürze bei Heine, wo die Sultanstochter den schönen Sklaven fragt: Wer er sei? Er spricht:

> Ich heiße Mohammed, ich bin aus Jemen, und mein Stamm sind jene Asra, *welche sterben, wenn sie lieben.*

Mit polemischem Feuer an einem unvermuteten Platz, dem Wirtschaftsteil der *FAZ*; sie schrieb 1996 (aber der beschriebene Zustand ist ja geblieben):

> Es beginnt sich herumzusprechen, dass es der internationalen Konkurrenz egal ist, was die Deutschen sich unter ihrem sozialen Wohlbefinden vorstellen.

Gar drei angehängte Nebensätze voneinander abhängig zu machen, sollte man den Meistern überlassen:

> Es gibt jetzt der Vorschriften, was man sein soll, so mancherlei Arten, dass es kein Wunder wäre, wenn die Menge auf den Gedanken geriete, zu bleiben, was sie ist. (Lichtenberg)

Formal ebenso Nietzsches Bericht von 1881 über sein chronisches Leiden:

> Ich wünsche niemandem das Los, an welches ich anfange mich zu gewöhnen, weil ich anfange zu begreifen, dass ich ihm gewachsen bin.

Nur hat ein Nebensatz leider nicht schon deshalb Qualität, weil er hinten steht: In vier Fällen ist er dort unerwünscht bis ärgerlich.

9
... aber mit Vorsicht!

Leider erklingen auf dem schönen Instrument des angehängten Nebensatzes auch viele falsche Töne. Der Nebensatz als solcher genießt ja unter Bürokraten und Akademikern, zumal den Geisteswissenschaftlern, ein so hohes Ansehen, dass sie ihn mit Lust und im Übermaß verwenden, unbesorgt um lähmende Länge und verwirrende Unterordnungen. Daher vier Warnungen:

1. Nebensätze können *niemals die Handlung* tragen oder fortsetzen. Es ist lächerlich zu schreiben: «Am Montag bezog er endlich das Haus, *das drei Tage später* abbrannte.» Es kann nur heißen:

Handlung 1: «Am Montag bezog er endlich das Haus ...»

Erläuterung zu Handlung 1: «... auf das er zehn Jahre hin gespart hatte ...»

Handlung 2: «... und drei Tage später brannte es ab.»

Unleidlich wird solcher Unfug bei der verbreiteten Journalistensitte, sogar Katastrophen in Nebensätze abzudrängen: «Zwanzig Menschen kamen ums Leben, als ein voll besetzter Omnibus in den Genfer See stürzte» (mit der Begründung: Die Toten zuerst! Doch kein Mensch, den zuständigen Redakteur eingeschlossen, würde von dem Unglück je so *erzählen*). Überdies wird hier das verbindende *als* genotzüchtigt: Es kennzeichnet Gleichzeitigkeit *ohne* Kausalzusammenhang («Als der Omnibus in den See stürzte, tranken wir einen Kilometer weiter ahnungslos Kaffee.»)

2. Nebensätze dürfen niemals eine gleichberechtigte *zweite Hauptsache* transportieren. Rousseau hat den «Gesellschaftsvertrag» nicht mit dem Satz begonnen: «Der Mensch liegt überall in Ketten, obwohl er frei geboren ist» – sondern:

«Der Mensch ist frei geboren, und überall liegt er in Ketten.» (Und Rosa Luxemburg, zur Erinnerung: «Die Dividenden steigen, und die Proletarier fallen.»)

3. Nebensätze sollten *nicht die Hauptsache* enthalten. Es ist grammatisch zulässig, den Hauptsatz auf eine bloße Formalie zu reduzieren und die Aussage in den Nebensatz zu schieben, mit einem *dass* als Scharnier; erstrebenswert ist es nicht, und es kann bis zur Torheit getrieben werden: «Mir fiel auf, dass das Haus abbrannte» oder «Es ist bemerkenswert, dass in unserer Stadt gestern vier Morde verübt wurden» – das wäre kurios und eigentlich nur satirisch verwendbar. Einen Schritt auf diesem Weg legt jedoch jeder zurück, der, in durchaus redlicher Absicht, seine Sätze mit «Er betonte, dass ...» oder «Hinzu kommt, dass ...» eröffnet. Freilich, viele Verben *verlangen* die Fortsetzung mit *dass*:

Er erkannte, dass

Er beschwerte sich darüber, dass

Er sah ein, dass

Er wies darauf hin, dass

Er hatte den Eindruck, dass

Er warb damit, dass

Er ging davon aus, dass

Ihm fiel auf, dass

Was also tun? Erstens möglichst solche Verben wählen, die *kein* dass erfordern: Bei «Er sagte, dass» ist das *dass* entbehrlich, fast hässlich – «Er sagte, er sei» ist ja ebenso korrekt. Zweitens bei den oben aufgeführten prüfen, ob sie wirklich einen Nebensatz einleiten müssen; statt «Er erkannte, dass es so nicht weiterging» könnte man ja schreiben: «Da erkannte er: So ging es nicht weiter.» Merke: Die ganze Weltgeschichte könnte man in dass-Sätzen erzählen («Alles fing damit an, dass Gott ...») – aber man sollte nicht.

Während kurze dass-Sätze in mäßiger Dosierung noch unauffällig, oft passabel und manchmal nötig sind, wird das *dass* zur Vogelscheuche, sobald es einen unüberschaubar langen Nebensatz einleitet oder, noch schlimmer, eine Reihung voneinander abhängiger Nebensätze – wie in diesem internen Protokoll eines Unternehmens:

> So ist zu beachten, **dass** zwischen dem für die Unternehmensinformation primär verantwortlichen Vorstand bzw. Aufsichtsrat und dem Abschlussprüfer ein Verantwortungsgefälle besteht, **wobei** völlig unklar ist, **wie** der Anteil des Abschlussprüfers an der Schadensverursachung festgestellt *werden soll und* im Verhältnis zur Verantwortlichkeit der Organe überhaupt sachgerecht bemessen *werden kann.*

Dieses Kunstwerk lässt auf einen Hauptsatz von 4 Wörtern, der fast nichts besagt, eine Kette von 44 Wörtern angehängter Nebensätze folgen; der Satz besteht also zu 92 Prozent aus Nebensätzen – ein akademischer Traum. Man könnte (und man sollte wohl) daraus vier Sätze machen, zum Beispiel so:

> Es besteht ein Verantwortungsgefälle zwischen dem Vorstand oder Aufsichtsrat, der für die Unternehmensinformation primär verantwortlich ist, und dem Abschlussprüfer. Dabei ist zweierlei völlig unklar: Wie soll festgestellt werden, welchen Anteil an der Schadensverursachung der Abschlussprüfer hat? Und wie kann dieser Anteil überhaupt sachgerecht bemessen werden?

Dass dies alles «zu beachten ist», versteht sich von selbst.

4. Angehängte Nebensätze sind *lächerlich*, wenn sie der Hauptsache eine Zusatzinformation ankleistern, die keinerlei Bezug zum Hauptsatz hat: «Den Faust spielte Emil Meyer, der fließend Chinesisch spricht» – eine Stilfigur, die in unseren Feuilletons grassiert («Dieses Stück seiner Biographie möchte ich noch unterbringen – wo ist gerade Platz?»).

So kompliziert das alles klingen mag – die Grundregel ist einfach und eigentlich plausibel:
- Für Handlungen und Hauptsachen sind allein die Hauptsätze da.
- Es ist nicht vernünftig, einen Hauptsatz nach 5 Wörtern zu verlassen, um ihm 50 Wörter in Nebensätzen anzukleben, in denen die Hauptsachen irgendwo herumbaumeln.

Der Nebensatz als Ausdruck der Untätigkeit

Die Schöpfungsgeschichte beginnt mit sieben *Hauptsätzen*: «Am Anfang schuf Gott Himmel und Erde. Und die Erde war wüst und leer, und es war finster auf der Tiefe; und der Geist Gottes schwebte auf dem Wasser. Und Gott sprach: Es werde Licht. Und es ward Licht.» Und nun, für den achten Satz der Bibel, ward der *Nebensatz* erschaffen: «Und Gott sah, dass das Licht gut war.»
Der schaffende Gott schuf ausschließlich in Hauptsätzen; der Nebensatz ist für das Sich-zurück-Lehnen, für das Betrachten da – dies seine wohlverstandene Funktion bis heute.
Franz Kafka, zum Nicht-küssen-Können verdammt, weil seine Braut Felice nicht bei ihm war, hat diese Funktion aufs schönste ausgereizt. In sieben Nebensätzen übermittelte er ihr seine Träume:

Aber jetzt kein Wort mehr, nur noch Küsse und besonders viel aus tausend Gründen, *weil* Sonntag ist, *weil* das Fest vorüber ist, *weil* schönes Wetter ist, oder *weil* vielleicht schlechtes Wetter ist, *weil* ich schlecht schreibe und *weil* ich hoffentlich besser schreiben werde und *weil* ich so wenig von dir weiß und nur durch Küsse etwas Ernstliches sich erfahren lässt und *weil* du schließlich ganz verschlafen bist und dich gar nicht wehren kannst. Gute Nacht!

Der Nebensatz als Medium der Verlegenheit

Wer etwas Heikles zu sagen hat, der empfindet vor dem Hauptsatz, dem natürlichen Vehikel der Klarheit, eine verständliche Scheu. Nebensätze, zumal verknäulte, sind seine typische Zuflucht. Schon in der «Gisli-Saga» wird das augenfällig: Die Handlung schreitet unerbittlich in Hauptsätzen fort («Gisli kam nach Nefstadir, ergriff Thorgrimm und brachte ihn nach Saltnes. Dort zogen sie ihm eine Tierhaut über den Kopf.») Aber als Gislis Bruder eine Teilung des Erbes erbittet, da windet er sich:

> Es verhält sich so, lieber Bruder, sprach Thorkell zu Gisli, dass ich ernsthaft an eine Veränderung meiner Verhältnisse denke, und zwar steht es damit so, dass ich möchte, dass wir unseren Besitz teilen . . .

Bei Martin Walser («Tod eines Kritikers») spricht der verhinderte Dichter:

> Mani hat noch nichts geschrieben, das heißt, er hat, sagt er, tausend Gedichte geschrieben, aber die habe er, weil sie, wie er sagt, sauschlecht gewesen seien, verbrannt.

Ins Groteske übersteigert ist der Nebensatz als Bote der Verlegenheit in dem portugiesischen Roman «Das Handbuch der Inquisition» von Antonio Lobo Antunes; der lässt – in angemessener Übersetzung – seinen Francisco sagen:

> Wie soll ich es Ihnen erklären, wie soll ich es Ihnen deutlich machen, dem Trottel von meinem Sohn zu sagen, dass ich vielleicht nicht, aber dass, dass ich vielleicht versagt habe, aber dass, dem Trottel von meinem Sohn zu sagen, verstehen Sie, dem Trottel von meinem Sohn zu sagen, ich bitte Sie, vergessen Sie nicht dem Trottel von meinem Sohn zu sagen, dass ich ihn trotz alledem.

10
Unechte Nebensätze pflegen

«Der Angeklagte behauptete, er sei misshandelt worden.» Der mit *er sei* beginnende Satzteil hat grammatisch die Form eines Nebensatzes, wird aber besser als *abhängiger Hauptsatz* beschrieben: Er trägt die Aussage; der Konjunktiv *sei* vertritt die zwei Hauptsätze, die hier möglich gewesen wären: «Der Angeklagte behauptete: ... ‹Ich bin misshandelt worden›.»

Eine interessantere, höchst lebendige Form der Satzkonstruktion liegt dann vor, wenn zwei Halbsätze einander bedingen – wenn der Nebensatz den Hauptsatz also nicht erläutert, sondern ihn erst mit Sinn erfüllt, von der Art: «Wer nicht hören will, muss fühlen.» Von Folgesätzen, Konsekutivsätzen, Bedingungssätzen spricht da die Grammatik; häufig werden sie auch als *Wenn-dann-Sätze* bezeichnet: «Wenn zwei sich streiten, freut sich der Dritte.»

Hier steht der Nebensatz vorn; dass er hinten platziert wird, ist die häufigere Form, und solche Sätze lesen sich angenehm, falls sie nicht ausufern – im Hauptsatz ein steigender Ton, der in einem *so* oder *wie* oder *solche* kulminiert und dadurch jene Erwartung weckt, die der anschließende Nebensatz mit fallendem Ton befriedigt: Seine Mitbürger, schrieb Sigmund Freud 1915, seien «nicht so tief gesunken, wie wir fürchten, weil sie gar nicht so hoch gestiegen waren, wie wir's ihnen glaubten». Andere Wortpaare, die eine Gleichberechtigung der Satzglieder herstellen:

so – dass («Endlich hatte er so viel verdient, dass er ...»)
das – was
deshalb – weil
zu sehr – als dass
zwar – aber

mehr – als (Woody Allen: «Ich habe mehr Probleme, als ich durch einen einzigen Selbstmord lösen könnte.»)

Doch ist nicht immer ein Wortpaar nötig, um einen Satzteil zur Bedingung des andern zu machen – *ein Wort* kann genügen:

ob («Ob ich heute oder morgen abreise, weiß ich noch nicht.»)

solche (Lichtenberg: «Mache den Anfang deiner philosophischen Übungen nicht an *solchen* Stellen, wo dich ein Irrtum dem Scharfrichter in die Hände liefern kann.»)

In all diesen Fällen ist es für die Verständlichkeit des Satzes gleichgültig, ob das, was grammatisch der Nebensatz ist, vor oder hinter dem Hauptsatz steht. Wenn-dann-Sätze werden zumeist von dem Wenn, also vom Nebensatz eröffnet. («Wenn ich nicht bald mein Geld zurückkriege, dann sind wir geschiedene Leute.»)

Abseits solcher Bedingungssätze aber, das heißt in der großen Mehrzahl der Fälle, hat der vorangestellte Nebensatz seine eigenen Vorzüge, und zugleich setzt er neue Probleme in die Welt.

11
Nebensätze manchmal voranstellen

Vorangestellte Nebensätze («Obwohl ich die Grippe habe, werde ich morgen verreisen») werden erheblich seltener als die *angehängten* verwendet, erfreulicherweise aber deutlich häufiger als die *eingeschobenen,* von denen das nächste Kapitel handelt.

Kurze vorangestellte Nebensätze sind immer zulässig und oft willkommen, als angenehmer Wechsel in der Satzmelodie («Dass dies gelogen war, gab er schließlich zu» oder «Kaum hatte er das Abitur gemacht, da brannte er durch»). Dass sie nicht *beliebig* lang sein dürfen, sollte ebenso einsichtig sein. Hier gleich ein Beispiel für die unsägliche Geduld, die die deutsche Grammatik auch beim vorangestellten Nebensatz beseelt, wenn man sie nur respektiert (*Neue Zürcher Zeitung* 2003):

> **Ob** es eines Verweises auf die Universalität der Menschenrechte, also einer «modernen» Identität, bedürfe, *um die herkunftspolitischen Identifikationen im «Trialog der Religionen» ausschalten zu können* (Eveline Goodman-Thau), **ob** vielleicht die Ernennung europäischer Repräsentanten der drei Religionen die Verständigung schon fördern könne (Otto Kallscheuer), **ob** es nicht doch eine Art Verfassungspatriotismus nach republikanisch-französischem Vorbild brauche, *den der Zeitgeist mit hervorbringen werde* (Diana Pinto), **oder ob** es den nationalen Erziehungs- und Kultureinrichtungen dezidiert anzutragen sei, *die gemeinsame «abrahamitische» Wurzel zum Alltagsbewusstsein zu machen* (Jürgen Micksch) – **das alles wurde im Einzelnen debattiert.**

Diese vorangepolterte Satzschachtel mit ihrem viermaligen *ob* kracht nach 85 (fünfundachtzig) Wörtern auf einen Hauptsatz von 6 Wörtern. Sie enthält drei eingeschobene Unternebensätze – hier (und nur hier) kursiv gesetzt – mit 11 plus 8 plus 10 Wörtern; außerdem in 4 Klammern insgesamt 9 Eigennamen von 4 Rednern – alles zusätzliche Gewichte auf dem zähen Schleppzug der 85 Wörter. Welch ein bildungsgesättigter, syntaxübersteigernder, leserohrfeigender Humbug!

Der Schreiber hätte ja beginnen können: «Im Einzelnen wurde debattiert, ob ...»; entweder, weil er *vor* der Niederschrift seine Gedanken sortiert und an seine Leser gedacht hätte oder weil ihm *nachträglich* die Unzumutbarkeit dieses Satzgebildes aufgestoßen wäre; und die 6 Wörter von ganz hinten nach ganz vorn zu ziehen hätte auf dem Computer keine fünf Sekunden gedauert. Nötig gewesen wäre dafür nichts als das Bewusstsein: «Hier liegt ein Problem, und ich diene meinen Lesern wie meinem eigenen Wunsch, beachtet zu werden, wenn ich es löse.»

Allerdings wäre mit diesem Umbau nicht alles Ärgernis beseitigt: Auf den kurzen, nach vorn gezogenen Hauptsatz wäre ja immer noch eine Reihung von vier angehängten Nebensätzen mit zusammen 85 Wörtern gefolgt, durch drei eingeschobene Unternebensätze unterbrochen (**9**). Vernünftigerweise hätte also der Schreiber vor der Niederschrift/der Texteingabe ein bisschen nachgedacht, dabei erkannt, dass vier Redner vier Fragen stellen, und daraus vier Hauptsätze mit vier Fragezeichen machen können: «Bedarf es eines Verweises auf die Universalität der Menschenrechte, um...?» (Eveline Goodman-Thau). Freilich wieder mit einem Nachteil: Dabei wäre nämlich offensichtlich geworden, dass hier mehrere bombastische Wörter um ein bisschen Substanz im Streit liegen (dazu **24**: Der Feuilleton-Jargon).

Dass der Schreiber den Leser nicht 85 Wörter lang auf den Hauptsatz warten lassen darf, scheint also klar. (In dem soeben gelesenen Satz ist der vorangestellte Nebensatz 15 Wörter lang – schon besser, aber auch noch ziemlich viel und nur deshalb gut verträglich, weil er etwas bereits mehrfach Beredetes nur in Erinnerung ruft.) Die Obergrenze der 6 Wörter/12 Silben ist für vorangestellte Nebensätze zwar nicht ein Gesetz wie in den Rezepten **3** bis **6**, aber eine gute Faustregel.

Vorangestellte Nebensätze sind nicht das einzige Mittel, die *Kernaussage* des Satzes hinauszuzögern: Von wem oder wovon redest du, und was tut der eigentlich? Dieselbe, oft bedenkliche Funktion können vorangestellte nähere Bestimmungen übernehmen: «Aus München kommend, wo er ... hat Meyer» oder «Von Meyer ... über Müller ... bis hin zu Schulze ... haben alle Teilnehmer ...» Auch hierfür gilt die Regel: den Leser nicht länger als 6 Wörter auf die Auskunft warten lassen, von wem die Rede ist und was der tut. Indiskutabel jedenfalls ist ein Vorlauf von 27 Wörtern wie dieser:

> Selbst für NAFTA, den letzten «non-integrated» Nfz-Markt (d. h., hier stellt sich der Käufer noch selbst sein Fahrzeug, u. a. auch die Komponenten, zusammen), *sagen die Marktforscher* eine zunehmende Tendenz zum Einsatz eigener Aggregate voraus.

Nach den vorangestellten und den angehängten Nebensätzen bleibt noch die dritte Form zu erörtern: die eingeschobenen. Wo immer es um klare, elegant dahinströmende Sätze geht, sind die eingeschobenen Nebensätze schlechthin unerwünscht. So braucht das folgende Resümee der Lesbarkeit sie gar nicht erst zu berücksichtigen.

Generalregeln für verständlichen Satzbau

1. Die Kernfrage, der Satzkern ist immer: **Wer tut was?** Wer oder was bewirkt was? Wem ist was widerfahren? Was ist hier passiert? (Subjekt – Prädikat) Diese Kernfrage muss grundsätzlich und ausnahmslos binnen 6 Wörtern/12 Silben beantwortet werden. Damit ist zugleich die Obergrenze des Abstands vorgegeben, der zwischen ein zweiteiliges Verbum gelegt werden darf (ich werde ... kommen, ich schlage ... vor).

2. Für **vorangestellte Attribute,** die Quetschwörter zwischen Artikel und Substantiv («Das niedliche, aber leider ziemlich schlecht erzogene Kind») ist das Gesetz der 6 Wörter/12 Silben noch zu milde: Auch 4 oder 5 von ihnen sind unerwünscht.

3. Für das **Vorfeld des Satzes** (vorangestellte Nebensätze oder gehäufte nähere Bestimmungen) sind die 6 Wörter/12 Silben kein Gesetz, aber eine solide Regel. Je länger das Vorfeld, umso länger lässt ja die Antwort auf die Kernfrage «Wer tut was?» auf sich warten.

4. Erlaubtes Vorfeld und Satzkern zusammengenommen, bedeutet dies: **Spätestens nach 12 Wörtern** hat der Leser erfahren, was der Schreiber ihm eigentlich sagen will. Ist dies pünktlich geschehen, so darf der Schreiber an diese 12 Wörter im selben Satz noch etliche Einzelheiten anhängen – wie viele, entscheidet sich nach dem Atem des Lesers.

5. Für Hauptsachen und Handlungen ist immer und allein der **Hauptsatz** da.

12
Nebensätze niemals hineinzwängen

Immer bedenklich – bei mehr als 6 Wörtern unerträglich: Das sind die eingeschobenen Nebensätze oder *Zwischensätze*; für leserfreundlichen Satzbau so töricht wie nur noch die vorangestellten Attribute (**6**). «Hunde, die bellen, beißen nicht», das ist ein Zwischensatz von zwei Wörtern und gerade noch *kein* Problem. Aber wie steht es mit diesem Satz aus dem *Spiegel* (2003)?

> **Das Bündnis**, zu dem sich so scheinbar unterschiedliche Gründungsmitglieder wie der Deutsche Kulturrat, die Deutsche Tinnitus-Liga, die Deutsche Hörbehinderten-Selbsthilfe, der Berufsverband der HNO-Ärzte und der WDR zusammengeschlossen haben, **soll** nach den Worten von Karl Karst, einem der drei Verbandsvorsitzenden, die «in der Gesellschaft eklatant vernachlässigte Sinnesform des Hörens **kultivieren**».

Da sind 29 Wörter in den Hauptsatz hineingepfercht. Der Abstand zwischen Subjekt und Prädikat («Das Bündnis … soll … kultivieren») ist dadurch auf unsinnige 49 Wörter gestreckt, das Achtfache des Zumutbaren. Der Schreiber *weiß* ja so viel! Und es ehrt den Journalisten, wenn er mehr als einen Gedanken hat – zum Beispiel zwei. Nun müsste er nur noch die Einsicht und die Kraft besitzen, diese zwei Gedanken in der einzig schlüssigen Form zu Papier zu bringen: erst der eine – dann der andere. Wer das für eine Binsenweisheit hält, der hat noch nie eine Abonnementszeitung deutscher Sprache gelesen (und kaum je einen vom Lehrer für gut befundenen Deutschaufsatz).

Der völlig kritiklose Umgang mit dem heiklen Instrument «Zwischensatz» zeigt sich am deutlichsten, wenn der Schreiber sich ein einziges Wort mutwillig aufspart, eigens um einen Einschub zu produzieren:

> Der Begriff «musikalisches Wunderkind» sei bis heute von Legenden umsponnen, stellt Hans Günther Bastian, *der immer wieder am Mozarteum referiert,* fest. (*Salzburger Nachrichten* 2003).

Was hätte im Wege gestanden zu schreiben «... stellte Bastian *fest,* der ...»? Völlige Ahnungslosigkeit, dass hier ein Problem vorliegt – keine Zeit und keine Lust, an den Leser zu denken – oder gar die stille Hoffnung auf einen Schönheitspreis für grammatische Finesse? Was ficht den Schreiber an, dass er meint, er müsse alles, was er weiß, zwischen zwei Punkten ineinander quirlen, mitten in seine Aussage A die Aussage B hineinmogeln und so die Abfolge A1-B-A2 erzeugen?

Auch 36 Wörter mitten im Hauptsatz lassen sich grammatisch meistern, die *Berliner Zeitung* hat sie 2004 ganz korrekt hineingepresst:

> Das ist für «das Genie aus der Provinz» (Gerster über Gerster), das bis vor einem halben Jahr über 90 000 Mitarbeiter gebot und dem Job-Floater, den Personal-Service-Agenturen, der Ich-AG und der Dynamisierung der Arbeitsprozesse der Bundesagentur für Arbeit fast zum historischen Durchbruch verholfen hätte, natürlich keine wirkliche Herausforderung.

Geschrieben ohne Instinkt und Augenmaß – eine Ungezogenheit gegen den Leser und eine Torheit des Schreibers gegen sich selbst, falls er etwa den Wunsch gehegt haben sollte, etwas mitzuteilen. Wie hätte die Aussage lauten können? «Das ist natürlich keine wirkliche Herausforderung für das Genie aus der Provinz, das ...» Das Letzte also zum Ersten machen, so einfach wäre es! Besser natürlich: den dann *angehängten* Nebensatz von 36 Wörtern in einen Hauptsatz verwandeln

«... keine wirkliche Herausforderung: Schließlich hatte Gerster ...»

Sich selbst ins Wort zu fallen und auf einem Nebengleis entlangzufahren 36 Wörter lang: Das ist indessen nur eine von drei Torheiten, zu denen der Zwischensatz uns einlädt. Auch eine kurze Girlande kann, in den Hauptsatz eingehängt, allen logischen und lesetechnischen Zusammenhang zerstören, zumal in drei Fällen.

Zum Ersten: Der Einschub wird als Müllabladeplatz für Informationen missbraucht, die der Schreiber noch irgendwo unterbringen will («Am Stadttheater Mannheim spielte Meyer, der fließend Chinesisch spricht, den Faust»).

Zum Zweiten: Dem Einschub wird die Hauptsache aufgeladen, nach dem Muster «Der Präsident, der vor einer Stunde ermordet wurde, war kurz zuvor noch beim Friseur.»

Und zum Dritten: Von zwei gleichberechtigten Hauptsachen, die folglich nach zwei Hauptsätzen rufen, wird eine in einen Zwischensatz abgeschoben – als hätte Rousseau geschrieben: «Der Mensch liegt, obwohl er frei geboren ist, überall in Ketten.»

Bei alldem war bisher nur von einstufigen Zwischensätzen die Rede, in der amerikanischen Linguistik als *nested construction* bezeichnet. Wie lang sie auch wären – die höheren Weihen der Verknotung werden erst mit der *self-embedded construction* erreicht, dem Schachtelsatz im engeren Sinn, dem vielarmigen Kraken: wenn der Schreiber in den eingeschobenen Nebensatz einen Untereinschub zwängt oder sogar mehrere davon. In dem alten Schulbeispiel geht das so:

> Derjenige, der derjenigen, der den Pfahl, der an der Brücke, über die der Weg, der nach Worms führt, steht, umgeworfen hat, anzeigt, erhält eine Belohnung.

Sehr weit bleibt der journalistische Alltag dahinter nicht zurück. Die Berner Zeitung *Der Bund* brachte es 2003 auf einen eingeschobenen Nebensatz von 33 Wörtern, in den ein Unternebensatz von 14 Wörtern eingebettet war:

SP-Sozialdirektorin Patrizia Pesenti, der am vergangenen Freitag von ihren vier Amtskollegen in einer beispiellosen Aktion einige Schlüsselämter ihres Departements entzogen worden waren, *weil sie sich während der Verhandlungen zum Budget 2004 nicht kooperativ gezeigt haben soll*, gab sich optimistisch und sprach nach der Sitzung von einem «konstruktiven Arbeitsklima».

Der schöne Satz enthält die zusätzliche Feinheit, mit einer leichten Geschlechterverwirrung zu beginnen: «SP-Sozialdirektorin Patrizia Pesenti, *der* …» Vielleicht doch eher ein Sozialdirektor?, wird es manchen Leser angeflogen haben – ist das falsch geschrieben oder habe ich es falsch gelesen? Gottlob: Schon 15 Wörter später, bei «entzogen worden», hat sich das *der* als Dativ zu erkennen gegeben.

Ein Trost: Die akademische Jugend von heute produziert keine solcherart verschachtelten Satzgebilde mehr – jedenfalls nicht der journalistische Nachwuchs. Der Sachverhalt ist eindeutig, die Gründe sind dunkel. Unterlassen es die Schreiber aus Einsicht, die Grammatik bis in ihre hintersten Winkel auszuschreiten? Oder wäre ihnen das nur zu mühsam? Oder hätten sie sie gar nicht mehr gelernt, die Kunst, ein derart kompliziertes Konstrukt zu einem korrekten Ende zu führen? Diese Leistung, immerhin, vollbringen ja die hier warnend Zitierten. Egal: Unter dem Aspekt der Lesbarkeit ist die Verschachtelungsverweigerung ein Fortschritt, und Motive sind Luxus.

Gegen zwei oft erhobene Einwände sollte die Warnung vor dem eingeschobenen Nebensatz sich vorsorglich verteidigen. Der eine: Was bliebe von der Sprachkultur von Thomas Bernhard oder Thomas Mann, wenn man ihre kunstfertig verschachtelten Sätze tadeln wollte? Nun, erstens: Dichter dürfen alles. Und zweitens: Es bliebe eine ganze Menge – von Thomas Mann zum Beispiel dies über Friedrich den Großen:

> Er hatte nichts Greifbares gewonnen, und seine Länder waren verheert, verwildert, verarmt, entvölkert. Aber Preußen stand, nicht ein Dorf hatte es verloren, Schlesien war bewahrt und Zweck und Ziel der großen Koalition vollkommen verfehlt. Das war eine schwere Demütigung des Erdteils durch den einen Mann. Der Spruch des Fatums hatte gegen alle Wahrscheinlichkeit für ihn entschieden, das Urteil anzufechten war untunlich auf lange Zeit, man musste Preußen, man musste Deutschland den Weg freigeben.

Neun Hauptsätze, kein Nebensatz, Thomas Mann. Kleist, ja: Der wäre nicht vorstellbar ohne seine Satzlabyrinthe, und natürlich darf jeder ihm nacheifern. Wenn jedoch dabei entweder *keine* Weltliteratur entstünde – oder wenn die Aufgabe lautete, Mitmenschen zu informieren oder um sie zu werben: Dann hätte der Eiferer sich lächerlich gemacht.

Der zweite oft erhobene Einwand: Nur die Hypotaxe, das mit Zuschreibungen und Verästelungen angereicherte Satzgebilde, habe die Chance, die Verworrenheit der irdischen Verhältnisse angemessen abzubilden. Ist es nicht ein Trauerspiel, dass ein Satz von der hier geforderten Schlankheit nur an zwei andere Gedanken anknüpfen kann: den Satz davor und den Satz danach? Strahlt nicht alles, was wert ist, beschrieben zu werden, nach vielen Seiten aus? Ist also nicht gerade die komplexe Syntax ein rühmlicher Versuch, die Fülle der Abhängigkeiten und Querbezüge in der realen Welt im Satzbau nachzubilden?

Da liegt ein Problem, in der Tat. Doch der Schachtelsatz ist nicht das Mittel, es zu lösen. Hier nur mal 104 Wörter aus einem Satz von 228 Wörtern, für den die Schriftstellerin Brigitte Kronauer 2004 einen Platz in der *Süddeutschen Zeitung* fand:

> … all dies bedenkend also, spricht zugunsten des längeren, wohlgegliederten Satzes seine strukturelle Durchdringung undurchsichtiger Verhältnisse, genauer, er stellt die Wirklichkeit dar als eine heikle und wild wuselnde, die konzessiv und final, konsekutiv und temporal, modal und konditional zu bändigen und zur Klarheit erziehbar ist, bringt aber zugleich, je tollkühner das Schachtel- und Staffelsystem zum Zuge kommt und die scheinbar dressierte im Zaumzeug strenger Verhältnisbeziehungen zu paradieren zwingt, um so triumphaler das unendlich Nuancierte, Schillernde, den logischen Zugriffen sich Entziehende und alle Kategorien und Katalogisierungen unberechenbar Verlachende eben durch den bemühten Aufwand der Domestizierung, den sich die Reduktionssätzler nicht im Traum einfallen ließen, zum Vorschein, wenngleich …

Vielleicht ist das ja ironisch überdreht. Doch was würde das ändern? Wir können sie einfach nicht bewältigen, jene «labyrinthischen Perioden, bei denen man dreimal Atem holen muss» (Lessing); die «verstrickten Perioden, bei welchen das Gedächtnis fünf Minuten lang geduldig die ihm aufgelegte Lektion lernt, bis zuletzt der Verstand zum Schuss kommt und die Rätsel gelöst werden» (Schopenhauer); jene Abhandlungen deutscher Gelehrter, «wo sie rechts und links abschweifen und die Hauptsache vergessen machen, wie Zughunde, die, wenn sie kaum ein paarmal angezogen haben, auch schon wieder ein Bein zu allerlei bedenklichen Verrichtungen aufheben, so dass man mit den Bestien gar nicht vom Fleck kommt, sondern über Wegstunden tagelang zubringt». (Goethe)

Es hilft nichts: «Man wird nicht auskommen, ohne die Sätze wie Bandagen abzuwickeln», wie der polnische Dichter

Zbigniew Herbert klagt. Wer ein Netz beschreiben will, kann dies nur Linie um Linie tun, in linearen Sätzen. Er sollte sich an die Formel halten, nach welcher Hieronymus Jobs laut Wilhelm Busch seine Predigt gliedert: *Er sagt es klar und angenehm, was erstens, zweitens und drittens käm.* Dies ist eine königliche Stilregel, eine Formel für die allein verständliche Art, in der die Wirren der Welt sich sprachlich fassen lassen – für die Leistung, die unser Kopf erbringen muss, wenn wir verstanden werden wollen.

«Die Probe der Güte ist, dass man nicht zurückzulesen hat», schrieb Jean Paul in seiner «Vorschule der Ästhetik». Das war 1804, in einer Zeit ohne Radio, ohne Fernsehen und mit viel Geduld. Also bauen wir erst recht unsere Sätze so, dass sie sich dem natürlichen Lesevorgang – vorwärts! – nicht verweigern.

Preiswürdige Zwischensätze
gibt es auch

Ein paar besonders schöne *angehängte* wurden schon in Rezept **8** vorgestellt. Hier sollen sogar eingeschobene Nebensätze gelobt werden: kurze, mit Musik.

> Wenn du die Geschichte eines großen Verbrechers liest, so danke immer, *ehe du ihn* verdammst, dem gütigen Himmel, der dich mit deinem ehrlichen Gesicht nicht an den Anfang einer solchen Reihe von Umständen gestellt hat. (*Lichtenberg*)

> Melodisch kann ich wieder klagen
> Von großem Lieben, größrem Leiden,
> Von Herzen, *die sich schlecht vertragen,*
> Und dennoch brechen, wenn sie scheiden. (*Heine*)

Ich erschrecke, wenn ich höre, *dass Du mich liebst,* und wenn ich
es nicht hören sollte, wollte ich sterben. (*Kafka* an Felice)

Dazu der Klassiker von dem Berliner Feuilletonisten Siegfried
Kracauer (1889–1966), der dem Einschub einen halben Zentner
Spott auflädt:

An das Nichtmalenkönnen werden, *seit es eine eigene Kunstform geworden ist,* immer höhere Anforderungen gestellt.

13
Den Satzbau variieren

«Ich kam, ich sah, ich siegte»: Cäsars berühmtes Wort klingt auf Deutsch mit dem dreifachen *ich* beinahe noch kraftvoller als im lateinischen Original (*veni, vidi, vici*), und aus der hartnäckigen Wiederholung gewinnt auch Hiobs Spruch seine Kraft: «Der Herr hat's gegeben, der Herr hat's genommen; der Name des Herrn sei gelobt!»

Für den Alltagsgebrauch aber gilt das Gegenteil: Eine Abfolge von Sätzen, die mit demselben Wort beginnen, ist meist holprig zu lesen, und auch bei wechselnden Wörtern sollten sich nicht mehrere Sätze hintereinander der immer selben Konstruktion Subjekt-Prädikat-Objekt bedienen (Der Hund biss den Briefträger, der Briefträger rannte davon, der Arzt ...)

Von *einer* Chance, das Schema zu zerbrechen, war schon die Rede: Kurze *Nebensätze* lassen sich *voranstellen*, oft mit Gewinn (**11**). Eine zweite ist diese: prüfen, ob man den Satz mit dem *Objekt* eröffnen kann; das freilich ist oft keine Geschmacksfrage, sondern teils unerlaubt und teils geboten.

Wann darf ein Satz *nicht* mit dem Objekt beginnen? Wenn es entweder bis zum Schluss in unklarer Rolle verharrt wie in der *Welt am Sonntag* (2004): «Trotz Milliardenumsätzen kennt die Familienfirma kaum jemand» – kennt die Firma keinen oder kennt keiner die Firma? (Der Duden lässt ja offen, ob ich *jemand* oder *jemanden* kenne.) Solange uns nicht eine abweichende Deklinationsform ausdrücklich daran hindert, halten wir das erste Substantiv ganz selbstverständlich für das handelnde Subjekt: «Fritz verprügelt Otto», da ist Otto der Geprügelte, und nur mit großer Mühe könnten wir die ebenfalls mögliche Deutung herauslesen, dass den Fritz der Otto verdrischt. Um den Satz mit dem Objekt zu beginnen, genügt es jedoch nicht, dass dies per Deklination deutlich wird; es sollte überdies ein Grund vorliegen, das Objekt in diese herausgehobene Stellung vorzuschieben: «Den Briefträger biss der Hund» sagt und schreibt kein Mensch.

Und wann ist es umgekehrt *geboten*, einen Satz mit dem Objekt zu eröffnen? Bei der Wiedergabe einer Debatte, zum Beispiel im Parlament: Da entscheidet sich die Frage «Subjekt oder Objekt vorn?» danach, welches von beiden das Neue ist.

Spricht drei Absätze lang der Bundeskanzler, so *darf* der zweite und dritte Absatz nicht mit ihm beginnen; am Anfang *muss* sein neues Thema stehen: «Zur Rentenreform sagte der Bundeskanzler ...» Allein diese Wortstellung macht klar, dass der Redner bleibt und sein Thema wechselt. Äußert sich aber nach dem Bundeskanzler die Oppositionsführerin zur Rentenreform, so *muss* der Absatz mit ihr eröffnet werden: «Angela Merkel sagte zur Rentenreform ...» Allein diese Wortstellung macht deutlich, dass das Thema bleibt und der Redner wechselt.

Gegen dieses Gesetz der Logik und der Psychologie des Lesens wird von Journalisten oft verstoßen; Verwirrung folgt daraus. Es ist nicht erträglich, dass der Bundeskanzler zur Rentenreform etwas zu sagen scheint, was ich von ihm nie erwartet hätte – bis ich am Ende des Zitats erfahre, dass längst Frau Merkel spricht.

Es gibt indessen Grenzfälle, in denen der Schreiber nach Belieben mit einem Objekt beginnen darf, einfach um den Satzbau zu variieren. Statt «Ich habe den Eindruck, dass ...» kann er schreiben «Mir kommt es so vor, als ob ...» und statt «Meyer machte den Anfang» ebenso «Den Anfang machte Meyer».

Die nächstliegende und meist unverfängliche Art, den Standard-Aufbau eines Satzes zu zerbrechen, ist die Eröffnung mit einer *Umstandsangabe*: den Umständen der Zeit (Gestern war ich ...) oder des Ortes (In Berlin hatte er ...) oder der Art und Weise (In einem Wutanfall warf er ...).

Dieser Einstieg hat den zusätzlichen Vorzug, dass er im Deutschen die «ungerade Wortstellung» nach sich zieht, die *Inversion* – das heißt: Subjekt und Prädikat tauschen ihre Plätze. Aus «Ich war gestern ...» ist ja «Gestern war ich ...» geworden; für viele Ausländer eine Hürde. («Gestern ich war ...», sagen zum Beispiel Engländer mit Vorliebe.) Für das Deutsche aber ist die Inversion eine hübsche Chance, sich der belebenden Wirkung zu bedienen, die jeder Wechsel der Wortfolge nach sich zieht.

Überlegen ist uns das Englische dagegen in einem Grenzfall der Stilistik: in der so genannten *Ausdrucksstellung*. «And home he went» erforderte im Deutschen ein «doch», wenn wir die Kraft des Satzes herüberholen wollen: «Und nach Hause ging er doch.» Auch ohne solches *doch* können wir indessen saftvolle Sätze formen: «Die Augen auskratzen möchte ich ihm.» Wer aber nicht von starken Emotionen spricht, der lasse die Finger von der Ausdrucksstellung, und zweimal auf einer Seite verwende er sie nie.

14
An des Lesers Nöte denken

Und noch kein Ende mit den Problemen, vor die der Wunsch nach einem klaren, schönen Satz uns stellt. Sind alle Nebensätze richtig platziert und dosiert, die Hauptsätze ausgereizt und variiert, die vorangestellten Attribute vermieden und die zusammengehörigen Wörter dem Gesetz der drei Sekunden erfolgreich unterworfen: So kann sich der Schreiber noch immer in etlichen Fallstricken verheddern. Zum Beispiel dem

Missverständnis auf halbem Weg

Ist es schon töricht, den Leser mit völlig korrekter Grammatik Zeile um Zeile über die Aussage des Satzes im Dunkeln zu lassen, so wird ein Satz vollends unerträglich, wenn er dem Leser auf halbem Weg einen Sinn vorgaukelt, den er *nicht* hat. Durch keine grammatische Absicht lassen sich Leser ja daran hindern, im Dickicht eines typischen deutschen Satzes eine Vermutung darüber anzustellen, zu welcher Lichtung dieser Weg wohl führen wird. Vom Schreiber oft genug allein gelassen, leisten sie sich eine Bedeutungserwartung, sie bauen sich einen *Zwischensinn* auf – und wehe, wenn der falsch ist! Dann fühlt der Leser sich verschaukelt, und zwar zu Recht.

In Rezept **4** schon beschrieben war die Tücke der Grammatik, dass Verben wie schlagen, fallen, kündigen ihre Bedeutung beliebig viel später total verwandeln können: Da schlägt einer gar nicht – er schlägt ... *vor*; da fällt einer gar nicht – er fällt ... *auf*; da kündigt einer gar nicht – er kündigt ... *an*. Hier hilft nur, die nachgereichte sinnumstürzende Vorsilbe extrem dicht beim Stammwort zu platzieren. Doch zur fahrlässigen Fehlinformation auf halber Strecke führen noch zwei Wege mehr.

Der eine ist die *nachhinkende Verneinung.* Im folgenden Beispiel muss der Leser 21 Wörter lang annehmen, die Schwimmerin Sandra Völker sei von Zweifeln übermannt worden (*Welt* 2004):

> Zweifel überkommen Völker, die im März erste Wettkämpfe auf der 50-Meter-Bahn plant, trotz der ungewöhnlichen Hektik (DSV-Sportdirektor Ralf Beckmann) *nicht.*

Die Entfernung zum aufklärenden *nicht* wird dreist vergrößert durch einen eingeschobenen Nebensatz von 11 Wörtern (dessen Aussage noch dazu in diesem Hauptsatz nichts verloren hat) und eine Klammer von vier Wörtern mit dem Urheber eines Zitats, das ebenfalls hinter das *nicht* gehört – also:

> Zweifel überkommen Völker nicht – trotz der ungewöhnlichen Hektik, von der DSV-Sportdirektor Ralf Beckmann spricht. Für März plant sie erste Wettkämpfe auf der 50-Meter-Bahn.

Die andere Einladung zum Missverständnis ist der Satzbeginn mit einem unkritisch gesetzten Objekt; die Kriterien dafür standen im vorigen Rezept.

Der Präpositions-Salat

Präpositionen heißen die unscheinbaren Wörter wie *an, auf, über, zur,* die im Satz eine zusätzliche Information über Zeit, Ort, Grund oder Art und Weise einleiten: statt «Er war abgereist» zum Beispiel «Er war *vor* lauter Angst *nach* Frankfurt abgereist».

Aus dieser alltäglichen Bereicherung unserer Sätze wird oft ein Ärgernis – wenn nämlich der Schreiber seine Zusatzinfor-

mationen unkritisch oder wichtigtuerisch häuft; dann über-
dehnt er den Abstand zwischen zwei Teilen des Verbs (**4**) oder
zwischen Subjekt und Prädikat (**5**), oder er lädt seinem Satz
insgesamt mehr Fracht auf, als der tragen kann – diesem zum
Beispiel aus einer Geschäftskorrespondenz von 2004:

> **Im** Vergleich **zur** internationalen Praxis ist **für** deutsche kapi-
> talmarktorientierte Unternehmen derzeit ein erheblicher Be-
> darf **zur** Harmonisierung der Anforderungen **an** eine unter-
> jährige Berichterstattung festzustellen. **Zur** Verbesserung der
> Versorgung der Kapitalmarktteilnehmer **mit** zeitnahen und
> entscheidungsrelevanten Informationen und **zur** Angleichung
> **an** die internationale Praxis ist eine Ausdehnung der Verpflich-
> tung **zur** Quartalsberichterstattung **auf** alle den organisierten
> Kapitalmarkt **in** Anspruch nehmenden Unternehmen erfor-
> derlich.

Der erste Satz enthält 5 Präpositionen, von denen 3 dazu
beitragen, die Entfernung zwischen *ist* und *festzustellen* auf
16 Wörter zu strecken; der zweite 7 Präpositionen, von denen
4 das *Vorfeld* des Satzes (**11**) auf 18 Wörter aufblasen (vor
«... ist eine Ausdehnung»).

Beide Sätze zusammen enthalten überdies 9 Substantive
auf -ung (Harmonisierung, Anforderung, Berichterstattung,
Verbesserung, Versorgung, Angleichung, Ausdehnung, Ver-
pflichtung, Quartalsberichterstattung) – eine besonders
abstoßende Art, mit Sprache umzugehen. Zwischen diesen
beiden Sünden gegen die Lesbarkeit besteht ein Zusammenhang: Die Präpositionen ermöglichen und begünstigen die
künstlichen, hässlichen Substantivierungen, den *Nominalstil*
also, vor dem Rezept **17** warnen wird. «*Zur* Harmonisierung
der Anforderungen» und «*zur* Angleichung an die internationale Praxis» könnte und sollte ja heißen: «um die Anforderungen zu harmonisieren ... und die Praxis anzugleichen».

Für den Schreiber sind Präpositionen folglich ein Warnsignal: Sie ebnen einem Satzbau den Weg, den alle Stillehrer verachten, hier mit den Deutschlehrern Arm in Arm; und wo nicht, drohen sie den Satz mit näheren Bestimmungen zu überfrachten und dabei das Gesetz der 3 Sekunden/6 Wörter/12 Silben zu verletzen (**3**). Ist dies der Fall, so müssen sie in einen angehängten Nebensatz oder in einen neuen Hauptsatz geschoben werden.

«nach» und «neben»

Das sind zwei doppelt gefährliche Präpositionen: weil sie zusätzlich ein Gefälle zum minder Wichtigen herstellen, das in den meisten Fällen gar nicht gemeint ist. «Nach einem Studium der Betriebswirtschaft begann er seine Laufbahn ...» Dergleichen liest man in Würdigungen und Nachrufen – als ob das Studium etwas eben mal Eingeschobenes wäre, wie «nach dreiwöchiger Krankheit». Es war aber eine vollwertige Lebensstation, die den Anspruch auf einen Hauptsatz erhebt: «Dann studierte er Betriebswirtschaft ...» Offenbar gilt es als fesch, die chronologische Reihung sprachlich aufzulockern und dabei eine oft absurde Gewichtung in Kauf zu nehmen; «nach der Sintflut heiter und trocken» wäre keine vernünftige Warnung Gottes an Noah gewesen.

Aus einem Porträt in der *FAZ* erfuhr man 2004 über vier Lebensstationen eines Künstlers, dass er nacheinander Grafikdesigner, Rockmusiker und Art-Director war, bevor er Station 4, seine jetzige, erreichte. Dies nacheinander zu erzählen, wie Homer es getan hätte und wie wir's am leichtesten begreifen, schien dem Autor offenbar zu simpel, und so entschied er sich für die Zeitfolge 4-1-4-3-2-2-3: «Seit 1988» (4) «denkt sich der gelernte Grafik-Designer» (1) «Maßnahmen des Direct-Marketings aus» (4). «*Zuvor*» (3) «*war er nach*» (2) «einer Karriere als Profi-Rockmusiker» (2) «als Art-Director tätig» (3). *Zuvor* war er *nach!* Nachdem er zuletzt als Erster! Die Chronologie quillt aus der Wurstmaschine. Die Klarheit geniert sich und will lieber Jauche sein.

Noch ärgerlicher als das *nach* ist das *neben*, falls es nicht ein rein räumliches Nebeneinander bezeichnet: «Neben einem Raffael besitzt das Museum auch einen Rembrandt.» Der Sachverhalt ist, dass im Museum ein Raffael *und* ein Rembrandt hängen – Bilder von zwei Malern vergleichbaren Ranges; nur dass dem Schreiber das *und* wieder zu schlicht war. Und so stellt er den Raffael, vermutlich entgegen seiner eigenen Einschätzung, als eine Nebensache hin.

Wie weit die Verliebtheit in dieses törichte Stilmittel gehen kann, demonstriert die *Brockhaus-Enzyklopädie* unter dem Stichwort «Deutsche Geschichte». Über den Zustand Deutschlands im Jahre 1945 schreibt sie:

> **Neben** der **Abtrennung** der deutschen Ostgebiete, verbunden mit der **Vertreibung** der dort ansässigen Bevölkerung, und der **Aufteilung** in Besatzungszonen, *die zunächst auch politische Grenzen waren und es zwischen der sowjetischen und den übrigen Besatzungszonen in immer verstärktem Maße blieben,* standen die gewaltigen Verluste an Wirtschaftsgütern, die **Demontagen**. Diese trafen die deutsche Wirtschaft indessen nicht (*nicht!*) so entscheidend wie die **Abschnürung** der internationalen Handelsverbindungen und die Unfähigkeit, die erforderlichen **Devisen** für die Einfuhr von Lebensmitteln und von Rohstoffen zu sichern.

Sechserlei also traf die Deutschen. Dreierlei davon läuft unter **Neben**sache (*Abtrennung! Vertreibung! Aufteilung!*). Dann scheint *die Hauptsache* zu folgen: *Demontagen*. Sie ist aber *nicht* die Hauptsache! Denn schlimmer als die Demontagen sind *Abschnürung* und *Devisenmangel*.

Dieser Drahtverhau von einem Satz wird durch zwei weitere Verstöße gegen transparentes Deutsch verschlimmert: Hinter *Besatzungszonen* ist ein Nebensatz von 20 Wörtern eingeschoben, und der trägt dazu bei, *das Vorfeld* des Satzes (von *Neben* bis zum Satzkern ... *standen die Verluste*) auf 39 Wörter zu dehnen (**11**).

Die Parenthese

Der Duden definiert sie als einen Satzteil, der außerhalb des eigentlichen Satzverbands steht, gekennzeichnet durch zwei Klammern, zwei Kommas oder zwei Gedankenstriche; in diesem letzten Sinn – Einschub zwischen zwei Gedankenstrichen – wird das Wort überwiegend verwendet.

Der Einschub im doppelten Gedankenstrich hat alle Nachteile des eingeschobenen Nebensatzes (**12**) und noch zwei mehr: Leichter als zwei Kommas erlaubt er es, mitten im Satz dessen Konstruktion total zu zerbrechen: «Erst gestern traf er – nur so hatte er zuvor heiraten können – in Paris ein.» Ein derart fremdes Satzglied zwischen zwei Kommas zu stopfen, hätte sich der Schreiber vermutlich nicht getraut.

Der andere Nachteil gegenüber dem eingeschobenen Nebensatz: Stehen 27 Wörter in der Parenthese wie im folgenden Beispiel (*FAZ* 2003), so kann ich beim ersten Gedankenstrich nicht überschauen, ob er der erste von zwei aufeinander bezogenen Gedankenstrichen ist oder der einfache, der zu den *schönen* Satzzeichen gehört (und im folgenden Rezept gelobt wird):

Der Minister selbst war nicht amüsiert, **dass** *nach* der Preisgabe des Namens der CIA-Mitarbeiterin Valerie Plame – sie ist die Frau des ehemaligen Botschafters Joseph Wilson, **der** frühzeitig die Verlässlichkeit der Geheimdienstinformationen *über* den angeblichen Uranerwerb des gestürzten irakischen Regimes *in* Niger angezweifelt hatte – *durch* einen nach wie vor unbekannten Mitarbeiter des Weißen Hauses nun *durch* eine undichte Stelle *aus* seinem eigenen Haus wichtige vertrauliche Informationen *an* die Öffentlichkeit gelangt waren.

Der Satz hat auch sonst alle Vorzüge eines doppelten Rittbergers auf dem Glatteis der Grammatik: 6 Wörter Hauptsatz – 65 Wörter angehängter Nebensatz – darin 27 Wörter Parenthese – darin 18 Wörter eingeschobener Unter-Unter-Nebensatz – dann 27 Wörter mit dem Rest des angehängten Nebensatzes. Die 7 Präpositionen (nach, über, in, durch, durch, aus, an) runden das Bild eines Kunstwerks, das vielleicht sogar als dreifacher Salchow gewürdigt werden sollte.

Die Ellipse (der Stummelsatz)

Ellipse heißt eigentlich nur «Mangel»; in der Grammatik wird darunter das Weglassen von Wörtern verstanden, die für einen kompletten Satz erforderlich wären. Unsere Alltagsrede ist voll davon: «Vielen Dank», sagen wir – «viel Dank» wäre ja sinnvoller; das *vielen* erklärt sich aus dem weggelassenen Satzteil: «Dafür möchte ich vielen Dank sagen.» Auch etliche etablierte Redensarten haben elliptische Form: «Ende gut, alles gut.» Ebenso ist die Ellipse durchaus in der Dichtung zu Hause: «Man saß bei Tische, *er hinein*», schreibt Georg Büchner im «Lenz»; und Erich Kästner lässt auf zwei komplette Sätze sechs Ellipsen folgen:

Einsam bist du sehr alleine.
Aus der Wanduhr tropft die Zeit.
Stehst am Fenster. Starrst auf Steine.
Träumst von Liebe. Glaubst an keine.
Kennst das Leben. Weißt Bescheid.

Es versteht sich, dass in der Schrumpfsprache der SMS (Kap. **III**) die Ellipsen regieren; am häufigsten wird das Subjekt weggelassen (ich, du). Für alles aber, was auf viele und fremde Leser oder Hörer zielt, ist beim Gebrauch der Ellipse Vorsicht geboten: In der Häufung drückt sie Stillstand aus wie bei Erich Kästner, und immer ist sie ein auffallendes Stilmittel – nach einer guten Faustregel nicht öfter als ein-, zweimal *pro Seite* zu verwenden; andernfalls wirkt sie penetrant. Wie 2004 in der *Schweizer Illustrierten*:

> Whitehorse. Ein verschlafenes Blockhütten-Nest am Lake Laberge. Zielort des härtesten Schlittenhunderennens der Welt: das Yukon-Quest. 1000 Meilen Kälte, Eis und Einsamkeit. Emil trainiert mit seinen 34 Alaskan Huskies. Fast jeden Tag. Nach 1500 Meilen weiß er, mit welchen 14 Hunden er an den Start gehen wird. Es ist der 14. Februar: Valentinstag in der Goldgräberstadt Fairbanks/Alaska. Die Trottoirs sind eisig gefroren. Macht nichts. Hier geht keiner zu Fuß. Viel zu kalt.

Am Anfang vier Stummelsätze, ehe der erste vollständige Satz kommt («Emil trainiert ...»); insgesamt sieben Ellipsen, darunter eine aus einem Wort, eine aus je zwei Wörtern, zwei aus drei Wörtern. Dazwischen fünf komplette Sätze.

Der Spaß an der Satzverstümmelung geht hier mit der ebenfalls modischen Lust einher, den *Punkt* zum allein regierenden Satzzeichen zu machen: Der Beispieltext enthält 1 Komma, 2 Doppelpunkte und 12 Punkte – 12-mal also wird der Lesefluss gewaltsam gebremst. Welch holpriger Trab auf einem modischen Steckenpferd, welch Hindernisrennen für Kurzatmige! Was für eine Sprechmelodie wird hier dem Leser vorgesungen? Warum laden ihn 12 Punkte ein, 12-mal die Stimme zu senken, kaum dass er sie erhoben hat?

Welche Lesechancen der Schreiber da vergeudet, davon handelt das nächste Rezept – für den Satzbau das letzte.

Der Inbegriff einer journalistischen Zumutung

Im europäischen Vergleich **liegt** der Anteil kirchenverbundener «Intensivchristen» nach einer Studie des Wiener Ludwig-Boltzmann-Instituts für Werteforschung aus dem Jahr 2002 in Malta, Polen, Rumänien, Irland, Griechenland, Italien, Norwegen, Kroatien, Portugal, der Slowakei, Litauen, Österreich, Spanien, der Ukraine und Luxemburg **höher** als in Deutschland.

Frankfurter Allgemeine Sonntagszeitung
(2003)

Die Aussage: «Der Anteil von Intensivchristen liegt in 15 Ländern höher als in Deutschland.» Dies wird mitgeteilt in einem Satz von 43 Wörtern. Das allein wäre noch nicht schlimm, aber:

1. Ob der Anteil höher oder niedriger liegt: Auf diese Auskunft muss ich 35 Wörter lang warten – das Sechsfache des Zumutbaren. Bis zum klärenden «höher» schlenkern die 15 Länder sinnlos herum.

2. Vielleicht sind die 15 Länder in einer Rangfolge aufgeführt: Malta könnte die meisten Intensivchristen haben – oder die wenigsten? Oder ist die Reihenfolge zufällig? Gesagt wird's mir nicht.

3. Also müsste die Reihenfolge in anderer Weise einsichtig werden: – *entweder* alphabetisch: Griechenland, Irland, Italien … – *oder* geographisch, das heißt aus deutscher Sicht: mit Österreich beginnend und dann zum Beispiel mit dessen nächsten Nachbarn fortfahrend (Italien, Slowakei) *oder* von nah nach fern geordnet (also die Ukraine zuletzt) *oder* die Mittelmeerländer zusammen, von West nach Ost natürlich (Portugal, Spanien, Italien, Malta, Griechenland) *oder* von groß nach klein (zuletzt also Luxemburg und Malta).

4. Der ohnehin unsäglich verworrene Weg zum klärenden «höher» wird törichterweise zusätzlich verlängert durch die Umstandsangabe «nach einer Studie des Wiener Ludwig-Boltzmann-Instituts für Werteforschung aus dem Jahr 2002» (14 Wörter, unheimlich interessant obendrein).

5. Schon die einleitenden Wörter «Im europäischen Vergleich» dokumentieren die Undiszipliniertheit des Schreibers: «In Europa» hätte alles gesagt; dass es sich um einen Vergleich handelt, merkt auch der Dümmste.

Wie also müßte der Satz lauten, damit er zumutbar würde? Zum Beispiel so: Höher als in Deutschland liegt der Anteil kirchenverbundener «Intensivchristen» in Österreich, Italien und 13 weiteren Ländern Europas, und nun *entweder*: darunter Spanien, Polen und Norwegen (denn wen interessiert schon Malta!) oder die restlichen 13 in alphabetischer Reihenfolge (denn ob es eine Rangfolge ist, erfahre ich ja nicht). Und danach für Feinschmecker eventuell: (Studie des Wiener Ludwig-Boltzmann-Instituts für Werteforschung, 2002).

15
Mit Satzzeichen Musik machen

Wie kennzeichnet man eine Zäsur im Text? Ganz einfach: mit einem Fragezeichen, oder einem Ausrufezeichen, oder einem Gedankenstrich, oder einem Semikolon, oder einem Doppelpunkt; oft mit einem Komma – ja, auch mit einem Punkt natürlich; nur bei weitem nicht so häufig, wie dies viele, zumal junge Schreiber tun.

Sieben Satzzeichen haben wir – wenig genug, da wir doch möglichst viel von dem Auf und Ab, dem Laut und dem Leise, dem Seufzen, dem Tadeln, dem Stocken, dem Jubeln der mündlichen Rede ins Geschriebene herüberretten müssen, wenn unser Text dem Leser lebendig werden soll. Die Satzzeichen sind den Tempobezeichnungen in der Musik verwandt, *presto*, *adagio*, *vivace*; werden sie phantasielos oder allzu sparsam eingesetzt, so läuft der Text Gefahr, mit der Einförmigkeit des Rezitativs gelesen zu werden, des Sprechgesangs in der Oper.

Und selbstverständlich sind die Satzzeichen die unentbehrlichen Verkehrsschilder: Sie sorgen dafür, dass die Wörter einander nicht rammen, dass die Leser nicht stolpern oder in die Irre gehen, dass die Lektüre fließt – und so hat die *Deutsche Presseagentur* (dpa) schlüssigerweise entschieden: Die Beliebigkeit, der die Kommasetzung durch die Rechtschreibreform weithin ausgesetzt ist, machen wir nicht mit.

Ob in Deutschland ein Buch so populär werden könnte wie 2004 im englischen Sprachraum «The Zero Tolerance Approach to Punctuation» von Lynn Truss? Keine Rücksicht auf Regelbrecher und Interpunktionsmuffel, fordert die Autorin! «A woman without her man is nothing», führt sie als Beispiel an, eine Frau ist nichts ohne ihren Mann; mit zwei Zeichen ist der Satz ins Gegenteil verkehrt: «A woman: without her, man is nothing», ohne sie ist der Mann nichts. Wir kennen die deutschen Beispiele:

> Der Angeklagte sagte, der Richter ist verrückt.
> Der Angeklagte, sagte der Richter, ist verrückt.
> Der brave Mann denkt an sich selbst zuletzt.
> Der brave Mann denkt an sich, selbst zuletzt.

«Die Demagogie liegt hier im Komma», schrieb die *Zeit* 2004 über einen anderen Satz: Wenn Oskar Lafontaine sage, die SPD müsse wieder «für Arme, Rentner, Angestellte» kämpfen, so vertusche er durch die Gleichordnung der Interpunktion, dass von diesen dreien nur die Armen wirklich arm seien.

Wer in der SMS eindeutige Botschaften senden will, muss also entweder sich die besonders aufwendigen Tastendrucke für die Satzzeichen zumuten – oder eine Wortstellung ergrübeln, die durch kein weggelassenes oder vom Empfänger hinzugedachtes Komma den Sinn verkehren kann.

Wer aber mehr als zwei Zeilen schreibt und für sie Leser sucht, der hat allen Grund, sich der Satzzeichen mit Umsicht, ja mit Liebe zu bedienen. **Punkte** sind dabei *nicht* die erste Wahl: Mit ihnen wird viel Missbrauch getrieben – aus Faulheit oder aus Ahnungslosigkeit. Vor dreierlei vor allem ist zu warnen:

1. *Zu viele Punkte in zu rascher Folge.* Kurze Hauptsätze nämlich werden vorzugsweise durch Kommas getrennt: Das lädt zu hurtiger Lektüre ein, es beschleunigt den Lesefluss – ob bei Schiller («Pfosten stürzen, Fenster klirren, Kinder jammern, Mütter irren, …»), bei Goethe («Der König sprach's, der Page lief, der Knabe kam, der König rief: Lass mir herein den Alten!») oder im *Spiegel* (2003): «Berlin-Mitte, Dienstag, die Sonne steht tief, die Luft riecht nach Kohlenheizung und Herbst, Theaterplakate an der Ebertstraße werben für …»

Denkt man sich lauter Punkte an die Stellen der Kommas, so entstünde jener Ochsentrott, vor dem schon in den Rezepten **3** und **7** gewarnt worden ist. Verschlimmern lässt er sich noch durch gehäufte Stummelsätze wie im vorigen Kapitel: 74 Wörter mit 12 Punkten im Beispiel aus der *Schweizer Illustrierten* – ein Graus. Zum Abgewöhnen eine weitere Punkt-Orgie (*Stern* 2004):

> Rückgrat zu beweisen kann viel kosten – manchmal alles. Niemals aber Würde. Opportunismus versaftet Würde. Mäht Vertrauen. Düngt Verachtung. Am Rückgrat hängt alles. Auch in der Politik. Rückgrat heißt indes nicht Stehen um jeden Preis. Mancher, der steht und steht und steht, hält das für den Ausweis von Rückgrat. Es gibt viele, die stehen. Eisern. Aber doch nur gehalten werden. Geduldet. Benutzt. Und entwürdigt.

15 Punkte. Aufgelockert durch 3 Kommas und 1 Gedankenstrich. 9 Ellipsen. 3 Ein-Wort-Sätze. 3 Zwei-Wort-Sätze. Durchschnittliche Satzlänge: 4,2 Wörter. Zum Lesen? Zum Davonlaufen. Holzhacker am Werk.

2. *Punkte, die nach dem* **Doppelpunkt** *schreien.* «Ich habe eine tolle Idee. Wir fliegen morgen nach Paris.» Solche Sätze sind modern unter Berufsschreibern, unter jüngeren zumal – und töricht sind sie auch. Nicht nur, weil sie gegen die grammatisch definierte Funktion des Doppelpunkts verstoßen. Mehr noch, weil sie das schönste Signal unterschlagen, das man einem Leser bieten kann: Ich, der Schreiber, habe eine kleine Spannung geweckt («tolle Idee»), und schon sind, fast sichtbar, die Lippen gespitzt, die Lösung ist da: «Paris!» Der Punkt an dieser Stelle zerstört den Zusammenhang, an dem alles hängt; er verschläft die Chance, den Leser durch den Text zu ziehen.

Überhaupt: Unter allen Satzzeichen ist der Doppelpunkt das erstrebenswerteste – bei ihm hört kein Leser auf! Er ist ein

Text-Beschleuniger. Es wäre geradezu ein Text anzustreben, der fast durchweg nach Doppelpunkten riefe, weil die Sätze auf eine halbe Frage zusteuern und die sofortige Antwort versprechen. Aber damit wäre es entwertet, das königliche Satzzeichen. Faustregel: *Ein* Doppelpunkt pro Absatz ist willkommen; stünde aber auf einer ganzen Seite keiner, so hätte der Schreiber etwas falsch gemacht.

Eine zusätzliche Chance: Der Doppelpunkt kann verworrene Sätze entschachteln, indem er in das Gedränge der Wörter ein Scharnier einpasst – wie in dem Beispiel von Rezept **9**: Statt «... wobei völlig unklar ist, wie der Anteil ... festgestellt werden soll und ... überhaupt bemessen werden kann» das Zeichen der klaren Gliederung: «Dabei ist zweierlei völlig unklar: Wie soll ... und wie kann ... ?»

3. *Punkte, die eine Pointe zerstören* – die ungeschickteste Form, sie zu setzen. So, wie jede Hauptsache nach einem Hauptsatz ruft (**9**), verlangt im Umkehrschluss der Hauptsatz nach einer Hauptsache – einer Aussage, die überraschend oder gewichtig genug ist, um den Leser über den Punkt hinweg bei der Stange zu halten. «Es war jetzt Essenszeit, und sie saßen alle unter dem doppelten grünen Sonnendach des Speisezelts.»

Hätte Hemingway seine Geschichte vom «Kurzen Glück des Francis Macomber» so begonnen – viele Leser würden sich gesagt haben: «Offenbar ein paar Weiße auf Safari, und nun essen sie. Also gut, dem Hemingway wird schon was einfallen.» Wäre dies jedoch der Anfang einer Reportage in Zeitung oder Magazin gewesen, so hätte sich vermutlich schon bei diesem Punkt ein großer Teil dem nächsten Artikel zugewandt; in dem Satz war ja nichts passiert, was uns neugierig gemacht hätte.

Doch natürlich hat Hemingway hinter dem «Sonnendach des Speisezelts» *keinen* Punkt gesetzt; er hat geschrieben:

«... des Speisezelts, *als wäre nichts passiert.*» Nun ist die Neugier geweckt – nun ist das Risiko beseitigt, das jeden Punkt begleitet: vom Leser als Fluchtpunkt benutzt zu werden.

Transportiert ein Satz nichts als eine Binsenweisheit, wie dies in Druckschriften oft geschieht, so vergrößert sich das Übel. «Berlin ist die Hauptstadt Deutschlands», Punkt: Das wäre nur in einer Fibel für Sechsjährige als einzige Aussage eines Satzes erträglich, allenfalls zur Benutzung durch das Goethe-Institut in Paraguay. Für erwachsene deutsche Leser muss mehr passieren, ehe das Fallbeil fällt: «Berlin ist zwar ..., jedoch ...» Und nun hoffentlich etwas, was sie staunen macht, schmunzeln macht oder wenigstens ein bisschen klüger.

Muss denn aber der Punkt immer nur als Stolperstein betrachtet werden – sollte es nicht auch gute, starke, notwendige Punkte geben? Gewiss. Notwendige sowieso: Der Leser braucht Atempausen, und die Kunst des Schreibers besteht darin, sie ihm in den richtigen Abständen anzubieten. Nichts ist veraltet an der schön dahinströmenden Sprachmelodie, mit der Karl Philipp Moritz 1786 seinen «Andreas Hartknopf» auf die Wanderschaft schickte:

> Er stand auf, schlug einen messingnen Kamm in sein Haar, knöpfte seinen Rock von oben bis unten zu, sah, ob sein Vetter noch schlief – und dann ließ er ihn ruhig schlafen und wanderte an seinem Stabe in der kühlen Morgenluft dem geliebten Hügel zu, und der alte einäugige Pudel begleitete ihn.

Nach sieben Handlungen (stand, schlug, knöpfte, sah, ließ, wanderte, begleitete), durch fünf Kommas und einen Gedankenstrich gegliedert, dürfen Hartknopf und der Leser Atem schöpfen.

Großartige Punkte gibt es auch – solche, auf die der Satz Isaak Babels zutrifft: «Kein Eisen vermag mit so glühender

Kälte ins menschliche Herz zu dringen wie ein zur rechten Zeit gesetzter Punkt.» So einer wie in Lukas 7,22f. – nach sieben Kommas, einem Doppelpunkt und einem Semikolon:

> Gehet hin und verkündet, was ihr gesehen und gehört habt: Die Blinden sehen, die Lahmen gehen, die Aussätzigen werden rein, die Tauben hören, die Toten stehen auf, den Armen wird das Evangelium gepredigt; und selig ist, der sich nicht ärgert an mir.

Und selbst mit drei Punkten dicht hintereinander lässt sich Wirkung erzielen, wenn die Sätze Kraft haben – wie diese, mit denen sich die Westberliner SPD 1961 nach dem Bau der Mauer von ihren Ostberliner Genossen verabschiedete: «Wir danken allen. Wir vergessen keinen. Wir vergessen nichts.»

Nächst dem Doppelpunkt und dem ausnahmsweise gut gesetzten Punkt blüht die Interpunktion am schönsten mit dem **Fragezeichen**. Das gilt kurioserweise als ganz *uncool* unter jungen Leuten. «Warum denn, fragte sie» schreiben sie, im Ton nachhaltigen Gelangweiltseins. Als literarischer Ausdruck von Lethargie mag der ja angemessen sein – in allem, was sich der Leser suchen muss, ist das Tonlose auch das Langweilige.

Mehr als jedes andere bringt das Fragezeichen Musik und Spannung in den Satz; so viel davon, dass die Spanier jede Frage mit einem auf den Kopf gestellten Fragezeichen beginnen, gleichsam als Einladung: «Fang schon mal an, die Stimme zu heben, wie bei Fragen üblich!» Die Frage des Don Quijote «O wo bist du, meine Herrin, dass dich fühllos lässt mein Schmerz?» liest sich im Original so: «¿Donde estás, Señora mia, que no te duele mi mal?»

Wir fragen nach der Entscheidung (Kommst du?), nach den näheren Umständen (Wann kommst du, wie, woher?), nach den Gründen (Warum kommst du nicht?). Wir fragen drohend wie Othello («Hast du zur Nacht gebetet,

Desdemona?»); belehrend fragen wir wie Sokrates («Kann ein Gerechter jemanden ungerecht machen durch Gerechtigkeit?»), um Bestätigung bittend («Sie ist doch nett, oder?»); oft bloß rhetorisch, das heißt: Der Fragende kennt die Antwort und der zum Schein Befragte ebenfalls. «Sag mir, wo die Blumen sind, wo sind sie geblieben?», fragte Marlene Dietrich melancholisch im Chanson. «Kann ich Armeen aus der Erde stampfen?», fragt bei Schiller trotzig der König.

Robert Gernhardt fragt gleich zweimal: «Der Künstler fällt in freiem Fall. Als Stein ins Nichts? Als Stern ins All?» Fünfmal fragt Conrad Ferdinand Meyer im «Möwenflug», verwirrt durch die Spiegelung der Vögel im Meer:

Und du selber? Bist du echt beflügelt?
Oder nur gemalt und abgespiegelt?
Gaukelst du im Kreis mit Fabeldingen?
Oder hast du Blut in deinen Schwingen?

Fragezeichen auch in indirekter Rede – warum nicht? Der Zeremonienmeister fragte Mirabeau, «ob sie den Befehl des Königs vernommen hätten?» (bei Kleist). «Wir fragten, ob der Weg über die Furka noch gangbar wäre?» (bei Goethe). Warum Angst vor dem Fragezeichen haben? Sind *rhetorische Fragen* wie diese überhaupt willkommen? Natürlich! Nur nicht im Übermaß, nicht bis zur Marotte getrieben. Stünde aber auf einer ganzen Textseite kein Fragezeichen, so sollte der Schreiber sich fragen: Habe ich eigentlich alle Chancen wahrgenommen, Leser an mich zu binden?

Vor dem **Ausrufezeichen** haben seriöse Schreiber häufig Angst; es gilt als Stilmittel von Marktschreiern, Boulevardzeitungen und Trivialromanen. Das ist richtig, aber nur die halbe Wahrheit. Erstens *muss* das Zeichen hinter Verben des Ausrufs stehen («Niemals!», schrie er). Zweitens ist es literarisch beglaubigt: «Friede den Hütten! Krieg den Palästen!» heißt Georg Büchners Pamphlet, und Lessing schrieb an den Pastor Goeze: «Lieber Herr Pastor, poltern Sie doch nicht so in den Tag hinein, ich bitte Sie!» Das Ausrufezeichen darf also durchaus vorkommen – nur vielleicht in umgekehrter Proportion: Wer es *mehr* als einmal pro Seite verwendet, sollte stutzen.

Willkommen wiederum ist der **Gedankenstrich** – der **lange** Strich (englisch *dash*); sprachlich oft in einen Topf geworfen mit dem kurzen, dem *Bindestrich* (englisch *hyphen*), der kein Satzzeichen ist, sondern Wörter zusammenbindet oder optisch zerlegt; der **einfache** Gedankenstrich vor allem, strikt in Schutz zu nehmen vor dem doppelten, der dabei hilft, die *Parenthese* in den Satz zu stopfen (**14**).

Mehr als andere Zeichen springt der Gedankenstrich ins Auge. Er eignet sich also vorzüglich: erstens, ein langes Satzgebilde optisch zu gliedern («Wenn man ... und wenn man überdies – dann ...»); zweitens, einen Wechsel der Satzkonstruktion erkennbar zu machen:

> Damit wäre schon viel gewonnen, können und wollen, wie Köhler selbst sagte ...

Das liest sich schwer (*FAZ* 2004); besser also:

> Damit wäre schon viel gewonnen – können und wollen, wie Köhler selbst sagte, viele Deutsche das Wort «Reform» doch nicht mehr hören.

Zum Dritten eignet sich der Gedankenstrich, eine starke Aussage dramatisch zu unterstreichen: «Ein Gespenst geht um in Europa – das Gespenst des Kommunismus.» Und viertens kann er den Doppelpunkt ersetzen, wenn der sonst in einem Absatz zweimal vorkäme (wie es ja erwünscht sein könnte). Auch der Gedankenstrich aber darf in jedem Absatz nur einmal stehen; sonst ist seine Schönheit dahin.

Das sterbende Semikolon

Auch *Strichpunkt* genannt: Es ist das seltenste Satzzeichen; jüngere Leute benutzen es fast nie, selbst manche Akademiker haben nicht einmal eine Vorstellung, wozu man es überhaupt verwenden sollte.
Schade – erstens, weil man von unseren erbärmlich wenigen sieben Satzzeichen eigentlich keines entbehren kann; zweitens, weil das Semikolon eine Mitte zwischen Komma und Punkt bezeichnet, die oft erwünscht ist, von der Aussage her wie von der Satzmelodie.
Wenn Elias Canetti schreibt: «Ich habe es satt, die Menschen zu durchschauen; es ist so leicht, und es führt zu nichts» – so macht die Abfolge Komma–Semikolon–Komma deutlich: In der Mitte meines Satzes habe ich eine stärkere Zäsur, ein Komma auch hier würde die Lektüre erschweren; ein Punkt an dieser Stelle aber könnte den falschen Eindruck erwecken, die Aussage sei abgeschlossen. Mit dem Semikolon gebe ich das Signal: Mein Gedanke ist noch in der Schwebe; erwarte mehr dazu, lieber Leser, ich führe dich. Ähnlich bei Lichtenberg: «Was das Glockenläuten zur Ruhe der Verstorbenen beitragen mag, will ich nicht entscheiden; den Lebendigen ist es abscheulich.»
Indem das Semikolon, anders als der Punkt, *nicht* dazu einlädt, die Stimme zu senken und Atem zu holen, kann es sogar die Lektüre beschleunigen – wie am Schluss von Johann Gustav Droysens feuriger «Geschichte Alexanders des Großen»:

> Die Überlieferungen von dem Eindruck, den des Königs Krankheit hervorgebracht, sind glaublich genug. Die Makedonen drängten sich um das Schloss, sie verlangten ihren König zu sehen; sie fürchteten, er sei schon tot und man verhehle es; sie ließen mit Wehklagen, mit Drohungen und Bitten nicht ab, bis man ihnen die Tür öffnete; sie gingen dann alle nacheinander an ihres Königs Lager vorbei, und Alexander hob das Haupt ein wenig, reichte jedem die Rechte, winkte mit dem Auge seinen Veteranen den Abschiedsgruß.

Auf 9 Kommas nur 2 Punkte, und 3 Semikolons (für Humanisten: Semikola) an den Nahtstellen. Gut, Droysens Text ist von 1833. Aber anno 2000 stiftete Heribert Prantl in der *Süddeutschen Zeitung* zum zehnten Jahrestag der deutschen Einheit eine ähnliche Ehe aus schlüssiger Gruppierung und verhaltener Dramatik:

> Die Pyramiden von Giseh gehören zu den sieben Weltwundern des Altertums; die deutsche Einheit gehört zu den sieben Weltwundern der Neuzeit. Noch nie in der Weltgeschichte ist ein Staat per Vertrag so penibel aufgelöst worden; es handelt sich um eine Glanzleistung der Bürokratie. Noch nie in der Weltgeschichte ist ein so mächtiges Heer wie das der DDR so leise verschwunden; es handelt sich um den schönsten Sieg, den deutsche Militärs je errungen haben.

Was also tun? Man will nicht maniert oder altväterlich wirken, wie es durch allzu liebevollen Gebrauch des Semikolons geschehen könnte; aber ein Strichpunkt hie und da, für eine anspruchsvolle Zielgruppe auch mal zwei davon: Das irritiert keinen; es hält indessen ein zartes Pflänzchen am Leben, das kein Schreiber von Rang zertreten sollte.

Eliteunis oder Der Bindestrich

In der DDR gab es Hinweisschilder mit der Aufschrift: *Wasserschadstoffhavariebekämpfungspunkt* (11 Silben mit 41 Buchstaben). Ein Bindestrich vor oder hinter dem Bestandteil -Havarie- hätte den Bandwurm ein wenig überschaubarer gemacht. Schließlich darf der Schreiber, «wo er es will», den Aufbau eines komplexen Wortes durch einen Bindestrich verdeutlichen – die neue Rechtschreibung sagt es sogar klarer als die alte.
Und wollen sollte er oft – viel häufiger als heute üblich in den meisten Drucker-Zeugnissen, nein: Druck-Erzeugnissen. Den Bindestrich zu verweigern kann die Erfassung des Sinnes verzögern (*Ökoimage*), ja in vier gar nicht seltenen Fällen zum Herumrätseln oder zu unfreiwilliger Komik führen:
1. Manchmal entsteht mitten im Wort zufällig ein anderes:
Eheideal (Heide)
Send**eid**ee (Eid)
Wärm**eis**olation (Eis)

Networ**kanal**ysator (Kanal)

Sofwar**einst**allation (einst)

2. Der Zufall der Silbentrennung am Zeilenende kann die Verwirrung noch steigern:

Gärne – benprodukte

Fanarti – kelshop

Putzuten – silien

Stauballer – gie

Grapschat – tacke

Ratingagen – turen

Bahnsteigen – de

Kaskomenta – lität

3. Die Silbentrennungsregeln der neuen Rechtschreibung können noch kuriosere Wörter produzieren:

Ruma – roma

Tope – tage

Popi – kone

Eli – teunis

Eliteunis ist nicht etwa ein griechischer Olympiakämpfer, sondern eine törichte Schreibweise für Elite-Unis.

4. Schließlich kann der Zeilensprung Wörter erzeugen, die gar nicht gemeint sind:

irre – parabel

Talent – wässerung

Walzer – zeugnisse

Gewinner – schleichung

DIE WÖRTER

16
Mit Silben geizen

Wie ärgere ich meine Leser oder Hörer am zuverlässigsten – zusammen mit denen, die ich erst dazu machen will? Ich verscheuche sie, indem ich sie mit unseligen Wörtern in unsäglichen Sätzen quäle. Von Sätzen handelten die Rezepte **2** bis **15**; nun geht es den Wörtern an den Kragen.

Es gibt schöne und abstoßende, saftige und blutleere Wörter, kraftvolle und ausgeleierte, aufgeputzte, modische und langsam sterbende. Vor allem aber gibt es kurze und lange Wörter – und dazu eine gesicherte Erfahrung von überwältigender Einfachheit: dass die kurzen besser als die langen sind.

Der Amerikaner R. A. Flesh hat 1949 als Erster wissenschaftlich festgestellt: Mit der Kürze wächst grundsätzlich die Verständlichkeit. Das Lesbarkeitsprogramm in *Microsoft Word 2003* hält daran unverändert fest – und bei allem Misstrauen gegen Erbsenzählerei: Flesh hat Recht! Sogar mehr, als er verkündete. Denn mit der Verständlichkeit zusammen wächst die Kraft. Einsilber, zumal die uralten, sind die Königswörter der Sprache, gleichgültig, ob für Lyriker, Großschriftsteller, Journalisten, Öffentlichkeitsarbeiter oder Verfasser von Gebrauchsanweisungen.

Einsilbig ist fast alles an uns selbst benannt: Herz und Blut, Kopf und Fuß, Haut und Haar. Einsilbig ist das meiste, was uns umgibt: Haus, Hof, Stall, Dach, Wand; Tür, Tisch, Stuhl und Bett, auch Axt, Pfeil, Speer und Schwert. Fast durchweg einsilbig tritt uns die Natur entgegen: Baum, Wald, Feld; Berg, Tal, Bach, See, Meer; Schnee und Eis, Tag und Nacht, Wind und Sturm. Einsilbig benennen wir natürlich die Tiere, die um uns sind: Huhn, Hund, Pferd, Kuh, Schaf, Schwein, auch den Fisch, das Reh, den Fuchs, den Bären und den Wolf.

Nichts von Shakespeare ist so sehr Allgemeingut geworden wie die sechs Einsilber «To be or not to be ...» Die letzten vier Zeilen von Goethes Ballade «Der Fischer» («... halb zog sie ihn, halb sank er hin ...») bestehen zu 92 Prozent aus einsilbigen Wörtern (7). Das Brecht-Zitat «Stell dir vor, es ist Krieg, und keiner geht hin» hätte seinen Siegeszug während des Golfkriegs von 1991 nicht angetreten, wenn Brecht denselben Gedanken in Wörter gefasst hätte wie diese: «Man stelle sich einen Kriegsschauplatz vor, auf dem in Ermangelung von Teilnehmern kriegerische Handlungen gar nicht hätten stattfinden können.» Nein: Drei lapidare Hauptsätze von extremer Kürze hat Brecht aus den schlichtest möglichen Wörtern gemeißelt, mit dem zweisilbigen *keiner* als Ausreißer.

Wie sehr wir die Einsilber lieben, zeigen überdies populäre Redensarten: Hab und Gut, Schall und Rauch, auf Schritt und Tritt, durch dick und dünn, durch Mark und Bein, mit Mann und Maus, mit Stumpf und Stiel. Manchmal gehen wir dabei so weit, zweisilbige Wörter auf die eine, die königliche Silbe zu verkürzen: *Katz* und Maus, sagen wir, *Speis* und Trank, *Lug* und Trug. Auch stellen wir ständig neue Einsilber her, wo uns ein wichtiges Wort zu vielsilbig ist: Zoo, Lok, Bus, Sex, Frust.

All dies aber sagt noch wenig über den Rang der kurzen Wörter – verglichen damit, dass unsere starken Gefühle fast durchweg zu Einsilbern geronnen sind: die positiven (die Liebe ausgenommen) wie Glück, Lust, Spaß, Spiel, Kuss, dazu Stolz – Mut – Ruhm – Held – Gott; die negativen aber, die Ängste, die Nöte erst recht (mit den Ausnahmen Hunger, Rache, Eifersucht):

Wut, Zorn, Neid, Hass, Gier
Schmerz, Leid, Gram, Pein, Qual
Scham, Schmach, Hohn, Spott, Fluch
Angst, Schrei, Kampf, Krieg
Tod, Mord, Sarg, Grab, Gruft.

An solche Gemütsbewegungen knüpfte Winston Churchill im Mai 1940 an: Da konnte er, allein gegen Hitler stehend, den Engländern nichts versprechen als «blood, sweat, toil and tears»: Blut, Schweiß, Mühsal und Tränen (die Mühsal haben wir in die deutsche Version nicht aufgenommen) – und eben nicht Blutverlust, Transpiration und allerlei Unannehmlichkeiten, noch dazu schluchzend erlitten. Es sind die Einsilber und nur sie, die uns unter die Haut gehen.

Muss man da noch lange dafür plädieren, dass *Qualm* besser ist als «massive Rauchentwicklung» und der *Zwang* stets der «Gängelei durch unabwendbare Gegebenheiten» vorzuziehen? Verständlicher und saftvoller zugleich – was kann ein Schreiber mehr wollen und mehr erreichen? Selbst wenn er's nur durchs Silbenzählen merkte: «Leere Hotelbetten» sind bildhafter und zugleich wahrhaftiger als *Kapazitätsüberhänge im Beherbergungsgewerbe.*

Eben das Wahrhaftige daran mag manchen Schreiber stören (Kapitel **II**). Doch auch für ihn lohnt es sich, die überlegene Kraft der Einsilber zu würdigen: Dann weiß er wenigstens, was er meiden muss. Dann schreibt er Räumlichkeiten, Witterungsabläufe, Problemstellungen und Motivationsstrukturen – statt Gründe, Probleme, Wetter und Räume; und sicher wird er die Übersetzung ändern, die Faust vorgenommen hat: Statt «Im Anfang war die Tat» hieße es doch viel besser «Am Beginn standen die Aktivitäten».

10-Cent-Wörter gesucht

Je länger aber ein Wort, desto unanschaulicher.

Jean Paul, «Vorschule der Ästhetik»

Man brauche gewöhnliche Worte und sage ungewöhnliche Dinge.

Arthur Schopenhauer

Die alten Wörter sind die besten, und die kurzen sind die allerbesten.

Winston Churchill

Die Wörter sollten nicht mehr als zwei Silben haben.

Sprachbrevier von *Kurt Biedenkopf* für den Wahlkampf in Nordrhein-Westfalen (1982)

Benutze nie ein langes Wort, wenn ein kurzes es auch tut.

Stilcodex des Londoner *Economist*

Erliege nie der Versuchung, ein 20-Dollar-Wort zu verwenden, wenn ein 10-Cent-Wort zur Hand ist, das denselben Zweck erfüllt.

William Strunk/E. B. White, «The Elements of Style»

Der Schluss von Lincolns *Gettysburg Address* (19.11.1863) besteht zu 76 Prozent aus einsilbigen Wörtern (33 Einsilber, 9 Zweisilber, 1 Dreisilber); dafür wird Lincoln von amerikanischen Stillehrern ausdrücklich gelobt. (Vier der als einsilbig gezählten Wörter – here, these, have, have – sind nur *gesprochen* einsilbig; aber das zählt.)

> We here highly resolve that these dead shall not have died in vain, that this nation under God shall have a new birth of freedom, and that government of the people, by the people, for the people shall not perish from the earth.

Auf 42 Einsilber und 3 Zweisilber (93:7) hat Stefan George es im «Nachtgesang» gebracht:

Mild und trüb	Was ich tat
Ist mir fern	Was ich litt
Saum und Fahrt	Was ich sann
Mein *Geschick*.	Was ich bin:
Sturm und Herbst	Wie ein Brand
Mit dem Tod	Der *verraucht*
Glanz und Mai	Wie ein Sang
Mit dem Glück.	Der *verklingt*.

Ein Geschichtchen aus 76 Einsilbern, entstanden 2005 als Finger-
übung in einer Journalistenschule:

Sag das mal laut: Angst hast du? Und ich weiß das erst jetzt! Das
darf doch nicht wahr sein. Sei kein Narr! Ist dir klar, dass du mir
zur Last fällst? Sag mir: Wer ist sonst so nett zu dir wie ich? Bin
ich nicht Tag und Nacht für dich da, wenn du mich brauchst? Und
jetzt das! Wo führt das noch hin? Stell dir vor, es ist Krieg! Und
du klagst jetzt schon für drei.

17
Das Warnsignal «ung» beachten

«Sein Gepäck brachte er zum Bahnhof und sein Erstaunen zum Ausdruck.» Die zweite der beiden Aussagen ist ein typisches Stück *Nominalstil* (nach lat. nomen: Name, Substantiv) – zu Recht in Verruf als Amtsdeutsch, Kanzleistil oder Behördenjargon, aber leider nicht auf die Bürokratie beschränkt. Könnte der Bahnhofsgänger sein Erstaunen nicht einfach *geäußert* haben, oder hätte er gar nur gesagt, dieses oder jenes *wundere* ihn?

Sein Bruder im Ungeist ist der Beamte, der Gebühren «in Abzug» oder Ideen «in Vorschlag» bringt, wohl wissend, dass zusätzliche *Inverkehrbringungen* weitere *Beampelungen* nach sich ziehen. Auch findet man Bewerber, die in ihrem Lebenslauf von der *Erlangung* der Hochschulreife sprechen, obwohl doch eine Reife ohne Erlangung derselben schwer vorstellbar ist.

Der Nominalstil hat sich als die sicherste Art erwiesen, im Leser Distanz, Antipathie, Argwohn zu erzeugen, falls nicht unfreiwillige Komik ihn zum Grinsen reizt. Die meisten Deutschlehrer und alle Stillehrer tadeln oder verspotten solche Versammlungen gequälter Substantive; selbst die Duden-Grammatik warnt vor ihnen (halbherzig freilich, denn es *geht* immer): «Soweit es geht, sollte man, auch im geschäftlichen Verkehr, eine Häufung von Substantivbildungen vermeiden.»

Die *erste Wahl*: Man versucht sie durch die überlegene Wortgattung – das Verb – zu ersetzen. Also nicht «Die Kunst der Verständlichkeit des Schreibens», sondern: «Die Kunst, verständlich zu schreiben».

Die *zweite Wahl*: Man prüft misstrauisch wenigstens die Wörter auf -ung, zumal wenn sie sich aneinander reiben. «Zur

Gewährleistung einer ordnungsgemäßen Durchführung» sollte nicht stehen bleiben, auch nicht: «Eine Vorverlegung einzelner Maßnahmen-Umsetzungen ist in Erwägung zu ziehen.» Katarina Witt, die Eisprinzessin der DDR, wurde von der Staatssicherheit «mit der Zielstellung der Verhinderung von Verratshandlungen sowie der ungesetzlichen Verbindungsaufnahme operativ bearbeitet». Auf zehn *-ungs* brachte es 2005 ein westdeutscher Wirtschaftsverband:

> Die tiefgreifende Ausbildungsreform umfasste drei wesentliche Regelungsbereiche: die Aufgabenübertragung auf die Kammer, die Überarbeitung der Inhalte des Examens sowie die Schaffung anerkannter Hochschulausbildungsgänge. Die Umsetzung des dritten Reformansatzes war in zwei Schritten vorgesehen. Mit der 5. WPO-Novelle wurde zunächst die Ermächtigungsgrundlage für den späteren Erlass entsprechender Regelungen im Verordnungswege in das Gesetz aufgenommen.

Die Schlusssilben *-heit* und *-keit*, einerseits nicht ganz so penetrant, bringen andrerseits den zusätzlichen Nachteil ein, jene *Oberbegriffe* zu transportieren, die im Abstrakten schweben (eine Tücke, vor der Rezept **35** warnen wird): die Besinnlichkeit und die Betroffenheit, die Vorteilhaftigkeit und die Grundbefindlichkeit. Der sechsjährige Anton Reiser wunderte sich, «dass er von allen den Wörtern, die sich auf *heit*, *keit* und *ung* endigten, keine Silbe verstand», schrieb Karl Philipp Moritz 1785 – und die *Süddeutsche Zeitung* verspottete 2004 «die glitschige, albanische» Wortwahl von Bundeskanzler Schröder: Da «*-ungte* und *-keite* es heftigst von seinem Sprachhaufen, und heraus kam der Satz: ‹Das ist ein Prozess, von dessen Notwendigkeit und der Notwendigkeit seiner Weiterführung – unbedingten Weiterführung – ich überzeugt bin.› Ung! Keit! Basta!»

Vorzüglich eignen sich die *-ungs*, um die beliebten Bandwurmwörter zu erzeugen. Ja, es mag vorkommen, dass in

Fachtexten den 12 Silben und 35 Buchstaben der *Berufsunfä-higkeitszusatzversicherung* nicht ausgewichen werden kann, auch nicht der *Echtzeitpriorisierung*, der *Vorfälligkeitsentschädi-gung*, der *Ausschüttungsbemessungsfunktion* oder der *Überspan-nungsschutzkategorie*. Dann sollte der Schreiber jedoch die Einsicht haben, dass selbst Experten nicht böse sind, wenn sie sich inmitten solcher Silbenschleppzüge bei kürzeren Schrift-bildern erholen können, zum Beispiel bei «zu wenig Geld» statt *unzulänglichen Finanzierungsmitteln.*

Vor allem aber muss jeder, der an Leser denkt, Buch-stabenprozessionen dann vermeiden, wenn sie allein oder überwiegend aus einem verqueren Stilwillen, aus akade-misch-bürokratischer Renommiersucht geboren sind. Das *Problemlösungspotential* ließe sich natürlich als die Fähigkeit, Probleme zu lösen, beschreiben, das *Gesamtkostenreduzie-rungsziel* ist das Ziel, die Gesamtkosten zu senken, die *Sekun-därtugendorientiertheit* die Ausrichtung an Sekundärtugenden, und in der *Visualisierungsfunktionalität* wird der Funktion (die allein gemeint sein kann) das dreisilbige Gedöns und Gebläse -*alität* angeleimt.

Je länger, je aufgebauschter die Wörter, für desto imposan-ter hält sich offenbar der Geist, der sie geprägt hat. Wer von Wissenslücken sprechen könnte, zieht die *Informationsdefizite* vor, und wer einfach Stuss redet, lässt sich allenfalls *verbale Nonsens-Aktivitäten* nachsagen. Den Schreiber scheint das zu befriedigen; an der Einsicht, dass er seine Leser ärgert, sich bei ihnen zum Gespött macht oder sie verliert, fehlt es ihm.

Immer lohnt es sich, einen Rat zu befolgen, den schon Schopenhauer gegeben hat: alle vielsilbigen Substantive dar-auf zu prüfen, ob sie nicht «Wortdreimaster» sind, deren hin-tersten Mast man kappen könnte und sollte: Denn er ist Bal-last und mindert die Seetüchtigkeit. Solche toten Masten sind zum Beispiel die beliebten *Setzungen* und *Stellungen* (Aufgabenstellung, Fragestellung, Problemstellung, Zielsetzung), wo nur Aufgaben, Fragen, Probleme, Ziele gemeint sein können. Die *Einflussnahme* ist ein Einfluss (denn der Einfluss wäre keiner, wenn er nicht genommen würde) und die *Einflussfaktoren* fügen den Einflüssen nichts hinzu als drei herumbaumelnde Silben. Die Front ist die vorderste Linie, die *Frontlinie* also Geschwätz, und das *Bedrohungssignal* eine Drohung (die ja keine wäre, wenn sie nicht signalhaften Charakter hätte). Das *Wettergeschehen* und die *Witterungsbedingungen* wurden vollends aus wichtigtuerischer Silbendrescherei geboren.

Die traurige Mode hat inzwischen sogar das Flugpersonal erobert: zunächst die Reihen 21 bis 30, «um Ihnen das Einsteigen zu erleichtern»? Nein: den *Einsteigevorgang*. Und warum wird das Flugzeug überpünktlich landen – wegen Rückenwind? Nein: wegen einer *Rückenwindkomponente*.

Merke: Besser als Substantive sind in jedem Grenzfall die Verben – niemals also ein Substantiv verwenden, wo ein Verb denselben Dienst versieht. Besser als lange Substantive sind kurze; sieben- und nochmehrsilbige sollte jeder Schreiber, der an seine Leser denkt, zu vermeiden trachten. Gehäufte -ung-Wörter schließlich sollten uns zur Verdachtsschöpfung animieren; eine Vorteilsgewinnung folgt aus ihnen nie.

18
Verben hofieren

Wenn es so einfach wäre! Leider muss ein Verb nicht schon deshalb gut sein, weil es eines ist. Drei Arten von Tätigkeitswörtern bewirken wenig, fünf bieten sogar ein Ärgernis.

Von schwacher Aussage sind die *Verben der Untätigkeit* (Zustandsverben, statische Verben): wohnen, liegen, sich befinden, enthalten, vorhanden sein; ein bisschen wunderlich überdies die *Verben scheinbarer Tätigkeit*: Der Berg *ruft*, das Haus *duckt sich* an ihn, der Baum *spendet* Schatten. Da geschieht nichts, und dem Nichts entsteigen zuweilen Redensarten, die das Lächerliche streifen: Welcher Tätigkeit geben sich in jeder besseren Lokalzeitung die neuen Parkbänke hin? «Sie laden zum Verweilen ein.» Und was tut die Rokoko-Kommode, für die der Schreiber in seinem Text noch keinen Platz gefunden hatte? «Sie vervollständigt das Bild.»

Die dritte Gruppe von Verben, die wenig Vorteil bringen, sind dünnblütige oder vielsilbige von bürokratisch-akademischem Charakter: durchführen, erfolgen, vergegenwärtigen, bewerkstelligen. Aber nun *die Hässlichen Fünf.*

1. Verben mit einer modisch-bürokratischen, jedenfalls *redundanten Vorsilbe*: abklären, abzielen, anmieten, auflisten. Ein Büro wird immer noch gemietet, Tell zielte nicht auf den Apfel ab, und keiner sollte mit herzlichen Grüßen *verbleiben*.

2. Die modischen *Imponiervokabeln* auf -ieren, zumal im Marketing-Jargon: generieren und implementieren, fokussieren, priorisieren und operationalisieren. Die Soziologen haben es vorgemacht: Seit Jahrzehnten *thematisieren* sie, wo sie «reden über» meinen, «zur Sprache bringen», «zum Thema machen», und sie für solchen Missbrauch zu sensibilisieren ist fast unmöglich.

3. Die *Funktions-* oder *Streckverben*, die allein dazu dienen, den garstigen Nominalstil herzustellen: in Vorschlag bringen, zur Anwendung gelangen, zum Tragen kommen.

4. *Falsch verwendete Modewörter*, zumal sorgen, wähnen, nachvollziehen. *Sorgen* heißt: fürsorgliche Handlungen begehen oder sich Sorgen machen um … Wenn Glatteis wirklich für Unfälle *sorgte*, so müssten Polizei und Notarzt unverrichteter Dinge wieder abziehen, weil für die Unfallopfer schon gesorgt wäre; und der Satz «Kündigungsschutz sorgt für mehr Langzeitarbeitslose» (*Welt* 2004) könnte nur dann als korrekt passieren, wenn der Kündigungsschutz eine Instanz zur Fürsorge für Langzeitarbeitslose wäre.

In solchen Fällen den Spruch «Die Sprache entwickelt sich eben» zu hören (Kap. V) ist besonders ärgerlich, weil man damit eine Verarmung, einen Schwund absegnen würde. Solange wir es noch als normal empfinden, dass das Rote Kreuz für Obdachlose sorgt, sollte für ebendieselben Obdachlosen nicht schon ein Erdbeben «gesorgt» haben.

Wähnen heißt: sich einer Wahnvorstellung hingeben; an etwas glauben, wovon der Leser weiß, dass es falsch ist. Wie viel Kraft in nur zwei Silben! Wo *wähnen* in modischer Torheit als Synonym für «glauben» verwendet wird, teilt der Schreiber unfreiwillig, aber unüberhörbar mit, dass er beschlossen hat, den Wahn zu ignorieren, also sich selber nicht zuzuhören. Wer aber nicht hören will, der sollte schweigen.

Nachvollziehen kann nur heißen: nach*machen*; der Gerichtsvollzieher, der Strafvollzug beweisen es. Solange solche Wörter lebendig sind, sollte der Bürgermeister am Ort der Brandstiftung nicht sagen: «Ich kann dieses schreckliche Verbrechen nicht nachvollziehen» – denn dann müsste man ihm erwidern: «Das, Herr Bürgermeister, hat auch niemand von Ihnen erwartet.» Verstehen, begreifen, einsehen, kapieren, sich klar machen, nachfühlen, nachempfinden, billigen: Das sind die acht schönen, unschuldigen deutschen Wörter, die das Modewort dreist unter sich begraben hat, und *nachvollziehbar* heißt immer noch «einleuchtend» (das neunte).

5. Die *Bläh*verben. Teils in dem Wunsch, ein Synonym zu finden, überwiegend aber in dem schiefen Bestreben, sich gewählt auszudrücken, findet man statt sein und haben, statt brauchen und machen oft das *Aufweisen, Verfügen, Darstellen* und *Benötigen*. Da *hat* einer keine detaillierten Kenntnisse, er «verfügt» über sie; das Auto *hat* keine acht Zylinder, es «weist sie auf»; das Rechenzentrum *hat* keine zentrale Bedeutung, es «nimmt sie ein»; da *ist* der Fall X nicht ein Problem, er «stellt ein Problem dar». Es regiert die Scheu vor dem schlichten Wort – obwohl es doch, nach Schopenhauer, eben auf das Gegenteil ankommt: mit *gewöhnlichen* Worten ungewöhnliche Dinge zu sagen.

Schopenhauer selbst hat das vorgemacht in seiner populärsten Schrift, den «Aphorismen zur Lebensweisheit». Die sind in drei Abschnitte eingeteilt: «Von dem, was einer *ist* – Von dem, was einer *hat* – Von dem, was einer *vorstellt*.» Paulus predigte den Korinthern: «Wenn ich mit Menschen- und mit Engelszungen redete und *hätte* der Liebe nicht …»

Und nichts an diesem starken Gebrauch der scheinbar schwachen Hilfszeitwörter ist veraltet. Am 8. Mai 1945, erzählte der Kabarettist Werner Finck, habe er in der Bataillonsschreibstube nachgefragt: «Ob noch etwas wäre?» Und der Hauptfeldwebel habe geantwortet: «Nein, es wäre nun nichts mehr.» Frank Schirrmacher schrieb 2005: «Es müsste uns gelingen, über etwas ganz Einfaches und Naheliegendes zu reden, etwas, was nicht jeder hat, aber jeder einmal war. Reden wir über Kinder.»

Auch andere kunstlose Verben haben im Grenzfall die Kraft auf ihrer Seite, die Ungezwungenheit sowieso. Wer etwas *braucht*, sollte es so sagen; zu «benötigen» braucht er nichts. Fehler *mache* man, statt sie zu «begehen». *Öffnen* und *aufmachen* gehören verschiedenen Stilebenen an, und Luther hat sich für die untere entschieden: «Klopfet an, so wird euch *aufgetan*», hat er übersetzt (Matthäus 7,7). Wie beschwerlich klingt daneben die französische Fassung, die auf das eine *ouvrir* angewiesen bleibt: «Frappez, et l'on vous ouvrira.»

Recht hatte auch jener Beerdigungsunternehmer, der, auf die Kraft der gewöhnlichsten Wörter vertrauend, mit dem Satz warb: «Es gibt noch viel zu tun, wenn nichts mehr zu machen ist.»

19
… aber bitte nur solche!

Und nun endlich! «Die Schönheit ist zu Staub verfallen, du wirst zerstieben, wirst verhallen» – so lässt Heine seine Verben singen, und wo sie singen, da ist die Sprache so, wie der liebe Gott sie sich gedacht haben könnte: in schöner Bewegung.

Die muss durchaus nicht darin bestehen, dass es ein Drama zu schildern gilt wie bei der Feuersbrunst im «Lied von der Glocke»: «Balken krachen, Pfosten stürzen, Fenster klirren, Kinder jammern, Mütter irren, Tiere wimmern unter Trümmern; alles rennet, rettet, flüchtet …» Da liegt die Dynamik in der Sache, und der Schreiber braucht nur der Regel 1 zu folgen: eine offenkundige Bewegung saftig benennen.

Die höhere Kunst erweist sich darin, entweder eine verborgene Dynamik zu entdecken oder auch eine geringfügige Bewegung zum Blühen zu bringen. Wer den Donner krachen und den Regen prasseln lässt, der hat ja nur seine Pflicht getan. Aber wie, wenn sich das Wetter still vollzieht? Dann sollte es beschrieben werden wie von Goethe in der Schweiz: «Die Wolken wechseln über die blasse Sonne, breitflockiger Schnee stiebt in der Tiefe und zieht über alles einen ewig beweglichen Flor.»

Die sonst meist betuliche *Neue Zürcher Zeitung* hat 2004 vorgemacht, wie sich selbst aus einer allen Zuhörern unverständlichen Lesung georgischer Lyriker Funken schlagen lassen mit frisch gesetzten Verben: «Es rasselte und gurgelte in ihren Kehlköpfen, und in rasendem Tempo und dennoch mit den ergreifendsten Melodien brachen die Verse aus ihnen heraus.»

Dass der Hochzeitszug sich bewegte, war vorgegeben; aber wie viel mehr an Handlung entdeckte Eichendorff in ihm:

Es zog eine Hochzeit den Berg entlang,
Ich hörte die Vögel schlagen,
Da blitzten viel Reiter, das Waldhorn klang,
Das war ein lustiges Jagen!
Und eh' ich's gedacht, war alles verhallt,
Die Nacht bedecket die Runde,
Nur von den Bergen noch rauschet der Wald,
Und mich schauert im Herzensgrunde.

Büchners «Lenz» *rannte auf und ab* in den Vogesen, doch die eigentliche Aktion fand mit wilder Dynamik in seiner Seele statt:

> In seiner Brust war ein Triumphgesang der Hölle. Der Wind klang wie ein Titanenlied. Es war ihm, als könnte er eine ungeheure Faust hinauf in den Himmel ballen und Gott herbeireißen und zwischen seinen Wolken schleifen; als könnte er die Welt mit den Zähnen zermalmen und sie dem Schöpfer ins Gesicht speien.

Freilich, nicht immer stürmt es drinnen oder draußen, und dem Himmel fehlt manchmal selbst der bewegliche Flor. Lebendig zu schreiben wird dann schwieriger – es als Ziel aus den Augen verlieren sollte der Schreiber nie. Vielleicht gelingt es ihm ja, in statische Verben eine verhaltene Bewegung zu pressen: «Der Sturm steht still, und alle Wolken warten» (Erich Kästner). Und sogar aus 160 000 Tonnen toten Steines – dem Kölner Dom – lässt sich Bewegung locken:

> Wenn am ersten milden Frühlingstag der Küster die Portale öffnet, dann drücken 200 000 Kubikmeter Winterluft, 43 Meter hoch gestaut, ins Freie und blasen dem Besucher als Eiswind entgegen. Vor allem aber entstehen in den Klüften und Spalten aus Strebepfeilern, Strebebögen und Ziertürmen zu allen Jahreszeiten Fallwinde und ein tückischer Zug, der die Wanderfalken erfreut, die Passanten erschreckt und gegen den Stein arbeitet wie ein Sandstrahlgebläse. (*Stern*)

Bewegung ist nicht alles. Die Verben, unsere Königswörter, bieten uns noch andere Chancen. Schiller verstand es, ein schläfriges Wort wie *weihen* mit ironischer Kraft zu erfüllen:

> Der Kaiser weihte dem Schicksal Wallensteins eine Träne und ließ für den Ermordeten zu Wien dreitausend Seelenmessen lesen; zugleich aber vergaß er nicht, die Mörder mit goldenen Gnadenketten und Rittergütern zu belohnen.

Verben lassen sich originell zusammensetzen, wie die deutsche Grammatik es erlaubt; Gott *herbeireißen* bei Büchner; keine Reden halten, «deren Ende man mit Ungeduld *herbeigähnt*» (Christoph Martin Wieland schrieb das 1774, doch der Wunsch ist bis heute wach). Der Mensch, heißt es bei Kant, habe eine Anlage zum Besseren, die kein Politiker «aus dem bisherigen Laufe der Dinge *herausgeklügelt* hätte». Und Heinrich Bölls «Clown» entschied, dass es das Beste sei, einen unangenehmen Zeitgenossen «ganz allein in seinem Gewissen *herumpopeln* zu lassen». Selbst Alltagswörter wie *behandeln* und *behaupten* können leuchten: Große Männer wie Napoleon oder Alexander der Große hätten entsetzliches Unglück angerichtet, sagt Jacob Burckhardt – doch wir unterstellten gern, «der Anblick des Genius habe verklärend auf die von ihm behandelten Völker gewirkt». Siegfried Lenz ließ die Standuhren behaupten, «dass es halb sei».

Damit allerdings wird eine Grenze überschritten: die zum dichterischen Anspruch. Robert Walser lässt ein Kleid auf dem Boden *kichern*, Martin Walser lässt Engel *grunzen*. Der Eifersüchtige, schreibt Schopenhauer, schäme sich seiner Klagen nicht, «weil in diesen nicht er, sondern die Gattung *winselt*». Und was tut ein Leierkasten? Er «*wringt sich aus* und klingt nach Leben und Sterben» (Ringelnatz).

Was aber das *abmurzeln* angeht, so ist es gestorben. Das Grimm'sche Wörterbuch verzeichnet es noch, der Duden kennt es nicht mehr. Dem *abmurksen* nur scheinbar verwandt, stand abmurzeln einst für «absäbeln», für die grässliche Amputation ohne Narkose mit ziemlich stumpfer Säge. Natürlich, das brauchen wir nicht mehr auszudrücken. Aber es ist immer schade, wenn ein Wort von penetranter Anschaulichkeit untergeht – zumal wenn das, was da nachwächst, so pampig und dümmlich daherkommt wie «Ich check das nicht» (er kapiert es also nicht, für ältere Leser – und dieses Kapitel kapieren wird er nie).

Andere schöne alte Verben sind lebendig genug geblieben, um noch allgemein verstanden zu werden – murren, krächzen, foppen, übertölpeln. Nur benutzen sollte man sie auch. (Falls sie im Leser ein kurzes Stutzen provozieren – umso besser; Rezept **27** sagt, warum.) «In Rheinwein und Austern *schlampampen*» wollte Heine: schlemmen also, gierig schmausen; der Duden kennt es noch, und schlampampt wird weiter.

Schreiber: Lasst uns in Verben schlemmen!

Verb-Orgien

Franz Kafka an Max Brod (über seine Arbeit für die Prager Arbeiter-Unfall-Versicherung):

> In meinen vier Bezirkshauptmannschaften fallen wie betrunken die Leute von den Gerüsten herunter, in die Maschinen hinein, alle Balken kippen um, alle Böschungen lockern sich, alle Leitern rutschen aus, was man hinauf gibt, das stürzt hinunter, was man herunter gibt, darüber stürzt man selbst. Und man bekommt Kopfschmerzen von diesen jungen Mädchen in den Porzellanfabriken, die unaufhörlich mit Türmen von Geschirr sich auf die Treppen werfen.

Der Text enthält 9 dynamische Verben, 1 statisches Verb (bekommen) und 2 Adjektive (jung, unaufhörlich).

Patrick Süskind, Das Parfum:

> Mitten in der Nacht erwachte das Haus in der Rue Droite zu emsigem Leben. In der Küche flammten die Feuer auf, durch die Gänge huschten die aufgeregten Mägde, treppauf, treppab eilte der Diener, in den Kellergewölben klapperten die Schlüssel des Lagerverwalters, im Hof leuchteten Fackeln, Knechte liefen um die Pferde, andere zerrten die Maultiere aus den Ställen, es wurde gezäumt, gesattelt, gerannt und geladen ...

Der Text enthält 11 dynamische Verben, 1 statisches Verb (leuchten) und 2 Adjektive (emsig, aufgeregt).
Nicht nur der Reichtum an Verben – auch die Armut an Adjektiven macht den Reiz der beiden Stücke aus. Warum denn an Adjektiven? Das steht im folgenden Rezept.

20
Adjektive minimieren

Adjektive sind Wörter mit ziemlich wenig guten Eigenschaften – die am meisten überschätzte Wortgattung und die am häufigsten missbrauchte dazu. «Das Adjektiv ist der Feind des Substantivs», sprach Voltaire, und der große Verleger Georges Clemenceau, der den Aufschrei «J'accuse» erfand, hatte in seinen Redaktionen ein Schild aufgehängt: «Wenn Sie ein Adjektiv verwenden wollen, so kommen Sie zu mir in den dritten Stock und fragen, ob es nötig ist.»

Und dies, obwohl die Franzosen zum Eigenschaftswort ein viel herzlicheres Verhältnis als die Deutschen haben: *eau potable* sagen sie und *centre sportif*, wo es auf Deutsch Trinkwasser und Sportzentrum heißt. «Guter Nachrichtenstil setzt den sparsamen Umgang mit Adjektiven und deren sorgsame Auswahl voraus», steht im *Style Book* der Nachrichtenagentur *Reuter's* – und in der klassischen amerikanischen Stillehre von Strunk and White: «Das Adjektiv, das einem schwachen oder ungenauen Substantiv auf die Sprünge helfen kann, ist noch nicht erfunden.» Dies wiederum, obwohl es englisch doch *magic flute*, magische Flöte, heißt, die für uns die Zauberflöte ist, und *lucky star*, den wir unmöglich in einen glücklichen Stern verwandeln dürfen: Glücksstern, das ist deutsch, auch Straßenpolizei und nicht *polizia stradale*.

Diese klare deutsche Abwehrfront gegen das Adjektiv wird seit einigen Jahrzehnten aufgeweicht durch eine Lust am Gegenteil. Im akademisch-bürokratischen Umfeld gilt es als flott, aus Weltproblemen *mundale* Probleme zu machen, aus dem Führen eines Tagebuchs einen «*diaristischen* Entstehungsprozess» (*FAZ* 2004) und den Mitgliedern eines Volksstamms die «*tribale* Zugehörigkeit» zu bescheinigen (*Zeit* 2004).

Im selben Ungeist haben die Behörden die «*verkehrlichen* Belange*» erfunden und die Lehrerverbände die Schule in den «*schulischen* Bereich» verwandelt; die Wirtschaft hat aus dem Betriebsergebnis das *betriebliche* Ergebnis und aus der Werbung die «*werblichen* Aktivitäten» gemacht. Schon liest man auch *elterliches* Haus und *winterliche* Witterung statt Elternhaus und Winterwetter; noch nicht alpines Veilchen, und noch hat Richard Wagner nicht die Meisterlichen Sänger komponiert. Aber ein Angebot: Wie wär's, die Mondfinsternis zur «lunaren Verfinsterung» zu adeln?

Auch wenn sie nicht der künstlichen Zerteilung eines unschuldigen Substantivs entspringen, sind viele Adjektive krampfhaft und hässlich genug. Das Bundesverfassungsgericht hat uns die *informationelle* Selbstbestimmung aufgenötigt, der Marketing-Jargon Produkte «im *niedrigpreisigen* Segment»; das macht geradezu Appetit auf Billigflieger, und Selbstbestimmung hat «bei der Information» zu herrschen, so viel Platz muss sein.

In fünf wiederkehrenden Fällen werden Eigenschaftswörter sogar falsch, missverständlich oder unfreiwillig komisch verwendet.

1. Falsch ist das typische Zeitungsdeutsch «Die *französische* Annahme des Antrags ...» Denn die Annahme durch Frankreich ist ein *Vorgang*, nicht aber «französisch» eine Eigenschaft der Annahme.

2. Mehrdeutig, also irreführend ist der *jugendliche* Übermut. Das Adjektiv kann den Übermut der Jugend bezeichnen, muss aber nicht: Auch einem 60-Jährigen lassen sich Schübe von jugendlichem Übermut nachsagen. Für eine exakte Darstellung von Jugendproblemen steht also das scheinbar zugehörige Adjektiv gar nicht zur Verfügung.

3. Mehrdeutig und dabei politisch brisant war das Adjektiv «*polnisches* Vernichtungslager», zum 60. Jahrestag der Befreiung von Auschwitz in mehreren deutschen und amerikanischen Zeitungen verwendet: Denn es geht um ein deutsches Vernichtungslager auf polnischem Territorium. Die Definition war nur geographisch gemeint – gut gemeint also und zugleich überaus ärgerlich; ein Grund mehr, der Wortgattung «Adjektiv» grundsätzlich zu misstrauen.

4. Missverständlich und schief gebildet sind die beliebten «fünfköpfigen Familienväter». Die stehen als Karikatur für eine törichte Sprachfigur nach Art der *künstlichen Intelligenzforschung* oder der *baldigen Genesungswünsche*, die die Duden-Grammatik als warnendes Beispiel anführt: Nicht die Forschung ist künstlich (wie es dasteht), sondern die Intelligenz (wie es nicht dasteht), und nicht die Wünsche sind baldig, sondern die Genesung möge es sein. Politik und Wirtschaft quellen über von solchen flüssigen Textverfassern: Die *industrielle Folgenabschätzung* ist so wenig eine Abschätzung der industriellen Folgen, wie ein Händler mit rostfreiem Stahl ein rostfreier Stahlhändler ist. Weitere Funde (und Angebote): *steuerliche Aufkommensoptimierung* (warme Würstchenverkäufer); *soziales Konsensgeschwätz*, *Zeit* 2004 (frei laufende Hühnerhalter).

Die meisten Leser verstünden das schon richtig, und nie würden sie aus einer *wirtschaftlichen Erholungsphase* die Sprachfigur «berittene Polizistenwitwe» heraushören? Vielleicht. Aber zum Ersten kann es nicht erstrebenswert sein, dem Leser etwas sprachlich Unsinniges anzubieten, bloß weil man hoffen darf, dass er es nicht merkt; und zum Zweiten geben solche Floskeln einer Minderheit mitdenkender Menschen, den Meinungsführern also, das Signal: Dieser Schreiber ist nicht imstande, ganze drei Wörter der deutschen Sprache in die richtige Beziehung zueinander zu setzen.

5. Ungebremste Schwatzlust bei zu geringer geistiger Anstrengung – die liegt erst recht bei den beliebten «weißen

Schimmeln» vor, den schieren Tautologien. In deutschsprachigen Zeitungen muss man *seltene* Raritäten lesen, *feste* Überzeugungen (da doch die lockeren keine wären), *schwere* Verwüstungen (im Unterschied zu den leichten, die wir täglich im Garten haben). Die *Salzburger Nachrichten* warnten 2004 vor einem *ungewissen* Vabanquespiel, die *FAZ* rühmte eines Politikers *rednerische* Eloquenz. In Presse und Fernsehen besonders beliebt ist die ausdrückliche Erklärung, dass Kälte Kälte und Hitze Hitze ist: Madrid schwitzte «bei *heißen* 38 Grad», teilte die *Süddeutsche Zeitung* 2004 ihren Lesern in überbordender Nächstenliebe mit. Der Jargon der Wirtschaft hat sich auf zwei Standard-Doppelungen eingeschossen: Produkte sind grundsätzlich *qualitativ* hochwertig, und wenn Maßnahmen ergriffen werden, dann *gezielte* (obwohl «ungezielte» eher für Betrunkene typisch sind).

Schlimm muss man das alles nicht finden. Jeder Schreiber sollte nur wissen: Wer seinen Text vollstopft mit sinnfreien oder sinnlosen Wörtern, der wirkt auf seine Leser unseriös, langweilt sie, ärgert sie und tut das Mögliche, sie aus dem Text zu kegeln.

Ehe die Adjektive ein paar gute Eigenschaften zeigen dürfen, kommt es zunächst noch schlimmer: Es folgt nämlich die *bedürfnisorientierte Kundensegmentierung* und was mit ihr zusammenhängt.

Die Ungeheuer

Aus zwei Wörtern ein Adjektiv zu formen gehört durchaus zum normalen Sprachgebrauch: *begriffsstutzig* sagen wir, *hasenherzig* oder *bibelfest*. Gegen modische Fortentwicklungen wir *ofenfrisch* und *schmeichelweich* ist also grammatisch nichts einzuwenden; ob stilistisch, unterliegt dem Geschmack.

Journalisten bereichern dieses Modell gern mit neuen Formen: Der *Spiegel* mit seinen vielen Hitler-Themen sei «völlig *drittreichbesoffen*», schrieb die *taz*, und die *Weltwoche* tadelte 2004 das «gutmenschelnde Beschwichtigen» der Schweizer Behörden, wo es um den Terrorismus gehe.

Im Wirtschaftsdeutsch hat sich eine Vorliebe für zusammengekoppelte Lastzüge aus fünf, sieben, neun Silben entwickelt, die halbe Sätze ersetzen sollen, «*herstellerunabhängige* Systemintegratoren» beispielsweise – und solche Ungetüme sind ein Graus für alle Deutschlehrer, alle Stillehrer, alle halbwegs unverbildeten Zeitgenossen und am Ende sogar für die Adressaten.

Was treibt die Lastzugzusammenkoppler an? Entweder ein verqueres Geltungsbedürfnis – oder (was ein mildernder Umstand wäre) die Sorge, mit einer weniger krampfhaft gedrechselten Wortbildung die Sitten, die etablierten Unsitten ihrer Branche zu verletzen.

Die folgenden Beispiele sind durchweg den Selbstdarstellungen oder dem externen und internen Schriftverkehr deutschsprachiger Wirtschaftsunternehmen in den Jahren 2003 bis 2005 entnommen.

Für ihre Echtheit kann der Verfasser sich umso leichter verbürgen, als er sich völlig außerstande sähe, solche Wortkraken in die Welt zu setzen.

Oft spürt der Laie, dass das Kunstgebilde eine vergleichsweise simple Aussage überwölbt: *laienverständliche Nutzerinformationen* sind offenbar Gebrauchsanweisungen, die der Adressat (wie es sich gehört) verstehen kann; die *technologiebezogenen Anforderungen* lassen sich als «Anforderungen an die Technik» deuten; und der *kanalübergreifende Gebrauchtwagenhandel* kann eigentlich nur der Handel mit England sein. Kanalübergreifend! Anreizorientiert! Was, außer pompöser Blähung, ist damit gewonnen? Auch bei diesen:

anbieterinitiierte Kontaktaufnahme
museumsfunktionale Anforderungen
objektrelationaler Paradigmenbruch
verursachungsgerechte Kalkulierbarkeit
signaturgesetzkonforme Trustcenter
ressourceneffiziente Problemlösungsansätze
anzeigenmarktspezifischer Buchungszeitraum

kommunikationsoptimierende Zielsetzungen
verbraucherdatenorientiertes Produktmanagement
lebenszyklusorientierte Nachversicherungsgarantie.

So schön kann Sprache sein.

21
... denn gute sind rar

Nun reden wir also von den schönen, den nützlichen Adjektiven – denen, die nicht krampfhaft, nicht gekünstelt, nicht aufgeblasen, nicht schief gesetzt und nicht doppelt gemoppelt sind; wir reden folglich, gemessen am Durchschnitt gedruckter Texte, von einer ziemlich kleinen Minderheit.

Die wird noch kleiner, wenn wir zwei weitere typische Verwendungen aussortieren: die nichtssagenden Eigenschaftswörter und die überflüssigen.

Nichtssagend sind sie in einer häufigen Form der journalistischen Reisereportage: Da wird eine Landschaft als reizvoll, herrlich, großartig, traumhaft, faszinierend, unvergesslich beschrieben – und als unbeschreiblich noch dazu (woraufhin es nur konsequent gewesen wäre, wenn der Autor jeden Versuch der Beschreibung unterlassen hätte). Was für eine Landschaft also ist das? Erfahren haben wir nichts über sie; der Text schwelgt in frei schwebenden Superlativen.

Überflüssig sind die Adjektive, wenn der Schreiber meint, er müsse sie zur Erläuterung, Vertiefung, Verschönerung seinen Substantiven beigeben – ganz, als hätte er's mit Lesern zu tun, die keine Lebenserfahrung und keine Assoziationen haben. «Am Brunnen vor dem Tore, da steht ein Lindenbaum»: Das Lied ist populär und die Stimmung schon da. Wehe, ein Autor würde meinen, er müsse aus seinem großen Vorrat noch Adjektive wie Rauschgoldengel auf den Text herniederschweben lassen: «Am halb verfallenen Brunnen vor dem weinlaubumrankten Tore, da steht ein knorriger, kühlenden Schatten spendender, erinnerungsgesättigter ...» (man mag gar nicht weiterlesen).

Stimmung entsteht eben meist *nicht* aus Adjektiven, entge-

gen einem nicht auszurottenden Vorurteil aller Trivialschrift-
steller, der meisten Deutschlehrer und vieler Redakteure;
Stimmung entsteht durch gut gesetzte Substantive und Ver-
ben. «Über allen Gipfeln ist Ruh», beginnt das bekannteste
Gedicht deutscher Sprache; «in allen Wipfeln spürest du ...»
Und nicht ein Adjektiv, bis zum Schluss – so wenig wie «betö-
rend, beschwörend, widerstrebend» in der Ballade von der
Seejungfrau (7).

Allenfalls verzeihlich sind nichtssagende oder überflüssige
Eigenschaftswörter dort, wo die Eigenschaften der Materie
eine körnige Beschreibung nicht zulassen – bei der Werbung
für Uhren, Parfüm und Mode beispielsweise. Dort gilt es, mit
Adjektiven Fülle vorzutäuschen: bezaubernde Farben, edles
Design, dezenter Glanz, festliches Outfit, femininer Zuschnitt, schmeichelweicher Stoff, blumig-exotische Duftper-
sönlichkeit.

Wann also sind Leser überhaupt für Adjektive dankbar?
Erstens, wenn sie *nötig* sind, weil sie unterscheiden: die blaue
Bluse, nicht die grüne. Nicht nötig indessen wäre es, von star-
kem Wind, heftigem Weinen oder schrecklichem Krach zu
sprechen – denn man könnte und sollte stattdessen sagen:
Sturm, Schluchzen und Getöse.

Willkommen, zweitens, sind Adjektive, wenn sie ausnahmsweise Kraft haben oder Überraschung bieten. Das können
knorrige Eigenschaftswörter leisten wie *vierschrötig* oder *bär-
beißig* (selten gebraucht, aber immer noch gut verstanden). Es
kann in einem sachlichen Umfeld geschehen wie im Grimm'-
schen Wörterbuch: Den Neid definiert es trefflich als «die *ge-
hässige* und *quälende* Gesinnung, mit der man Vorzüge oder
Erfolge anderer wahrnimmt». Ironie und Polemik lassen sich
mit Adjektiven transportieren: Die Reichen, sagt Robert Walser, sind «kalt, weit, geheizt, gepolstert und vernagelt». Heine
schrieb über die Tiroler, sie seien «schön, heiter, ehrlich, brav

und von unergründlicher Geistesbeschränktheit». Wolf Biermann sagte seinen ostdeutschen Landsleuten «ein *breitärschiges* Selbstmitleid» nach. Die *Süddeutsche Zeitung* beschrieb 2005 die amerikanische Außenministerin Condoleezza Rice als «stählerne Magnolie».

Kleist lässt den Löwen in der Fabel beichten: «In *leckerhaften* Augenblicken sei es ihm zugestoßen, dass er den Schäfer gefressen.» Überraschend Kleists Wortwahl für ein abziehendes Gewitter (in der «Heiligen Cäcilie»): «Der Donner verabschiedete sich *missmutig.*» Berühmt der Zusammenprall der Adjektive am Anfang des «Michael Kohlhaas»: Der war «einer der *rechtschaffensten* und zugleich *entsetzlichsten* Menschen seiner Zeit». Erschütternd die vier Adjektive, mit denen Heine den 75-jährigen Goethe charakterisiert, kurz nachdem der Greis vergeblich um die Hand der 19-jährigen Ulrike von Levetzow angehalten hatte: Sein Gesicht «gelb und mumienhaft, der zahnlose Mund in ängstlicher Bewegung».

Was aber tun, wenn man *kein* Dichter ist? Ganz einfach: Beim Schreiben ein Türsteher sein, der jedes hereindrängende Adjektiv kritisch mustert und den meisten den Einlass verweigert.

Ein Ausweg, zu selten empfohlen, wäre noch, statt nach einem schönen Adjektiv nach einem Vergleich, einem Bild zu fahnden (Rezept **37**). Zur Einstimmung hier: Da wirkte ein Prediger nicht selbstherrlich und überschwänglich, sondern: «Er war ein Mensch, der jedes seiner Worte wie ‹Walhalla› aussprach» (Quelle ungewiss). Und Vladimir Nabokov hat sich einst für Lenin das schreckliche Bild ausgedacht: «... diese Milchkanne voll menschlicher Freundlichkeit mit einer toten Ratte am Boden.» Kein Adjektiv in keiner Sprache könnte solches leisten.

Wie zog sich 2004 die *New York Times* aus der Affäre, als sie berichten musste, dass Vizepräsident Dick Cheney einem Senator die undruckbare Aufforderung «Fuck yourself!» an den Kopf geworfen hatte? Sie schrieb: «Cheney forderte den Senator zu einer Tätigkeit auf, die nicht einmal in den Memoiren von Bill Clinton vorkommt.»

Da war ihr ein klassischer *Euphemismus* gelungen – «eine beschönigende, verhüllende Beschreibung für ein anstößiges oder unangenehmes Wort» nach der Duden-Definition. Dick Cheney zwar geht uns verhältnismäßig wenig an – wie aber steht es mit dem *Kapitaldeckungsverfahren*? Es soll den Deutschen die Rentensorgen nehmen. Nur dass die meisten, die es angeht, nicht heraushören, was es bedeutet: «Für eure Rente müsst ihr selber sparen.»

Mit welcher Absicht haben die Politiker diesen Begriff, der de facto ein Tarnwort ist, in die Welt gesetzt? Und versündigen Journalisten sich nicht an ihrem Informationsauftrag, wenn sie ihn überwiegend unerklärt drucken oder senden? Euphemismen stellen Berufsschreiber also vor ein mehrstufiges Problem: Inwieweit sollte man sie enthüllen, mindestens aber vermeiden? Inwieweit muss jeder sie benutzen, der sich Ärger ersparen will? Und welche dieser Schmeichelwörter lassen sich guten Gewissens verwenden?

Senioren statt «Greise» zu schreiben, dagegen spricht nichts, oder statt «Arme» *sozial Schwache* (mit «sozial *Benachteiligten*» freilich hätte man schon wieder Politik gemacht). Ein bisschen zu viel des Guten ist die *Justizvollzugsanstalt*, die das Gefängnis ersetzt hat. Ein bisschen lächerlich, aber noch erträglich, dass ein typischer Klinkenputzer zum *Pharmareferenten* aufgestiegen ist und dass die Fluggesellschaften offenbar einen Horror vor «Klo», «WC» und «Toilette» haben: *Waschräume* heißen sie, die Pinkelkabinette.

Öffentlicher Abscheu hat sich erfreulicherweise gegen die Tarnwörter von der groben Art gerichtet: in der Wirtschaft die *Freisetzung* von Mitarbeitern, in der Atomwirtschaft der *Entsorgungspark*, bei der Polizei der *finale Rettungsschuss*, im «Pentagon Speak» (wie das Nachrichtenmagazin *Time* ihn nennt) der *Kollateralschaden* (für umgebrachte Zivilisten) und das *friendly fire* (für den Tod durch die eigenen Granaten).

Doch wie meistens sind es die Grenzfälle, die uns Kopfzerbrechen machen. Spricht ein Politiker von *Nullwachstum*, so wird er belächelt; findet dasselbe bei einem Unternehmen statt, so werden dessen Öffentlichkeitsarbeiter diesem Euphemismus kaum ausweichen können. Ein Krebskranker hört von seinen Freunden wahrscheinlich lieber, dass er an einer schweren Krankheit leide (wie sie überwiegend auch in den Todesanzeigen heißt). *Lungenspitzenkatarrh* nannte Kafkas Arzt die Tuberkulose; der kranke Dichter machte sich darüber lustig in einem Brief an seine Schwester: «Das ist das Wort! So, wie man jemandem Ferkelchen sagt, wenn man Sau meint.»

Die österreichische Wirtschaftskammer hat 2004 in einer Broschüre eine zweite Stufe der Euphemismen gefordert: Es genüge nicht, statt vom «Krüppel» vom *Behinderten* zu sprechen, denn damit werde er «auf ein Defizit reduziert»: ein *Mensch mit einer Behinderung* solle man sagen. Und die früher Geisteskranke oder Schwachsinnige hießen, dürfe man nicht *geistig Zurückgebliebene* nennen – sie seien *Menschen mit Lernschwächen*.

Dies alles wurde nicht als Empfehlung vorgetragen, sondern als politische Forderung, als Versuch, ein Bündel herkömmlicher und einst überwiegend unschuldig verwendeter Wörter mit einem Tabu zu belegen – das ist der Kern der

Political Correctness, an amerikanischen Universitäten ausgeheckt und bis heute dort zur höchsten Blüte getrieben. Sie verbietet, irgendjemanden wegen seiner Rasse (auch verboten! «Ethnische Herkunft» muss es heißen), seines Geschlechts, seiner sozialen Stellung, seiner sexuellen Neigung oder seiner körperlichen oder geistigen Behinderung zu diskriminieren – nicht mit Taten, nicht mit Behauptungen, nicht mit Überlieferungen und nicht durch fahrlässigen oder böswilligen Gebrauch von Wörtern, die einen Mitmenschen ausgrenzen oder kränken könnten.

Für seine Behauptung, Frauen seien in den Naturwissenschaften biologisch benachteiligt, sprachen die Professoren der Harvard-Universität ihrem Präsidenten, Lawrence Summers, 2005 das Misstrauen aus. Der Feind lauert überall: Überlieferungen können rassistisch und sexistisch sein – schon die Märchen! Aus der Beschreibung von Hans-Christian Andersens Kleiner Meerjungfrau muss in amerikanischen Schulbüchern das Wort «weiß» gestrichen werden, weil es eine rassistische Anspielung sei, und das Märchen vom Aschenputtel ist nur dann erträglich, wenn den Kindern das Verwerfliche daran erläutert wird: Aus seiner Erniedrigung befreit sich das Mädchen nicht aus eigener Kraft, sondern indem es einen Mann anhimmelt, der es gnädig zu sich emporzieht.

Da waltet ein Tugend-Terror, gegen den eine zunehmende Minderheit von Liberalen protestiert. Dieter E. Zimmer, langjähriger Redakteur der *Zeit*, schrieb dazu, die Grundüberzeugung der Political Correctness sei, dass keine Kultur, Religion, Person oder Gruppe «irgendwie schlechter ist als die anderen – *ausgenommen die weißen heterosexuellen Männer*». Umberto Eco hat das Klima an amerikanischen Universitäten mit dem Wüten der Roten Brigaden während der chinesischen Kulturrevolution verglichen. In dem angesehenen *Bos-*

ton Globe warnte 2005 eine Kolumnistin (!) vor dem «politisch korrekten Extremismus»; wer alles verbiete, was eine Minderheit als «unbehaglich» (*uncomfortable*) empfinde, der mache sich derselben Tyrannei schuldig wie ebender, für die die Mehrheit angegriffen werde.

Unser Thema sind die potentiell kränkenden *Wörter*. Da galt es also bis gegen Ende der sechziger Jahre als korrekt, von Negern oder Farbigen zu sprechen; «Schwarzer» war ein Schimpfwort. Dann stülpte die Bewegung «Black Power» die Bewertung um. Das war eine mutige Tat und ihr gutes Recht – wie einst bei den evangelischen Christen, als sie sich den Vorwurf «Protestanten» erhobenen Hauptes zu Eigen machten. Doch einen schlimmen Nachteil hat diese Kühnheit auch: Die Schwarzen sind natürlich so wenig schwarz, wie die Europäer mit ihren unzähligen Mischfarben «Weiße» zu heißen verdienen. Die Umwertung blies also einer primitiv-rassistischen Unterscheidung europäischer Herrenmenschen des 19. Jahrhunderts («die weiße Rasse – die gelbe Gefahr!») neues Leben ein; gleichwohl hat sie sich auch im Deutschen durchgesetzt.

Und dabei ist sie von vorgestern: Die Schwarzen ziehen es seit Jahren vor, *Afro-Americans* genannt zu werden. Dagegen wiederum erhob sich alsbald Protest unter hellhäutigen Einwanderern aus dem nördlichen Afrika: als ob ganz Afrika schwarz wäre! Und inzwischen gibt es, wie die *New York Times* 2004 berichtete, auch unter schwarzen Bürgern afrikanischer Herkunft einen Zwist: Die Nachkommen der Sklaven wollen nicht dulden, dass Einwanderer aus dem schwarzen Afrika, die nicht in den USA geboren sind, sich anmaßen, sich Afro-Americans zu nennen.

Bei uns bilden die *Zigeuner* ein nachhaltiges Problem – seit die Volksgruppen der *Sinti* und der *Roma* für sich in Anspruch nehmen, nur *ihr* Name sei zulässig; viele Zigeuner aber wollen weder mit den Sinti noch mit den Roma etwas zu tun haben. Und Deutschschreibende würden sich lächerlich machen, wollten sie berichten, «ein Sinti und Roma» habe ihnen in Budapest ins Weinglas gegeigt; noch ist auch die Johann-Strauß-Operette nicht in «Der Sinti-und-Roma-Baron» umgetauft. Feministinnen sollten ohnehin empört sein, weil Sinti und Roma rein männliche Bezeichnungen sind; die chauvinistisch unterdrückten weiblichen Wortformen lauten *Sintiza* und *Romni*. Vor diesem Hintergrund fasste der Deutsche Bundestag 2005 den listigen Beschluss, das geplante Mahnmal «allen, die als *Zigeuner* ermordet wurden» zu widmen – aber die Sinti waren nicht zufrieden.

Die häufigste Alltagssorge deutscher Berufsschreiber sind die politisch korrekten *geschlechtsneutralen* Wörter, der feministische Sprachgebrauch: nicht «Lehrer», wenn man auch Lehrerinnen meint, sondern entweder «Lehrer und Lehrerinnen» oder «Lehrerinnen und Lehrer» oder «Lehrpersonen».

Am Anfang der feministischen Bewegung stand eine zutreffende Diagnose: Ja, die Frauen werden in der Sprache benachteiligt. Ja, die patriarchalische Gesinnung unserer Ahnen ist in unserem Wortschatz tief verwurzelt. Ja, die feministische Bewegung tat recht daran, dafür zu plädieren, dass wir uns um mehr sprachliche Symmetrie bemühen und das Weibliche überall sichtbar und hörbar machen sollten.

Doch inzwischen hat sich zweierlei erwiesen: Für eine konsequente Umsetzung der feministischen Ansprüche geben sich Wortschatz und Grammatik einfach nicht her; und auch wo die Wörter und die Formen stimmen, da macht der entschlossene Gebrauch der feministischen Korrektheit die Sprache umständlich und bürokratisch bis an den Rand der unfreiwilligen Komik.

Wollen wir denn wirklich von Finninnen und Finnen lesen, von Bangladesherinnen und Bangladeshern, von Wurmannsquickerinnen und Wurmannsquickern (Niederbayern), von Gündlischwanderinnen und Gündlischwandern (Kanton Bern)? Und wer soll einen Text ertragen wie den einer hessischen Verordnung:

> Sind die Schulleiterin oder der Schulleiter, ihre planmäßige Vertreterin oder ihr planmäßiger Vertreter oder seine planmäßige Vertreterin oder sein planmäßiger Vertreter und Abwesenheitsvertreterin oder der Abwesenheitsvertreter der planmäßigen Vertreterin oder des planmäßigen Vertreters gleichzeitig länger als drei Tage abwesend, so ist die Schulaufsichtsbehörde . . .

Was soll das sein: der Einzug der Logarithmentafel in die deutsche Stilistik? Ist es ernst gemeint – ohne Witterung dafür, dass man sich damit dem Gespött aussetzt? Oder wäre es eine Karikatur von Macho-Hand, um den Feminismus durch Albernheit zu töten?

Was immer die Motive – das Resultat sind Sätze, die keiner sprechen kann und keiner lesen mag. Wer dem Sprachgebrauch kein Schlupfloch lassen will, der wird die Sprache ersticken. Es ist nicht möglich, ihren patriarchalischen Ursprung aus ihr herauszuoperieren, ohne sie selber dabei umzubringen.

Wie weit wollen wir denn gehen? Sollen sich die Frauen den Führerschein noch länger gefallen lassen und die Männer den Sündenbock, den Hanswurst und den Hampelmann? Führerinnenschein auch für Hampelfrauen und Sündenziegen! Ist der Bürgermeister nicht zugleich ein Bürgerinnenmeister und die Meisterschaft nicht oft eine Meisterinnenschaft? Sitzen nicht auch Nichtraucherinnen im Nichtraucherabteil? Müsste das Schild nicht lauten: «Vor Taschendiebinnen und Taschendieben wird gewarnt»? Es bleibt so viel zu tun! Die Hündinnen- und Hundesteuer! Die Risiken und Nebenwirkungen! Ist es nicht skandalös, dass wir nur *den* Arzt und *den* Apotheker danach fragen sollen? Gott sei Dank ist für das neue Heilmittelgesetz die Formulierung vorgesehen: «... holen Sie ärztlichen Rat ein und fragen Sie Ihre Apothekerin oder Ihren Apotheker».

Nicht gerechnet die hoffnungslosen Fälle: die Geisel, auch wenn sie ein Mann ist. Der Gast, auch wenn er weiblich ist («Gästin» sagen nur die Verbohrtesten). Die Person! Die Persönlichkeit! Die Führungskraft! Und schließlich: *das Weib!* Noch nie hat das natürliche Geschlecht mit dem grammatischen übereingestimmt, und bis vor dreißig, vierzig Jahren konnten wir alle sehr gut damit leben. Was wäre weiblich an der Rhone und männlich am Rhein? Haben die Vögel drei Geschlechter, weil wir der Spatz, die Amsel und das Rotkehlchen sagen? Oder glaubt irgendjemand, in der Einwohnerstatistik wären die Frauen nicht mitgezählt?

Im Übrigen: Ist die feministische Sprachlenkung etwa populär? Ohne Beweise in der Hand, aber auf reiche Lebens- und Berufserfahrung gestützt, riskiert der Verfasser die Diagnose: Zwei Dritteln der Frauen wie der Männer deutscher Sprache ist der sprachliche Feminismus ziemlich gleichgültig; ein Drittel der Männer und ein Sechstel der Frauen finden ihn albern oder lästig; für ihn kämpfen oder werben ein Sechstel der Frauen und ein paar Männer im Promillebereich. Es ist also einer Minderheit gelungen, die Mehrheit sprachlich in die Knie zu zwingen. Das versucht zu haben war ihr gutes Recht; ebenso berechtigt ist es, dagegen anzugehen.

Was folgt aus alldem für Berufs- und andere Schreiber? Schreibt feministisch korrekt, wenn ihr entweder persönlich überzeugt seid, dass das sein sollte, oder wenn Gesetze, Verordnungen, Vorgesetzte, Betriebsräte euch dazu zwingen. Liegen diese beiden Fälle nicht vor, so lasst ihr es bleiben – ebenso guten Gewissens wie die Feministen.

Ein Mindestvorschlag: der Doppelung dort ausweichen, wo sie *zu* lächerlich wirkt oder sich *zu* widerborstig auftürmt; die Meidung der Exzesse würde dem feministischen Anliegen sogar dienen. Schön wäre es jedenfalls, an die Stelle eifernder Beflissenheit ein wenig Gelassenheit zu setzen. Und im Grenzfall: gegen Sprachtabus! Mit denen hat schon manches Unheil begonnen.

Mit einem Raubgesindel von 168 Mann gelang es 1532 dem ehemaligen Schweinehirten Francisco Pizarro, das Reich der Inkas aus den Angeln zu heben. Für Pizarros wilden Haufen fand die Zeitschrift *Geo* vierzehn Namen: Das waren Abenteurer, Desperados, Glücksritter, Habenichtse, Halunken, Hasardeure, Haudegen, Herumtreiber, Hungerleider, Marodeure, Streuner, Strolche, Tagediebe, Vagabunden.

Dreierlei traf in diesem Text zusammen: ein reicher Wortvorrat im Lexikon; der Wille des Autors, von ihm Gebrauch zu machen; und der eindeutige Bezug: Alle vierzehn Synonyme benannten die immer selben Männer, mit keiner anderen Gruppe konnten sie verwechselt werden. Im Alltag des Berufsschreibers aber ist es selten, dass genügend Wörter zur Auswahl stehen, und wo sie vorhanden ist, da verbietet es sich oft, von ihr Gebrauch zu machen – immer dann nämlich, wenn der eindeutige Bezug dadurch verloren ginge. Wären damals in Peru *zwei* Haufen von Desperados aufeinander geprallt, so hätte nicht der Wechsel im Ausdruck das Ziel des Autors sein dürfen, sondern allein die klare Unterscheidung.

Viel Verwirrung und manche zwanghafte Albernheit entsteht daraus, dass die meisten Journalisten diese beiden Eckpfeiler der Wortwahl ignorieren: Klarheit geht vor Fülle, und für die Mehrzahl unserer Alltagswörter steht eine zwanglose Alternative gar nicht zur Verfügung.

Es gibt kein Synonym für *Tisch*. Auch nicht für den Teppich und den Küchenherd, für die Rente und den Lebensstandard. Statt *Gesicht* könnten wir zwar Antlitz, Fresse, Fratze und Visage sagen, aber keines dieser Wörter kann für das andere stehen. Schwächer als der *Wind* ist die Brise, stärker der Sturm, jäher die Bö; wer aber eben den Wind meint, müsste sich einen Behelf ausdenken wie «mittelstarkes Naturgebläse».

Das wäre zwar ein schlechter Witz, doch läge er dicht an der journalistischen Routine. Dass wir für die *Sonne* kein Synonym besitzen, treibt die *Deutsche Presseagentur* regelmäßig zu sprachlichen Höhenflügen wie «das leuchtende Zentralgestirn» oder «der glühende Zentralkörper unseres Planetensystems». Auf Dutzende ähnlich schlauer Synonyme in Zeitung, Radio, Fernsehen kann man wetten: Bei der jeweils zweiten Nennung wird aus dem Hund der *Vierbeiner* (obwohl vier Beine auch für Mäuse, Kühe, Krokodile typisch sind), aus dem Wildschwein der *Schwarzkittel,* aus der Polizei die *Ordnungshüter* (im Unterschied zu den *Währungshütern* von der Bundesbank), aus Michael Schumacher *der Kerpener* und aus der Wahl der *Urnengang.*

Wer hat sich den ausgedacht? Finden «Urnengänge» nicht, wenn überhaupt, auf Friedhöfen statt? Auch der Nachrichtensprecher kennt sie nicht mehr, sobald er das Studio verlassen hat – «Wahl» sagt er, auch zehnmal hintereinander, das ist normal und stört ihn nicht. Dieses «angedrillte Wortwiederholungsverbot»! Hermann Unterstöger hat es 2004 in der *Süddeutschen Zeitung* angeprangert und jenen Kollegen verspottet, der die Weihnachtsbäume bei der zweiten Nennung als «nadelige Gesellen aus unseren heimischen Wäldern» vorstellte.

Es waren die Deutschlehrer, die uns einst auf die Suche nach dem Synonym, den Wechsel im Ausdruck, die lexikalische Varianz eingeschworen haben, und zunächst taten sie recht daran: Kinder sollen auf diese Weise in den Wortschatz ihrer Sprache hineinwachsen. Zugleich erwerben sie damit das Rüstzeug, öde Wiederholungen ihr Leben lang dort zu vermeiden, wo sie Lesern auf die Nerven gehen und Wechsel sich anbietet: nicht *machen* und machen, sondern machen und tun; nicht *aber* und aber, sondern aber, doch, jedoch, dennoch, dagegen, hingegen, trotzdem, gleichwohl, indessen, freilich, allerdings.

Auch wäre ein Schreiber zu loben, der, wenn er einen trübsinnigen Menschen porträtieren wollte, eine Auswahl aus einem Wortvorrat wie diesem treffen könnte: Ist er nun schlecht gelaunt, übellaunig, missvergnügt, missmutig? Oder verstimmt, verschnupft, verzagt, verhärmt, verdrossen, verbittert? Oder eher freudlos, lustlos, bedrückt, bekümmert, griesgrämig, sauertöpfisch, miesepetrig?

Das aber, nochmals gesagt, ist im Wortschatz die Ausnahme: reicher Vorrat, verbunden mit eindeutigem Bezug. Im journalistischen Alltag sind die meisten Synonyme entweder lächerlich (wie «die zwei Freunde Adebar» für zwei Störche) oder, schlimmer noch, verwirrend. Eine Titelgeschichte des *Spiegels* von 2004 über Rauschgift an den Schulen nannte die immer selbe Droge dreimal *Gras*, sechsmal *Hanf*, neunmal *Marihuana*, elfmal *Haschisch* oder *Hasch* und 38-mal *Cannabis*. Einen Kasten, der die Synonyme aufeinander zugeführt hätte, gab es nicht, nur den Hinweis, Marihuana und Haschisch stammten aus verschiedenen Teilen der Hanfpflanze. Dass Cannabis das botanische Fachwort für den indischen Hanf ist, also der Hanf nochmal, erfuhr der Leser nicht; der Duden wiederum bezeichnet Cannabis als «Jargon» für Haschisch, Gras ebenso.

Noch konfuser war 2004 ein Vorspann im *Hamburger Abendblatt*: «Haschisch ist gefährlich. Jeder zehnte Hamburger Schüler, der Cannabis nimmt, wird süchtig.» Wieso ist dann ausgerechnet Haschisch gefährlich? Wissen denn 80 Prozent der Leser (das journalistisch anzustrebende Minimum), dass die Zeitung mit zwei verschiedenen Wörtern zweimal dieselbe Sache meint? Der Redakteur muss entweder an einer besonders schweren Form der Synonymitis gelitten oder, vielleicht selber kiffend, das Vorwissen seiner Lesermehrheit aberwitzig überschätzt haben.

Wo der Wechsel im Ausdruck wie hier an den tragenden Wörtern des Textes rüttelt, da begeht der Schreiber nicht nur eine Sünde gegen die Verständlichkeit – er enttäuscht auch das Urvertrauen in die Sprache, das wir alle teilen (den Sünder eingeschlossen, sobald er Leser ist): Wir hegen die selbstverständliche Erwartung, dass einer, der fortwährend dasselbe meint, fortwährend dasselbe dazu sagt – so dass er, wenn er plötzlich etwas anderes sagt, nur etwas anderes meinen kann. Allein der kleine Deutschlehrer in uns (noch dazu zur Hälfte missverstanden) und eine in Erz gegossene Journalisten-Marotte verführen schrecklich viele Berufsschreiber, dieses Urvertrauen zu verletzen.

Am ärgerlichsten und lächerlichsten wird solche Unsitte in einer Journalistenmode der letzten zwanzig Jahre: biographische Details als Synonyme sinnlos über den Text zu streuen. Über Ludwig Poullain, den ehemaligen Vorstandsvorsitzenden der Westdeutschen Landesbank, schrieb der *Stern* 2004:

> Poullain, 84, im Arbeitszimmer seines Hauses am Aasee in Münster. Hier, unweit des Gebäudes der Landesbank, wohnt *der Vater zweier erwachsener Kinder* mit seiner Frau. Mehrmals im Jahr geht *der Liebhaber moderner Kunst* auf seiner Yacht im Mittelmeer segeln.

Der Autor konnte, wollte oder durfte nicht schreiben, dass Poullain zwei Kinder hat und moderne Kunst liebt – das wäre ja die natürliche Art, etwas mitzuteilen, dieselbe, für die sich auch der Schreiber mündlich selbstverständlich entschieden hätte. Leser lassen sich nicht von dem Glauben abbringen, alles Gedruckte zeichne sich durch Sinn und Zusammenhang aus, und so könnten sie sich denken: Besteht vielleicht eine

Verbindung zwischen moderner Kunst und dem Mittelmeer? Würde Poullain, wenn er Liebhaber *alter* Kunst wäre, vielleicht lieber auf der Ostsee segeln?

Den zeitlosen Tiefpunkt solcher krampfigen Mitteilungstechnik hat 1993 die *Zeit* markiert; in ihrem Nachruf auf den Schauspieler Hans-Christian Blech schrieb sie: «Die getretene Kreatur – wer hätte sie besser verkörpern können als der 1915 in Darmstadt geborene Sohn eines Beamten?»

Im Streit um die Synonyme wird gern vergessen, dass kräftige Sprache und große Literatur oft aus dem Gegenteil entstehen: der absichtlichen Wiederholung, selbst wenn andere Wörter zur Verfügung stünden. Voll davon ist die Bibel (Beispiele schon in Kap. **II** und Rezept **13**), der Koran ebenso – dreißigmal steht in der Sure 55 die Frage geschrieben: «Welche von den Wohltaten des Herrn wollt ihr wohl leugnen?» (mit dreißig Antworten aus jeweils einem Satz).

Auch in weltlichem Umfeld kann Kraft aus der Wiederholung wachsen, Klarheit sowieso: «Wenn es nicht notwendig ist, ein Gesetz zu machen, dann ist es notwendig, kein Gesetz zu machen» (Montesquieu). «Der Mensch ist noch sehr wenig, wenn er warm wohnt und satt gegessen hat», schrieb Schiller, «aber er muss warm wohnen und satt zu essen haben, wenn sich die bessere Natur in ihm regen soll.» Und über den todkranken Schiller Thomas Mann: «Man war noch nicht elend, ganz elend noch nicht, solange es möglich war, seinem Elend eine stolze und edle Benennung zu schenken.» Die ausdrückliche Synonym-Verweigerung kann zudem das Äußerste an Rechthaberei befördern: «In diesem Ton schreckt man auch ab», schrieb Lessing. «Und das wollte ich. Abschrecken wollte ich.»

Rechthaberisch wollen wir nicht sein, ebenso wenig die obstinate Wiederholung praktizieren, und die Bibel ist schon geschrieben. Der Rat also: Alle *Nebensachen* variieren – für die *tragenden* Namen und Begriffe eines Textes aber Synonyme nicht einmal suchen. Wer in einem Essay, schwierig genug, Glück, Lebensqualität und Lebensstandard gegeneinander abgrenzen wollte, würde seine Leser in den Wahnsinn treiben, wenn er nach drei Synonymen dafür forschte – nicht gerechnet, dass er sie nicht finden kann.

Von dieser guten Regel eine einzige Ausnahme: Ungewöhnliche Adjektive wie *sauertöpfisch* oder auffallende Redensarten wie *Umgekehrt wird ein Schuh draus* prägen sich dem Leser ein, im Extremfall ein ganzes Buch hindurch. Sie haben sich gleichsam selber verbraucht. Wenn der Schreiber also ahnt, dass, aber nicht mehr weiß, wo er so exponierte Wörter verwendet hat, dann frage er den Computer und lasse sie *nur einmal* stehen.

Wie viele Wörter hat das Deutsche?

Niemand weiß es, und jede Zahl ist anfechtbar. Der Rechtschreibduden von 2004 enthält 125 000 Stichwörter; das zehnbändige Große Wörterbuch des Dudenverlags mehr als 300 000; das 32-bändige Grimm'sche Wörterbuch 1,1 Millionen – darunter freilich neben dem *abmurzeln* (**19**) auch den *Bohnenkönig,* den *Unterküchenmeister* und den *Duzbrüdericht.*
Aber ist das «deutscher» Wortschatz: *Cloisonné* (der Zellenschmelz in der Emailmalerei), *Psoriasis* (die Schuppenflechte), *Pteranodon* (der Flugsaurier), *Semipermeabilität* (die Eigenschaft, semipermeabel zu sein – noch ein Wort, «halb durchlässig» bedeutet es)?
Und ist das deutscher «Wortschatz»: der Erbschleicher/die Erbschleicherin, der Erbsenzähler/die Erbsenzählerin, der Singspieldichter/die Singspieldichterin (alles aus dem 10-bändigen Duden), dazu der Darmstädter/die Darmstädterin, nicht aber der Wuppertaler/die Wuppertalerin – Willkür also noch in der Aufblähung des Wortschatzes durch Tausende weiblicher Formen. Der ohnehin nicht mehr sehr

geläufige Südfrüchtehändler wiederum wird korrekt durch den Eintrag «Südfrüchtehändlerin» ergänzt.

Und soll man eigentlich *Wörter* zählen oder *Wortbedeutungen*? Die eine Vokabel *aufheben* erfüllt fünf Funktionen ohne die geringste Beziehung zueinander (Kap. **IV**). Wer da 1 zählt, hat Recht; wer 5, auch. Noch ärger: Blume, Strauß und Blumenstrauß – sind das 2 Wörter oder 3? Und wenn wir den Strauß mit 100 Blumenarten kombinieren – sind wir dann auf 101 Wörter oder auf 200 Wörter gekommen?

Ein ähnliches Zählproblem stellen die Ableitungen: Dilettant, dilettantenhaft, Dilettantentum, Dilettantin, dilettantisch, Dilettantismus, dilettieren – 7 Wörter oder 6 Ableitungen von einem? Und gar erst die 8 Duden-Einträge Ding, Dingelchen, Dingerchen, Dingerich, Dings, Dingsbums, Dingsda, Dingskirchen! Die *Abstraktifizierung* und die *Ausfindigmachung* möchte man am liebsten gar nicht erst zählen.

Für die 23. Auflage des Rechtschreibdudens (2004) warb die Redaktion mit der Behauptung, sie habe 5000 neue Wörter aufgenommen. 111 davon wurden veröffentlicht, zum Beispiel Alcopop, Ausbildungsplatzabgabe, Billigflieger, Homo-Ehe, Ich-AG, Riester-Rente, Schuldenfalle.

Problem 1: Dies sind neue Wort*zusammensetzungen*; ob sie neue *Wörter* zu heißen verdienen, darüber kann man streiten.

Problem 2: Über die anderen 4489 Neuzugänge hat die Duden-Redaktion keine Liste publiziert. Nach einer Recherche der *Weltwoche* handelt es sich größtenteils um Wörter, die aus dem zehnbändigen Duden in den einbändigen Rechtschreibduden übernommen worden sind.

Mit Vorsicht sind also auch alle Zählungen und Schätzungen über den Wortschatz bestimmter Menschen oder Menschengruppen zu betrachten. Für Shakespeare, Goethe, Churchill werden Zahlen bis 20 000 genannt, für Luther 8000. Als Durchschnitt gelten 2000 Wörter, auf einer Party sollen allenfalls 1000 zu hören sein, Landarbeitern werden 500 Wörter zugebilligt.

Zählen lässt sich im Übrigen allenfalls der *aktive Wortschatz* (die Wörter, die einer verwendet, und zwar schriftlich). Der *passive* (die Wörter, die einer versteht) ist bei jedem Menschen erheblich größer.

Zählung hin oder her: Der deutsche Wortschatz, aktiv wie passiv,

scheint parallel mit der wachsenden Leseverweigerung zu schrumpfen.

Wie viele Wörter beherrschte der Urmensch? «Alle, die er zur Beleidigung seiner Feinde, Belehrung der Gattin sowie auf der Jagd und
im Spiel benötigte. Es waren 48.» (Loriot)

DER JARGON

24
Wissenschaftlern auf die Pelle rücken

Kauderwelsch, unverständliches Gemurmel: Das war die Bedeutung des französischen Wortes *jargon*, das wir im 18. Jahrhundert importiert haben. Für uns ist der Jargon die Sondersprache bestimmter Berufe oder Gesellschaftsschichten, oft von vorsätzlicher Schwerverständlichkeit für alle, die nicht dazugehören.

Unter diesem Dach hat das Wort seinen Sinn gespalten: Es steht einerseits für eine gewollt saloppe Sprache wie den Jugendjargon und den Großstadtjargon; andrerseits für solche Sondersprachen, die sich umgekehrt strengen Regeln unterwerfen: den *Fachjargons,* mit denen Wissenschaften und Zünfte sich verständigen, ebenso Interessenvereinigungen, Cliquen, Klüngel, Zirkel: Adlige und Börsianer, Jäger, Reiter und Segler, auch die Adepten einer neuen Sportart wie des Snowboarding, die sich an Carve, Power Wing, Goofy und No-Grab Maneuvers erkennen und ergötzen.

Allen Jargons ist zweierlei gemeinsam: Die Verständigung unter den Dazugehörenden erleichtern sie, und vor den Nichtdazugehörenden errichten sie eine Barriere – manchmal von den Dazugehörenden nur in Kauf genommen, großenteils aber in lustvoller Abgrenzung gegen den Rest der Welt.

Dem Rest der Welt – den meisten von uns also – kann das egal sein, falls das im Jargon Gesprochene oder Geschriebene uns ohnehin nichts angeht. Sollen doch die Jäger den

Schwanz des Hasen *Blume* nennen und die Reiter den Rumpf des Pferdes *Mittelhand*! Lästig werden sie uns, den Laien, nur, wenn sie uns Schwanz und Rumpf nicht gönnen, sondern uns belehren wollen – oder wenn sie es einem Journalisten im Binnenland verargen, dass er den *Einhandsegler* seinen überwiegend nichtsegelnden Lesern lieber als «Alleinsegler» vorstellt (mit dem Vorzug, dass der Journalist auch für den ersten *einarmigen* Weltumsegler noch ein Wort frei hätte). Für Journalisten gilt ohnehin: Fachsprachen zu zertrümmern gehört zu ihren obersten Pflichten – so lange jedenfalls, wie sie dadurch nicht einen Sachverhalt verfälschen oder mit dem Gesetz in Konflikt kommen.

Ganz anders ist die Lage beim Fachjargon der *Naturwissenschaften*: Ihre Resultate interessieren uns durchaus, und besonders hartnäckig sind die Wissenschaftler geneigt, sich nur mit ihresgleichen zu verständigen. Das hat ein paar gute Gründe und ein paar schlechte auch.

Nicht alles lässt sich für alle verständlich aufbereiten, das ist wahr: Über Nanotechnologie oder Mikrobiologie kann selbst ein Kommunikationsgenie nicht so schreiben, dass die Mehrzahl der Mitbürger es verstünde. Doch das ist nur ein Teil der Wahrheit.

Denn Laien haben, zum Ersten, ein Recht darauf, mindestens über diejenigen Felder der Naturwissenschaften informiert zu werden, die sie unmittelbar betreffen: über die Elektronik in Haus und Auto beispielsweise, über Kraftwerke und Rußfilter oder über das neue Schmerzmittel, von dem sie sehr gern wüssten, ob es (a) wirklich neu und (b) wirklich unschädlich ist. Die Laien bis zur Grenze des Möglichen zu informieren ist also für alle Experten eine Bürgerpflicht. Entweder sie sehen das ein und handeln danach (was ja möglich wäre, nicht zuletzt mit Hilfe dieses Buches) – oder sie müssten durch sozialen Druck zu der Unbequemlichkeit gezwungen werden, um die einfachen Wörter zu ringen; sollen sie dabei ruhig schwitzen.

Laien haben, zum Zweiten, die Macht, mit ihren Wahlentscheidungen die Rahmenbedingungen für die Wissenschaften vorzugeben. Sie bis zur Grenze des Möglichen zu informieren müsste also im Interesse gerade der Experten liegen – es sei denn, sie verfolgten geheime Ziele.

Was aber, zum Dritten, die Grenzen des Möglichen angeht: So sind sie nicht so eng gezogen, wie die meisten Wissenschaftler dies behaupten – in verachtender Gleichgültigkeit oder in hochmütiger Abkapselung. In den Naturwissenschaften mögen etliche Hürden unüberwindlich sein; andere aber werden von den Experten eigens aufgestellt, weil man von seinem Latinum und seinem Graecum schließlich etwas haben will, wohl auch, weil man lieber seinesgleichen zuzwinkert, als sich mit der Öffentlichkeit gemein zu machen.

In einer Fachzeitschrift für Anthropologie hätte ja, ohne Einbuße für die Wissenschaftlichkeit, von der Phase gesprochen werden können, in der unser Urahn lernte, auf zwei Beinen zu gehen. Aber der Autor zog es vor, «den Aufstieg des Australopithecus von der quadrupeden zur habituellen bipeden Lokomotion» zu schildern. Und da ist der Punkt erreicht, wo die Laien das gute Gewissen haben und die Kraft aufbringen sollten, den Urheber und den Auftraggeber dieses lächerlichen, bildungsprotzerischen, weltabgewandten Wortgeklingels auszulachen.

Wenn Mediziner untereinander von der «computergestützten Analyse der räumlichen Struktur der Methyltransferase» kommunizieren, so kann das dem Patienten egal sein; bedenklich wird es für ihn, wenn der Arzt die Bauchspeicheldrüse ihm gegenüber törichterweise zur *Pankreas* verfremdet – oder wenn er, wie dies oft und gern geschieht, durch die bloße Nennung eines griechisch-lateinischen Namens den

Anschein erweckt, er habe eine Diagnose gestellt und eine Therapie gefunden; dann wird aus dem Nasenbluten flugs eine *Epistaxis* und aus dem blauen Fleck eine *Ekchymose*.

Freilich ist dabei zu bedenken, dass auch mancher Patient sich durch einen exotischen Namen eher trösten lässt als durch eine nackte deutsche Diagnose – nach dem Beispiel des alten Dubslav von Stechlin bei Theodor Fontane: «Wenn ich so zwischen Hydropsie und Wassersucht die Wahl habe, bin ich immer für Hydropsie. Wassersucht hat so was kolossal Anschauliches.»

In den *Geisteswissenschaften* ist die Lage anders: Ihre Einsichten sind wenig gefragt und für den Alltag der meisten Bürger ohne Belang. So wird es zur Existenzbedingung von Philosophen, Philologen, Soziologen, sich mit einem einschüchternden Wortschatz gegen den Verdacht zu wappnen, sie hätten wenig zu sagen. Da findet dann gern eine «Flucht in die terminologische Überlast und die Theoriehexerei» statt, wie die *Neue Zürcher Zeitung* 1994 in einem zeitlos gültigen Grundsatzartikel schrieb; «Unverständlichkeit ist nicht selten ein fein zurechtgeschneidertes Kleid, das unter dem Signum der Wissenschaftlichkeit viel Leere und Bedeutungslosigkeit verbirgt ... Der Ausweis der Wissenschaftlichkeit erfolgt durch den Nachweis der Unverständlichkeit.» So zum Beispiel (aus dem Begleittext zur 30. Jahrestagung des *Instituts für deutsche Sprache*):

Unter Stilwandel wird demnach verstanden: synchronisch oder metachronisch beschreibbarer Verlust oder Gewinn pragmatischer (perlokutiver) Markiertheit von dem stilistisch handelnden Subjekt jeweils verfügbaren sprachlichen bzw. semiotischen Instrumentarien, bezogen auf deren sozial durchschnittlichen Gebrauch in spezifischen Organisationsformen von Kommunikation.

Dem Jargon der Geisteswissenschaften tief verpflichtet fühlen sich *die Feuilletons* unserer großen Zeitungen, zumal wenn sie ihren Rezensenten Raum geben. Natürlich kann sich der Kulturteil nicht an alle Leser wenden; doch bleibt die Frage: Muss eine Kritik, die vielleicht zwanzig Prozent der Leser interessieren könnte, so geschrieben sein, dass sie nicht von mehr als zwei Prozent verstanden werden kann? «Assoziative Randgängereien» und «gelassenes Verlassen der Sinnverschanzungen» in der *Zeit*, in der *Welt am Sonntag* 2005 «szenischer Minimalismus» und «eklektizistische Postmoderne». *Eklektisch* ist kompliziert genug und kaum mehr als zehn Prozent der Leser geläufig – *eklektizistisch* aber auch für die Minderheit, die es versteht, ein optisch und akustisch scheußliches Wortgebilde.

In der Zeitschrift *art* war über einen modernen Maler zu lesen: «Die Tröpfeltechnik oder das Terpentin machten aus der aufgespannten Leinwand ein Inskriptionsfeld, das lädiert werden musste.» Klar. Nur: Warum eigentlich *musste* das Inskriptionsfeld (was immer das sein mag) «lädiert» werden? Sollte der Text vielleicht nur besagen: «Erst malt er, und dann nimmt er Terpentin und macht alles wieder kaputt»? Modisches Schaumgebäck oder jene «affektierte Gelehrtenhaftigkeit», die Nietzsche 1878 einem befreundeten Musikschriftsteller vorwarf; besser geworden ist seitdem nichts. Aber natürlich (*art* nochmal): «Die Negation einer vorgefertigten Bildvorstellung löst jeden Anflug von Ikonographie auf.» Da haben wir es, «das grausame Spiel, Einfaches kompliziert und Triviales schwierig auszudrücken», wie Karl Popper sagt.

Mit dem Trost: «Wenn kein Sinn darin ist», spricht der König in «Alice im Wunderland» nach der Lektüre eines unsinnigen Gedichts, «so erspart uns das eine Menge Arbeit; denn dann brauchen wir auch keinen zu suchen.»

Orgasmen der Wortkunst

Die «Propaganda der Schüsse» (Che) in der «Dritten Welt» muss durch die «Propaganda der Tat» in den Metropolen vervollständigt werden, welche eine Urbanisierung ruraler Guerilla-Tätigkeit geschichtlich möglich macht. Der städtische Guerrillero ist der Organisator schlechthinniger Irregularität als Destruktion des Systems der repressiven Institutionen.

Rudi Dutschke, «Organisationsreferat» (1967)

Im komplementären Doppelsinn also einer pauschalen Libidinisierung des Gesamtkörpers und einer egalen Fetischisierung einzelner Körperteile, Körpereigenschaften oder Körperfunktionen büßen die traditionell aufs Geschlechtsleben abonnierten Geschlechtsteile ihre sie auf die Rolle von Geschlechtswerkzeugen vereidigende Sonderstellung ein und treten quasi zurück ins korporale Glied, wo sie sich von einem nicht sowohl als Mittel, sondern als Medium des Sexualtriebs figurierenden Ganzen, einer nicht sowohl als Werkzeug, sondern als Wirkungsstätte geschlechtlicher Betätigung firmierenden Körperlichkeit sei's holistisch-integrativ, sei's fetischistisch-exzessiv in Dienst nehmen lassen.

Ulrich Enderwitz, Sexualität heute (Basel 1998)

Wollschlägers Künstlermodell, von ihm zurückprojiziert auch auf so gegensätzliche Figuren wie Friedrich Rückert oder Karl May, ist die gebrochene, leidende, sublime Überhöhung des sich als Kunstwesen denkenden, nach innen zwar verkorksten, aber aus dieser Verkorkstheit auch ungeheure Energien für glückhafte wie tragische Kulturleistung gewinnenden bürgerlichen Ichs, dessen Entstehungsbedingungen Sigmund Freud zu einer Zeit erforscht und beschrieben hat, als dieses Ich bereits im Absterben begriffen war, weil seine historischen Träger, nämlich ökonomisch nicht so ohne weiteres erpressbare Menschen mit reichem Innenleben, also Helden von Thomas-Mann-Romanen, in die um 1900 beginnende Phase des «techno-romantischen Abenteuers» (Kraus) und seine gigantischen Nivellierungsflächenbrände nicht mehr passten.

FAZ (2005)

So erfindet Bruno S. Frey etwa den Homo oeconomicus maturus, der anders als sein unreifer Prototyp von der Wichtigkeit intrinsisch-moralischer Motivationen überzeugt ist und sich dagegen wehrt, sie durch monetäre Anreize und zwangsbewehrte Regelsysteme verdrängen zu lassen, weil er weiß, dass eine Ordnung intrinsisch motivierbarer Menschen einer Ordnung nur extrinsisch, durch Sanktionen und Inzentive motivierbarer Menschen ökonomisch überlegen ist.

Prof. Wolfgang Kersting in *Cicero* (2005)

«Admittedly, it's a complex situation, fraught with dangerous implications from conflicting interpretations of the facts and the pressure of historical enmities, but I'm sure we could come up with something if only I could remember what it was we were talking about.»

Untertitel im *New Yorker* zu einem Cartoon, der zwei ältere, leicht angetrunkene Männer an der Bar zeigt

25
Aktenstaub wegblasen

Agende ist die Gottesdienstordnung, *Agenda* bedeutet «Dinge, die zu tun sind», oder ein Merkbuch darüber, oder eine Liste von Verhandlungspunkten. Wenn uns seit Jahren – und vielleicht noch bis 2010 – Gerhard Schröders *Agenda 2010* in den Ohren liegen, so haben wir genügend Zeit, an diesem Beispiel die typische Eigenschaft der politischen Sprache zu studieren: Schlagworte irgendwo zwischen Heilsversprechen und leerem Stroh – und hier (der *Süddeutschen Zeitung* zufolge) «ein sprachlicher Laborversuch, in dem sozialwissenschaftliches Seminardeutsch mit Orwell gekreuzt wurde».

Schon dieses «2010»: Soll man es als Jahreszahl lesen, mit der merkwürdigen Folge, dass von der Verkündung bis zur Verwirklichung, sechs Jahre lang also, überhaupt nichts erledigt werden müsste? (In der Tat hat der Arbeitgeberverband 2005 eine «Agenda 2005» gefordert.) Oder sollen wir es lesen wie 08-15 oder 47-11, also als ein modisch hingeplappertes Nichts? Und wenn die Dinge «zu tun sind» – muss das heißen, dass sie auch getan werden? Ist es unter Menschen nicht ein völlig normales Verhalten, das zu Erledigende unerledigt vor sich her zu schieben?

Die hohle, beschönigende, irreführende Sprache der Politiker ist einerseits ein Trauerspiel und andrerseits kein würdiger Gegenstand der Beschäftigung für Schreiber, die um Leser oder Hörer werben: Denn wir haben keine Chance, die Politiker durch Einsicht oder durch öffentlichen Druck zu klarem Deutsch zu bewegen, wie das bei den Wissenschaftlern teilweise immerhin gelingen könnte. Wahrheit und Klarheit in der Sprache würde Politik unmöglich machen; wer sich mit eindeutigen Worten auf bestimmte Handlungen festlegt, kann nicht bestehen. «Politik ist Wille und nicht Wahrheit», sagt Robert Musil. «Der Politiker ist kein Lyriker», sagt Ortega y Gasset; «Lügen, mindestens innerhalb gewisser Grenzen, ist seine Pflicht.» Das schließt nicht aus, dass Politiker zur Wahrheit greifen – einfach weil es vorkommen kann, dass ihnen dies unter den obwaltenden Umständen als die überlegene Taktik erscheint.

Die Waffe des Laien ist nur, den Politikern nichts zu glauben, idealerweise ihnen gar nicht erst zuzuhören. Sozialverträglich! Zukunftsfähig, umweltfreundlich und vertrauensbildend! Natürlich unverzichtbar, geschlechtsneutral, mit großer Entschiedenheit und behindertengerecht – blutleere Imponiervokabeln, feucht vom Speichel allzu vieler Sonntagsredner: Wer davon fünfzig beherrscht, sagt man in Mexiko, wird Abgeordneter; wer es auf hundert bringt, wird Präsident.

Klares Deutsch einfordern können wir mit besseren Aussichten und mit elementarem Recht von den *Behörden*: Sie machen ja keine Versprechungen für die nächste Wahlperiode – sie wollen uns Handlungen und Unterlassungen aufnötigen. Manchmal scheint bei ihnen Einsicht zu keimen: So hat das Bundesverkehrsministerium 2002 die deutschen Automobilclubs eingeladen, für die *Straßenverkehrsordnung* Vorschläge «zur Verringerung der Regelungsintensität und der Regelungstiefe» zu machen, auch «erkennbare Befolgungsdefizite» zu definieren, ja die Clubs zu fragen, ob manche Regelungen «sprachlich überarbeitungsbedürftig» seien.

O ja, sie sind es (und die Einladung, sie zu ändern, ist es ebenso). Mit einfachen Wörtern könnte man beginnen, zum Beispiel das *Wechsellichtzeichen* in «Ampel» übersetzen und *die Führer von Krafträdern* in Motorradfahrer. Vorschläge sind eingegangen, umstürzende sogar; doch das Ministerium schweigt – entweder über seinen Mut erschrocken oder in seine Routine zurückgefallen. In ihrer weiterhin gültigen

Form ist die Straßenverkehrsordnung eine Gewitterwolke, aus der, für Nichtjuristen unerforschlich, die Blitze auf Gute und Böse niederfahren.

Erklären ließe sich solche Sprache allenfalls als Einschüchterungsprosa: Du brauchst nichts zu verstehen, Bürger – wenn du nur den Kopf einziehst und dir nicht einbildest, im Recht zu sein. Wie vor dem Schild auf vielen Grünanlagen: «Hunde sind an der Leine zu führen. Zuwiderhandlungen werden strafrechtlich verfolgt.» Zuwiderhandlungen! Wer von uns hätte je eine begangen? Und wer, der sie begangen haben sollte, käme auf die Idee, sie als «Zuwiderhandlung» einzustufen? Auf dem Schild könnte ja stehen: «Bitte nehmen Sie Ihren Hund an die Leine – sonst müssen wir Sie leider anzeigen. Ihre Polizei.» Das wäre Deutsch, und davor würde der zuständigen Behörde grausen.

Auch dort aber, wo Einschüchterung kaum die Absicht sein kann, liebt es der Beamte, seinen Jargon zu pflegen. Über einen «Kontaktbrief» des Bayerischen Staatsinstituts für Schulpädagogik mokierte sich 2003 die *Süddeutsche Zeitung*:

> «Leseleistungen müssen operativ definiert und objektiv skaliert werden, dafür ist das Kompetenzkonstrukt der PISA-Studie sehr geeignet.» Ah ja. So geht es dahin, in gröbstem Sperrholzdeutsch und gakligen Nominalkonstruktionen, «Lösungsgraden in Prozentzahlen» und mahnender Erinnerung an den Pisa-Gau, und wenn man sich durch die zehn Seiten des Briefes gequält hat, fühlt man sich, als hätte man eine Tüte Mehl gegessen.

Sperrholz! Mehl, für Mehlwürmer jederzeit geeignet! Für Menschen nicht. Der Staatsbeamte nimmt sich die Freiheit, die Bürger mit prätentiösen Floskeln zu bedrängen oder abzuspeisen. Seine Sprache liefert dem Schreiber, der sich Leser wünscht, das ideale Modell für alles, was er unterlassen muss.

Aus dem bürokratischen Horrorkabinett

Der Rest-Punktwert ergibt sich arztgruppenspezifisch aus der Division des nach Abzug des für die Kernpunktzahlvolumina benötigten Vergütungsanteils mit dem Rest-Punktzahlvolumen der betreffenden Arztgruppe.

Zeitschrift *Arzt und Wirtschaft* (1999)

Die diesjährige Standmitteilung trennt zwischen erreichter Überschussbeteiligung (gutgeschriebener Bonus) und Schlussüberschussbeteiligung. Da vertragsrechtlich der Anspruch auf Schlussüberschussanteil erst bei Eintritt des Leistungsfalls entsteht, darf dieser auch nur bei der auf den 1. Mai 2003 errechneten Todesfallleistung berücksichtigt werden. Die Ablaufleistung wird jedoch erst zu einem in der Zukunft liegenden Zeitpunkt fällig.

Schreiben einer deutschen Versicherung an eine versicherte Person (2004)

Hinsichtlich der Gestaltung der Haltungsumgebung ist zu berücksichtigen, dass das Huhn aus ethologischer Sicht (seiner Verhaltensweise) ein sozial und territorial lebender Scharr- und Flattervogel mit klar strukturierter Rangordnung ist, dessen wichtigstes Fortbewegungsmittel die Beine sind.

Drucksache des Bundesrats zur Käfighaltung von Legehennen (2003).

26
Nur die Hälfte schreiben

«Das Positive ist nicht herstellbar – außer, man generiert adäquate Aktivitäten.» Der Satz ist erfunden, aber redlich ausgedacht im Ungeist des pompösen Nichts, das sich in den Reden und Publikationen deutscher Wirtschaftsunternehmen räkelt; bei Erich Kästner heißt er: «Es gibt nichts Gutes – außer man tut es.»

Nicht erfunden ist die Forderung aus dem Vorstandsbüro eines Großkonzerns nach einer «über den jeweiligen Seminarzusammenhang hinausweisenden Bündelung des Kreativpotentials mit der Zielvorgabe interdisziplinärer Befruchtung». Die Leute sollen sich also öfter mal zusammensetzen und sich dabei etwas einfallen lassen.

Maßnahmenpakete schnüren, «damit die Sensibilität für die Basics von Servicequalität nicht verloren geht»! Die Diskussion über die Implementation neuer Management-Instrumente in organisatorische Abläufe vorantreiben! Zielführende Handlungsoptionen identifizieren! Die Emotionalität unserer Marke durchdeklinieren! Die Qualität der Aufgabenstellung für den Systemintegrator optimieren! Einer beschleunigten Dekomposition der Wertschöpfungskette entgegenarbeiten!

Ja: Der Schriftverkehr in großen Unternehmen gehört zum Scheußlichsten, was durch den deutschen Sprachraum geistert. Warum schreiben Angestellte so? Man darf vermuten, dass sie Angst haben – Angst, von Vorgesetzten und Kollegen nicht für wichtig genug genommen zu werden, wenn sie den Jargon nicht beherrschen, und Angst vor allem, schlichte Wörter würden die Dürftigkeit der Aussage offenkundig machen.

So schreiben sie: «Nach bereichsinterner Diskussion sind

wir zu der Meinung gekommen, dass diese Aktivitäten sehr gut in die Aktivitäten der Werbeabteilung eingepasst werden könnten.» Wäre die Zeit knapp und würde der Schreiber die Adressaten nicht länger als nötig behelligen wollen, so hätte er schreiben können: «Nach interner Diskussion sind wir uns einig: Diese Tätigkeit passt gut in die Werbeabteilung.» (14 Wörter statt 22, dabei allein 10 Silben für die Orgie der Aktivitäten eingespart: **28**.)

Der Wunsch nach interner Profilierung mag für die Verfasser solcher Texte ein mildernder Umstand sein. Gleichwohl sollten sie bedenken: Je höher in der Betriebshierarchie der Empfänger steht, desto dankbarer ist er für knappe, präzise Information. Immer trägt der ökonomische Umgang mit Wörtern und Sätzen bei zu der sonst viel gerühmten Effizienz.

Sobald Öffentlichkeitsarbeiter oder Redenschreiber sich nach außen wenden, stehen sie unter dem zusätzlichen Druck, das ihnen von der Firma zugestandene Maß an Klarheit in elegante und glaubwürdige Texte umzusetzen. Was der Vorstandsvorsitzende eines deutschen Großunternehmens 2003 auf der Hauptversammlung sagte, erfüllte beide Anforderungen nicht: «Der durch Sanierung, Umstrukturierung und Allianzbildung gekennzeichnete Veränderungsprozess» (Entlassungen offenbar, versteckt in gespreizten vorangestellten Attributen, Rezept **6**) – ein Prozess also, und was tat der? Erstaunliches! Er «gab der Unternehmenskultur insgesamt ein prägendes Profil». Der erste Teil des Satzes mutmaßlich euphemistisch angelegt, der zweite ein Stück dekorierten Wortmülls. Der Redner oder sein Schreiber hätte merken müssen: Eine Abstrahlung von Seriosität hat ein solches Satzgebilde nicht.

Natürlich, das ist ein ständiges Problem von Leuten, die entweder nichts zu sagen haben oder das, was sie zu sagen hätten, nicht sagen wollen oder sagen dürfen. Man wünscht ihnen die Einsicht (und die Entscheidungsfreiheit) jenes Pfarrers, der vor seine Hörer hintrat mit den Worten: «Liebe Gemeinde, die Predigt fällt heute aus, denn ich habe euch etwas zu sagen.»

Wer aber nichts zu sagen hat, der könnte ja schweigen. Nur dass nichts dem Menschen schwerer fällt, als den Mund zu halten oder seine Worte zu wägen. Der Pilot zum Beispiel erträgt es nicht, uns die Flughöhe allein in Metern anzugeben; die folgen als Umrechnung nach den «33 000 Fuß», mit denen er zuvor die Passagiere verwöhnt hat. Er kann auch nicht sagen, die Lufttemperatur am Zielort betrage 17 Grad – «Celsius» schwatzt er dazu, ganz als wären deutsche Passagiere in einem deutschen Flugzeug auf Fahrenheit oder Réaumur geeicht.

Ähnlich die typischen Fernseh-Meteorologen: Sie schaffen es nicht, einfach anzukündigen, dass es regnen oder schneien werde; «die Niederschläge werden teils als Regen, teils als Schnee niedergehen» müssen wir hören. Das alles hat das Niveau und die Dringlichkeit des Satzes, mit dem liebe Mitmenschen auf der Straße den Hund des Nachbarn begrüßen: «Ja darfst du gassi gehen?» (Er darf.)

Auch Berufsschreibern mangelt es weithin an der Einsicht, dass Geschwätzigkeit die Lesequote drückt. Nicht immer stehen sie ja vor der heiklen Aufgabe, der Öffentlichkeit die Firmenpolitik zu vermitteln; oft waten sie auch dort in allzu vielen Wörtern, wo sie keine diplomatischen Rücksichten zu nehmen brauchen. Die Vorliebe für das *qualitativ* Hochwertige wurde schon in Rezept 20 aufgespießt. Der Betriebsausflug soll «Spaß und Vergnügen bereiten» (was ist der Unterschied?). Über eine Rede des Chefs berichtete die Mitarbeiterzeitschrift: «‹Die Penetration mit diesem Enduser-Interface liege bei 100 Prozent›, erklärte er *und wollte damit sagen*, dass jeder gewöhnliche Haushalt heute eine Flimmerkiste zu Hause hat.» (Hätte er das nicht gleich sagen können?)

Denn Leser sind grausam «und schätzen ganze Kapitel voll schöner Ausdrücke nicht so hoch als ein Senfkorn von Sache», schrieb vor mehr als zweihundert Jahren Georg Christoph Lichtenberg, und er hat Recht bis heute: Angenehm liest sich nur der Text, in dem jedes Wort eine Funktion hat und jeder Satz Vergnügen bereitet.

Wer witzig schreiben will, kann sogar das Gegenteil von Überfluss betreiben, die *Unterdetermination*, wie die Stilistik sagt: vom logisch Zugehörigen ein Stück weglassen – wie in dem Sponti-Spruch: «Man wähle von zwei Politikern das kleinere.» Und wie schon in dem berühmten Heiratsantrag bei Wilhelm Busch: «Mädchen, sag mir, sprach er, ob ... Und sie lächelt: Ja, Herr Knopp.»

Dass auch umgekehrt ein Quantum Redundanz nützlich, ja nötig sein kann, wird in Rezept **39** erläutert. *Zu wenige* Worte: Das war indessen immer die Ausnahme, und sie ist es noch mehr, seit die elektronische Protokollierung und Vervielfältigung unsere uralte Neigung, uns an unserem Wortschwall zu berauschen, in die Potenz gehoben hat.

Nun erst recht gilt die Regel: Wer kürzer schreibt, hat länger Recht. «Alles, was man *weiß*, nicht bloß rauschen und brausen gehört hat, lässt sich in drei Worten sagen» (Wittgenstein). Und Christian Morgenstern:

Meistes ist in sechs bis acht
Wörtern völlig abgemacht.
Und in ebenso viel Sätzen
Lässt sich Bandwurmweisheit schwätzen.

Gesegnet sei, wer den Mund hält, wenn er nichts zu sagen hat.

Unser aller Quasselbude

Meine Sorge ist, dass wir zu sehr in eine Talkshow-Gesellschaft kommen, in der alles zum «Event» gemacht wird ... Und meine Sorge ist, dass wir uns zu Tode plaudern. Ich hoffe, dass das keine Alterserscheinung bei mir ist ... Heute bekommen Sie in einer Woche 43 Stunden Talkshow von Politikern. Das ist eine Geldentwertung an Worten. Die ist bedrückend.

Bundespräsident *Johannes Rau* im
Gespräch mit der *Zeit* (2004)

Das Call-Center hinter 11 8 33 ist eine nervenaufreibende, den Notstand der Anrufer mit Freundlichkeiten und Begriffsstutzigkeiten schamlos ausnutzende Quasselbude. Kurzgefasst: Nie sprachen wir so lange mit der Auskunft wie heute ... «Guten Tag, hier ist die Auskunft, mein Name ist Dieter Dödel, was kann ich für Sie tun?» An dieser Gesprächseröffnung, in deren Verlauf der Anrufer bereits 24 Cent verlustig geht, ist nun wirklich jedes Wort überflüssig ... «Hier ist die Auskunft.» Wer sonst? «Mein Name ist Dieter Dödel.» Glaubt der Mann im Ernst, man würde das nächste Mal nach Dieter Dödel fragen, weil einem die Stimme so gut gefiel? «Was kann ich für Sie tun?» Endlich den Mund halten, damit man seine Frage stellen kann!

FAZ (2004)

Schmückendes Beiwerk vergeudet Zeit und raubt dem Leser die Lust zu lesen.

Peter der Große, Ukas vom 16. Oktober
1724

Unnötige Wörter mindern die Ausdruckskraft – ungenaue Wörter verschleiern die Wahrheit – übertreibende Wörter gefährden das Vertrauen.

«Gutes Deutsch in Schrift und Wort»
(Erlass des Bundesverteidigungsministeriums vom 30. April 1958)

Kraftvolle Sprache ist kurz und bündig. Ein Satz darf kein unnötiges Wort enthalten, ein Absatz keinen unnötigen Satz – aus demselben Grund, aus dem eine Zeichnung keine unnötigen Linien und eine Maschine keine unnötigen Teile enthält. Das bedeutet nicht, dass der Schreiber nur kurze Sätze bildet oder Einzelheiten weglässt oder seinen Gegenstand nur in Umrissen darstellt – sondern dass jedes Wort etwas zu sagen hat («that every word tell»).

William Strunk, «The Elements of Style»

Ich bemühe mich konsequent, aus hundert Zeilen zehn zu machen.

Alfred Polgar

Der Mensch hat den Drang, Leere für Fülle auszugeben. Unzufrieden mit dem, was er zu sagen hat, möchte er mit einem Liter Einsicht eine Tonne Wortschwall füllen ... Wer sich auskennt, kann alles Mitteilbare in ein paar Worten sagen.

Ezra Pound

Eierkuchen wegwerfen

Wer die Wörter «Friede, Freude …» in die Runde wirft, dem wird mit hoher Wahrscheinlichkeit aus einer Ecke das Echo «Eierkuchen» entgegenschallen – egal, ob in Hamburg, Zürich oder Klagenfurt. Die flapsige Redensart von unbekannter Herkunft gehört bei fast allen Deutschsprachigen zu einem Grundbestand an Standardfloskeln, die ihnen das archaische Vergnügen des Wiedererkennens verschaffen und sie zugleich der Not entheben, vor oder nach dem Sprechen denken zu müssen. Dafür zahlen sie freilich einen Preis: Auch beim Hörer oder Leser lösen derart abgegriffene Bilder selten einen Gedanken aus.

Dem Eierkuchen in Volkes Mund entsprechen die *Innovationen* und die *Aktivitäten*, die *Fokussierungen* und die *Synergieeffekte* in der Öffentlichkeitsarbeit und der internen Kommunikation großer Wirtschaftsunternehmen. Was eigentlich passiert in Lesern oder Hörern, wenn sie auf solche Sprechblasen stoßen – auf «Jubel, Trubel, Heiterkeit», auf «Husten, Schnupfen, Heiserkeit», auf «heimlich, still und leise», in der Wirtschaft auf die *Herausforderungen* und die *Wertschöpfungsketten*, kurz: auf all jene Wörter und Wortfolgen, die unvermeidlich und unwiderstehlich «wie Pilze aus dem Boden schießen»? Ja, alle wissen sofort, was gemeint ist (jedenfalls so ungefähr). Mit dem Nachteil: Gefesselt sind sie nicht.

Innovationen und Eierkuchen haben gemeinsam, dass sie gegen ein Grundgesetz der Verständlichkeit verstoßen: *Mit zunehmender Frequenz nimmt die Ausdrucksstärke ab.* Nicht natürlich bei den Grundwörtern der Alltagssprache wie sein und haben, Tisch und Bett. Aber in höchstem Grade bei den bemoosten Platituden, ob sie Eierkuchen heißen oder *innovati-*

ves Produktportfolio. Solche Wörter und Redeformeln unterfordern die jeweiligen Adressaten. Sie unterschreiten eine Banalitätsschwelle, unterhalb deren das Desinteresse regiert, die Langeweile, manchmal der Minutenschlaf.

Dabei ist einzuräumen: Den Berufsschreibern der Wirtschaft verschaffen all die *Synergiepotentiale* und die *Optimierungen von Entscheidungsfindungsprozessen* trotzdem einen Vorteil, über das vordergründige Verstandenwerden hinaus: Den Empfängern geben sie das Signal «Er ist in unserm Wortschatz zu Hause, er gehört zu uns» – nach dem Satz von Botho Strauß: «Die meisten benutzen statt Worten nurmehr Passwörter, mit denen sie einander als zugehörig und ungefährlich ausweisen.» Klingt schon dies nicht sehr ermutigend, so wäre es überdies gegen die deutlichen Nachteile abzuwägen.

Zum Ersten: Aufmerksamkeit auf sich zu ziehen ist nicht die Stärke solcher Sprachklischees. Zum Zweiten: Das Verständnis stellt sich zwar rasch ein, aber ohne alle Tiefe. «Dumm wie Bohnenstroh», sagen wir – doch wer erläutert uns, *wie* dumm Bohnenstroh ist und warum eigentlich? «Wir sind ein innovationsstarkes Unternehmen», lesen wir – aber wer erklärt uns, worin diese Innovationskraft bestehen soll und inwieweit sie sich von jener Innovativität unterscheidet, die heute 99 von 100 Firmen sowieso für sich in Anspruch nehmen? De facto also hat der Schreiber wenig mehr als nichts gesagt. Die tausendfach verwendeten Floskeln strapazieren uns nicht – aber sie stimulieren uns auch nicht. So schnell, wie sie zum einen Ohr hereingekommen sind, fliegen sie zum andern wieder hinaus; ihre Wirkung tendiert gegen null.

Und der dritte Nachteil: Zusammen mit der Aufmerksamkeit verfehlen die Stereotype einen Kernzweck alles Geschriebenen – Glaubwürdigkeit auszustrahlen. Wer verspricht, *Kostenreduktionspotentiale zu definieren*, hat weniger versprochen, als wenn er verspräche: zu überlegen, wo wir Kosten sparen können. Korrespondiert der Autor mit einem Experten, so erkennen die zwei einander am liebevollen Verweilen unter der Käseglocke des gemeinsamen Jargons und zwinkern sich zu; gibt er aber an, die Öffentlichkeit informieren zu wollen, so hat er sich entweder bewusst einer Tarnsprache bedient oder die Nichtinformation in Kauf genommen. Je dicker die Wörter, desto dünner die Wirkung.

Wer redlich informieren, ganz gelesen werden und Sympathie stiften möchte, der muss die ausgefahrenen Gleise meiden. Die Eierkuchen-Wörter wegzulassen (alle nämlich, vor denen im folgenden Rezept gewarnt wird, und sicher bald noch ein paar mehr) – das ist der kürzeste Weg. Die höhere Kunst besteht darin, eingerastete Erwartungen absichtlich, aber mäßig zu verletzen.

Das heißt: Pilze will ich um keinen Preis mehr aus dem Boden schießen lassen. Mäßig, das bedeutet: Die Leser, auf die ich ziele, sollen aber nach kurzem Stutzen ihre Pilze wiederfinden. Beides wäre erreicht, wenn ich schriebe: «... wie die Pfifferlinge aus dem Boden schießen». Das Stutzen eben, der kleine Stolperstein hält den Leser wach; die lückenlose Aneinanderreihung schmeichelweicher Redensarten wiegt ihn in den Schlaf.

Die alten Sprachbilder anders auszuleuchten, neu aufzuladen, ganz zu wenden – das ist jedenfalls ein gutes Rezept. Wer mit dem Bad das Kind ausschüttet, hat solches schon getan. Da der *Spiegel* das Luxushotel seit einem halben Jahrhundert zwanghaft durch die *Nobelherberge* ersetzt, könnte eben dem Luxushotel heute eine gewisse Frische zuströmen. «Telefonieren für null Komma fast nichts», hieß eine Werbung in Zürich.

Gemausert haben sich in der Presse schon so viele Menschen, Dinge und sogar Bahnhöfe («zu einem Museum» beispielsweise), dass ein emanzipierter Schreiber die Chance hat, erstens das Mausern wieder in sein Recht einzusetzen (*sich mausern «zu»* ist ja immer falsch, denn auch nach der Mauser ist der Vogel ein Vogel) und zweitens über einen Zeitgenossen zum Beispiel die Aussage zu machen: «Gemausert hat er sich zwar – aber ein schräger Vogel ist er geblieben.» Verletzte Erwartungen, sogar das Ausbleiben eines erwarteten Reims erhöhen messbar die Durchblutung des Vorderhirns, das wissen wir seit 1995, und mehr kann ein Schreiber sich nicht wünschen.

Wie man Sprachklischees bravourös zerbrechen kann, das hat am schönsten anno 2000 der Berliner *Tagesspiegel* bewiesen: Einen Politiker, der in der Presse als verrückt bezeichnet worden war, verteidigte die Zeitung scheinheilig mit dem kostbaren Satz: «Verrückt ist er nicht, aber die Tassen in seinem Schrank werden weniger.»

Aktivitäten: ein Modewort, das etwa fünfzehn frischere
Wörter der deutschen Sprache aufgesogen hat; zumal im
Wirtschaftsjargon geliebt (wie nur noch *Innovation*); dabei
unsinnig vom ersten Tage an: Denn von *Aktivität* lässt sich
so wenig ein Plural bilden wie von Glück, Fleiß, Milch oder
Passivität – sie ist vielmehr die Summe aller *Aktionen* oder
der Zustand des Aktivseins (wie die Aktivität des Ätna, die
ja auch noch nie in die Mehrzahl versetzt worden ist).
In PR-Texten, Prospekten, Briefen und Mitarbeiterzeitschriften liest man von unternehmerischen, bereichsüber-
greifenden und preisaggressiven Aktivitäten, von Fundrai-
sing-, Kommunikations-, Recycling-, Website- und Neben-
geschäftsaktivitäten (9 Silben). In den Köpfen von Öffentlichkeitsarbeitern, Marketing-Experten, Managern, Re-
denschreibern haben die Aktivitäten sich als eine Art
Zwangshandlung festgefressen. Sie könnten von Aktionen
sprechen oder nach der «Aktivität» die törichte letzte Silbe
streichen; sie könnten auch schreiben: Arbeit, Aufgabe,
Engagement, Handlungen, Leistung, Taten, Tatkraft, Tätigkeit, Rührigkeit; oder sie könnten die fünf wichtigtue-
rischen Silben einfach weglassen: Denn die *Geschäftsaktivitäten* sind «das Geschäft» und sonst gar nichts.
Woher rührt die unglaubliche Beliebtheit dieses Silben-
salats? Er ist aus Amerika importiert und dabei falsch übersetzt (das mögen viele); er täuscht durch die Häufung un-
sinniger Silben Wichtigkeit vor; und er signalisiert, wie die
meisten Wörter dieser Liste, Zugehörigkeit zu einer Kaste,
wie einst die rote Nelke am 1. Mai.

Anliegen sollte man eher nicht haben. Sie schmecken nach Evangelischen Akademien und den Reden des ehemaligen Bundespräsidenten Richard von Weizsäcker.

Befindlichkeit: aufgeblasener Feuilleton-Jargon für Befinden, Laune, Gemütszustand. Geadelt von Heidegger: «Die Geworfenheit in den Tod enthüllt sich in der Befindlichkeit der Angst.»

Besinnlichkeit: die Mahnung, die Millionen Menschen deutscher Muttersprache im Dezember von Pfarrern, Politikern, Sparkassendirektoren, Vereinsvorständen und anderen Versendern von Weihnachtskarten erteilt wird: «Besinnliche Feiertage!» Dabei hat der Engel des Herrn den Hirten auf dem Felde gar nicht «Besinnlichkeit» angeraten, sondern «große Freude» verkündet (Lukas 2,10), und alle – Absender wie Empfänger – wissen, dass 90 Prozent der Deutschen gar nicht daran denken, die Weihnachtstage in weihevoller Selbstversenkung zu verbringen.

Betroffenheit heißt seit 1968: nicht nur von einem Gesetz, einer Veränderung betroffen, sondern bewegt, angerührt, betroffen schlechthin, vor allem von deutscher Schuld und aller Ungerechtigkeit auf Erden. «Das Schlüsselwort des Empfindungsmenschen» (Dieter E. Zimmer), «Die moralisch begründete Einstellung aller Geistestätigkeit» (Johannes Gross). Die Deutschen neigen zu «Betroffenheitskitsch» (der holländische Essayist Ian Buruma). «Ach hören Sie doch auf mit Ihrer Betroffenheitspolitik» (der sozialdemokratische Politiker Peer Steinbrück 2005 zu den Grünen).

blauäugig: ein Eierkuchen unter den Adjektiven.

fokussieren: regierendes Modewort für *konzentrieren*.

gezielt: Warnung in Rezept **20**.

Herausforderung: 1. Die Aufforderung, sich zum Kampf zu stellen. **2.** Die Provokation (engl. *provocation*). **3.** Der Anlass, tätig zu werden (engl. *challenge*). In dieser dritten Bedeutung und nur in ihr wird das Wort in Wirtschaft und Politik inflationär verwendet und bis zur Lächerlichkeit überreizt: Verkaufsleiter sucht neue Herausforderung – Wir freuen uns auf die Herausforderungen des nächsten Jahres – Die Steigerung der Kakaopreise ist eine Herausforderung für die Schokoladenhersteller. «Aufgabe» hätte man sagen können oder «Problem» (ein in vielen Unternehmen verpöntes Wort – obwohl doch nichts gegen die Erwähnung von Problemen spricht, falls man Lösungen anzubieten hat).

Ein Einwand mehr: Seinen ursprünglich alleinigen Sinn (Provokation) hat das Wort durchaus nicht verloren. Bundeskanzler Schröder 2003 im *Spiegel*-Gespräch: «Zweifellos steht auch Europa vor einer Herausforderung durch den Terrorismus. Diese neue *Drohung* ...» Wer sich auf die «Herausforderungen» des nächsten Jahres *freut*, nimmt also in Kauf, dass man ihn als einen Freund der Drohungen betrachten könnte.

hochkarätig: noch ein Eierkuchen von einem Adjektiv.

Inhalte, die: ein falscher Plural für ein törichtes Modewort. «Alle waren mit Hut erschienen» ist deutsch (und nicht «mit Hüten»), «Der Inhalt dieser Bücher interessiert mich nicht» (obwohl es viele sind), «Er ging zur britischen und zur französischen Botschaft» (dabei sind es zwei). Ersetzt hat die modische Mehrzahl das, was schon immer gemeint war: die *Sache,* den *Stoff,* die *Substanz:* «Über Formalitäten haben wir genug geredet – jetzt geht es um die Sache.»

Innovation: das inflationäre Versprechen von etwas irgendwie Neuartigem, ein Wortgötze des Marketingjargons – innovative Produkte, Projekte, Märkte, Prozesse, Logistiklösungen, Kundenbindungskonzepte. Auch *moderne* Innovationen (altbackene gibt es demnach ebenfalls), *neue* innovative Produkte (!), *innovative Ideen* (da sich Ideen sonst ja meistens auf vorgestern richten). Statt nur *nichts* zu besagen, kann das Zauberwort sogar als Warnhinweis verstanden werden – zum Beispiel wenn eine Versicherung eine *innovative Tarifgestaltung* androht.

Keine der vielen Warnungen hat die Innovation zurückdrängen können. Die «Innovationstümelei» verspottete schon 1998 der Präsident der Deutschen Forschungsgemeinschaft; «aufgeblasene Innovationsbehauptungen» spießte 2001 die *FAZ* auf, und die *Süddeutsche Zeitung* riet im selben Jahr, dieses «Gummiwort der neunziger Jahre» zehn Jahre lang nicht mehr zu verwenden (bis 2011 also). Und was sollte man stattdessen schreiben? Erste Wahl: gar nichts (denn weit und breit ist kein Hund in Sicht, der sich damit hinterm Ofen vorlocken ließe). Zweite Wahl: dem Neuen aufgeschlossen, der Zukunft zugewandt; hilfsweise: aufgefrischt, aufpoliert, einfallsreich, erneuert, fortschrittlich, frisch, modern, modisch, neu, neuartig, nagelneu, renoviert, überarbeitet, verbessert, verjüngt und zukunftsträchtig.

Kommunikation: laut Duden (1999) nach wie vor nichts als die Verständigung untereinander. Laut Botho Strauß aber «das Unwort des Zeitalters», ein «Müllschluckwort»: Ein Autor kommuniziere nicht mit seinem Leser, sondern versuche ihn zu verführen, und «ein Katholik, der meint, er kommuniziere mit Gott, gehört auf der Stelle exkommuniziert: Zu Gott betet man». In der Wirtschaft ist die Kommunikation seit den sechziger Jahren der Oberbegriff für Werbung und PR – für eine Tätigkeit also, die auf ein Feedback des Kunden gerade nicht erpicht ist.

etwas kommunizieren, «wir haben das nicht richtig kommuniziert», «Jeder Fahndungserfolg muss kommuniziert werden» (Polizeijargon): die ausdrückliche Nichtverständigung untereinander, die völlig einseitige Aktivität – für Laien kaum verständlich, für Sprachfreunde absolut widerwärtig. Dringende Warnung vor externem Gebrauch.

Kreativität spreizt sich in fünf Silben, kommt aus New York und lässt sich falsch verwenden – die idealen Voraussetzungen für die Geburt eines Modeworts. Eigentlich heißt Kreativität «Schöpferkraft», ist also sinnvoll, wenn von Gott die Rede ist oder von Michelangelo. Überwiegend aber heften sich Werbetexter, Modemacher und documenta-Beschicker das Wort als Orden an. Gemeint ist im Übrigen meistens nicht der Vollzug einer Schöpfung, Produktion also, sondern die *Phantasie.* «Ein kreativer Mensch»: einer mit Ideen. «Der ist nicht kreativ»: Dem fällt nichts ein.

Mammut, Mega, Super: abgewetzte modische Superlative, die keiner je verwenden sollte, der auf Leser oder Hörer seriös wirken will. *Mammutkonzerne, Megafusionen, Super-GAU* (der allersupergrößte aller größten anzunehmenden Unfälle).

nachvollziehen: Warnung in Rezept **18**.

optimal: im Unterschied zu allen sonst hier genannten ein klar definiertes, oft treffendes Wort – das *Bestmögliche* (manchmal also nichts sehr Gutes, wenn die Umstände schlecht sind). Trotzdem zwei Einwände: Laien halten das Optimale oft für das schlechthin Beste, verwechseln es also mit *maximal*. Und in der Wirtschaft tendiert es zum Eierkuchen: optimale Anbindung, optimaler Versicherungsschutz, optimales Kosten-Nutzen-Verhältnis, optimierter Warenfluss, optimiertes Design, kontinuierlicher Optimierungsprozess, signifikante Ablaufoptimierung.

Paradigmenwechsel. Was Paradigmen sind (für humanistisch Gebildete: Paradigmata), wissen vermutlich 95 Prozent der Deutschen nicht. Von den 5 Prozent, die es wissen (Muster, Vorbild, Modell), findet die Mehrheit das Wort abscheulich. Dass die Paradigmata auch noch in rascher Folge wechseln müssten, gehört zu den Lieblingsbehauptungen des Soziologen-, Feuilleton- und neuerdings jeglichen Jargons. Die Firma X rühmt sich, «den fälligen Paradigmenwechsel» vollzogen zu haben, BMW kündigte 2005 «einen Paradigmenwechsel im Design» an, die *Süddeutsche Zeitung* sprach gar von einem «Paradigmenwechsel im Hiphop».

Segmente sind Klassiker des Marketingjargons: innovative, optimierte, niedrigpreisige Segmente, auch «das Prüfsegment Optik der Fachhochschule Mainz». Neben dem Eierkuchen-Effekt hat das Wort einen weiteren Nachteil: Verwendet wird es fast immer im Sinne von «Sektor, Tortenstück», und das ist falsch. Segmente sind von außen weggeschnittene Teilstücke eines Kreises; zu einem Kreis addieren (wie die Sektoren) lassen sie sich gerade nicht. «Das Segment Fahrzeugkonstruktion umfasst die Segmente Karosserie, Chassis, Innenraum, Elektronik und Design» – ein Satz, der die der Geometrie entlehnte Metapher vollends zu Tode quält.

Stellenwert: vollständig ausgenudelte Metapher aus der Mathematik (nach dem Rang der Ziffern vor und hinter dem Komma). Rang, Rolle, Platz, Bedeutung klingen daneben verhältnismäßig frisch.

Synergie (eigentlich nur «Zusammenarbeit»), in der Wirtschaft heilig gesprochen in den Zusammensetzungen *Synergiepotential* und *Synergieeffekt*: die Effizienzsteigerungen und Einsparungsmöglichkeiten, die sich (angeblich) aus dem Zusammenschluss von Unternehmen ergeben. Das Schlagwort ist unverändert in Mode, obwohl es selbst bei Laien alle Geltung verloren hat, seit die bei der Verschmelzung von Daimler und Chrysler versprochenen Synergieeffekte sich vollständig verflüchtigt haben. «Ich glaube nicht an Synergien. Ihre Umsetzung kostet immer Blut, sie erzeugen immer Unsicherheiten» (Dieter Ammer, Vorstandschef der Tchibo-Holding, 2003). «Synergieeffekte gibt es meist nur auf dem Papier» (Jürgen Richter, ehemaliger Springer-Vorstandsvorsitzender, 2002).

thematisieren: Warnung in Rezept **18**.

vor Ort: zwanghaft-geschwätziger Zusatz vieler Journalisten zu einer längst vollzogenen Ortsangabe: «Der Bürgermeister begab sich an die Brandstelle *vor Ort*.»

zur Kasse bitten: festgefressene Redensart in Anlehnung an die Fernsehserie «Die Gentlemen bitten zur Kasse» (1966) über die englischen Posträuber. Seitdem wird zwischen Büsum und Bozen niemand mehr, und fühlte er sich noch so genötigt, zur Kasse geholt, geschickt, gerufen, beordert, gedrängt, gestoßen, getrieben, gezwungen, getreten – sondern gebeten.

Wir sollen das «ironisch» lesen? Wie viel Ironie kann noch in einer Floskel funkeln, die uns seit vierzig Jahren als kollektive Zwangshandlung heimsucht? Und wie dringend ist es, den Finanzämtern diesen Dauer-Euphemismus zum Geschenk zu machen?

Eine noch schwärzere Liste

Eine der größten deutschen PR-Agenturen hat sich eine schwarze Liste mit nicht weniger als 140 Wörtern und Redensarten verordnet. Sie enthält *fast alles*, was in Presse, Werbung und spontaner Rede gang und gäbe ist – in der richtigen Einschätzung: Die Summe von Häufigkeit und Aufmerksamkeit ist konstant; je höher die eine, desto niedriger die andere. Anders ausgedrückt: Allem, was ihm zuerst einfällt, sollte der Schreiber misstrauen.

An Redensarten verbietet die Agentur sich unter anderem:
an der Tagesordnung sein
auf Hochtouren laufen
aus allen Nähten platzen
das Tanzbein schwingen
den Gürtel enger schnallen
wie eine Bombe einschlagen
wie ein Kartenhaus zusammenfallen

Dazu grünes Licht, kühles Nass, leibliches Wohl, sintflutartige Regenfälle, die Spitze des Eisbergs, das Ende der Fahnenstange.

Identisch mit der voranstehenden schwarzen Liste des Verfassers ist die Warnung vor *Aktivitäten, Segmenten, Synergieeffekten, fokussieren, vor Ort* – und den Pilzen, die aus dem Boden schießen.

29
Anglizismen sortieren

Hereinspaziert, ihr fremden Wörter! Ohne die Importe erst aus dem Lateinischen, dann aus dem Französischen, nun aus dem Englischen wäre die deutsche Sprache arm. Kein Wort ist schlecht, bloß weil es aus einer anderen Sprache kommt. Man sollte nur auch die Umkehrung riskieren: Kein Wort ist schon deshalb gut, weil wir es frisch aus Amerika übernommen haben; wenn deutsche Werbetexter und Wirtschaftsführer wahre Schaumbäder in englischen Silben nehmen, muss die Frage erlaubt sein, ob sie dabei nicht etwas zu viel Schaum schlagen.

Beginnen wir mit den unstreitigen Vorzügen des Englischen und unseren Anleihen bei ihm, den Anglizismen.

1. Sie binden uns in die einsam dominierende Weltsprache ein. Deutsche Wissenschaftler, die internationale Anerkennung suchen, müssen Englisch publizieren; deutschen Internet-Nutzern steht mit Englisch die Welt offen; deutsche Manager international agierender Konzerne sollten nicht auf Dolmetscher angewiesen sein.

So hört man denn Jürgen Schrempp von DaimlerChrysler von der *Corporate Social Responsibility* sprechen, freilich vor deutschen Aktionären, und Josef Ackermann, den Chef der Deutschen Bank, von *Retention Awards* und *Executive Compensation Arrangements*, freilich vor seinem deutschen Richter, der sich daraufhin eine Sachverständige zum Eindeutschen des modischen Berufsjargons bestellte.

Die Unternehmensordnung heißt jetzt (vorsichtshalber auch in Deutschland) *Corporate Governance* und der gute alte Personalchef großer Unternehmen *Human Resources Manager* – freilich mit doppelt so vielen Silben, einer Aufblähung ins

Bombastische («Verwalter der menschlichen Reichtümer, Schätze, Reserven, Ressourcen») und einer Verfassungsklage der österreichischen Postgewerkschaft, weil Artikel 8 als Landessprache das Deutsche festlege. In deutschschweizerischen Stellenangeboten werden unterdessen *Retail Fondsmarketing Managers, Derivative Marketers* und *Senior Technical Support Engineers* gesucht.

Im Einzelnen mag man das übertrieben finden; da nun aber einmal Englisch die Sprache der internationalen Wirtschaft ist, sollte man das Prädikat «bescheuert» darauf noch nicht anwenden.

2. Die Welt des Computers ist aus Amerika über uns gekommen, dort haben auch alle Modernisierungsschübe ihren Ursprung, und für viele der notwendigen neuen Fachausdrücke müssten deutsche Wörter erst erfunden werden. Sie auch nur zu suchen setzt indessen eine Gesinnung voraus, die den Deutschen abhanden gekommen ist.

3. Das Beste an unseren Importen sind die griffigen Wörter, die sich der oft überlegenen Kürze des Englischen bedienen und gleichzeitig deutsche Wortlücken schließen: Chip, Drink, fair, fit, Flirt, Flop, Job, Team, Test. (Dass auch Sport, Stopp, Drops ursprünglich englische Wörter sind, hört kaum noch einer.) Aber das Gegenteil ist auch wahr – siehe die Tabelle am Schluss.

Diese drei objektiven Vorzüge der englischen Sprache treffen in den meisten Ländern Europas auf die verbreitete subjektive Meinung, alles Amerikanische sei schick, cool, hip, und in Deutschland zusätzlich auf eine merkwürdige Gemütsverfassung. Über die schrieb Jutta Limbach, Präsidentin des Goethe-Instituts, 2005 in der *FAZ*: «Viele Deutsche empfinden keine besondere Freude an ihrer Muttersprache ... Häufig tadeln unsere französischen Freunde unsere geradezu anbiedernde Bereitschaft, auf internationalen Zusammenkünften auf den Gebrauch der eigenen Sprache zu verzichten.» Die *Frankfurter Rundschau* resümierte: «Eigentlich wollen wir keine Deutschen sein», und die Zeitschrift *Cicero* setzte noch einen drauf: Selbstverleugnung sei ein deutscher Sport; wir versuchten, «die zweitbesten Amerikaner der Welt zu werden».

Unwillkürlich fühlt man sich da an Churchills böses Wort erinnert: «Wenn man die Deutschen nicht an der Kehle hat, dann hat man sie an den Füßen.» Wenn sie also gerade mal nicht die Welt erobern wollen, reden sie in fremden Zungen, gleichsam um den Zweiten Weltkrieg wenigstens sprachlich jeden Tag aufs Neue zu verlieren.

Doch was immer die Hintergründe sind – das Resultat scheint klar: Viele Deutsche sind ins Englische vernarrt, und den nicht Faszinierten kann man eine ganze Menge Englisch zumuten. Die Deutsche Telecom zum Beispiel verwöhnt ihre Angestellten mit Wortgebilden wie *Power Quest System Recovery*, und für ihre Kunden übersetzt sie das Ortsgespräch in den *City Call*; wie die Deutsche Bahn die Auskunftsstelle in den *Service Point* verwandelt hat. Die deutsche Regierung will da nicht zurückstehen: Ein Bundestagsabgeordneter der FDP monierte 2005, in regierungsamtlichen Papieren habe er Wortgebilde gefunden wie *equal pay, gender mainstreaming, balanced scorecard* und *corporate citizenship*.

Auf deutschen Flughäfen liest man unterdessen *Kids and Family Check-in* und «Die besten *connections* für Ihren nächsten *flight*». In Graubünden rühmt sich ein *Weekend-Guide*, «die hipsten Nightspots» aufzuführen; deutsche Zeitschriften wie *Woman, Living at Home, Men's Health, Fit for Fun* finden ihre Leser; und wer mag noch wandern, da er doch zwischen *Nordic Walking, Alpine Walking* und *Power Walking* wählen kann?

Unsere Liebe geht so weit, dass wir Wörter von englischem

Klang erfinden, die im Englischen nicht vorgesehen sind (*Handy, Dressman, Showmaster*) oder als Deutsche ein englisches Wort in die spanische Sprache mogeln: Was eigentlich nur Ciudad de Mexico oder Mexiko-Stadt heißen könnte, finden wir meist als *Mexico-City* in der Zeitung. Selbst der gröbste Unfug stört uns nicht: Weil das *running* vielen Amerikanern zu anstrengend war, wurde für Alte, Faule und Gebrechliche das *jogging* propagiert, und das heißt hoffnungslos nichts als trotten, zuckeln, schlurfen – eine üble Beleidigung unserer Stadtpark-Traber, eigentlich. Aber joggen klingt englisch und ist falsch, was will man mehr.

Auch dürfen wir uns als begnadete Übersetzer fühlen, wenn wir aus dem Umstand, dass «Netz» auf Englisch *network* heißt, scharfsinnig folgern, «Netzwerk» sei das eigentliche deutsche Wort; die Netze sind in Politik, Wirtschaft und Presse fast ausgestorben (mit Ausnahmen wie der Einsicht, dass wir wohl nicht «Eisenbahnnetzwerk» sagen sollten, obwohl es für *railway network* steht). Schließlich: Gern werfen wir alte, durchaus praktische deutsche Wörter auf den Müll, wenn wir sie durch ebenso alte englische Wörter ersetzen können: Aus dem Schaugeschäft, der Rohrleitung, der Sprühdose haben wir das Showbusiness, die Pipeline und (welch hübscher Zwitter!) die Spraydose gemacht.

Zu unseren Kindern sind wir mit alledem nicht besonders freundlich. Mit dem Fernsehen und der Popmusik werden sie vollends von einer englischen Lawine überrollt. Nichts gegen Zweisprachigkeit – aber sie funktioniert nur, wenn das Kind vom Vater eine andere Sprache lernt als von der Mutter oder zu Hause eine andere als in der Schule und die sauber trennt, statt sie zu vermanschen (nach dem Muster «Chass de Gockel aus de Jardin» im Elsass oder dem «oinkenporker», wie die Pennsylvania-Deutschen zum Schwein sagen).

Die Vermengung der *Wörter* ist dabei noch nicht einmal so

schlimm wie die Zwitter-*Verben*: gecovered, gelayoutet, relaxed, recycled. An welche grammatische Struktur soll sich das Kind gewöhnen, welches Sprachgefühl kann in ihm entstehen? Nur halb ironisch hat Dieter E. Zimmer vorgeschlagen, deutsche Eltern sollten ihren Kindern Englisch als *Muttersprache* nahe bringen – damit sie wenigstens *eine* Sprache sauber lernen könnten. Umgekehrt breitet sich unter Literaten und Sprachforschern in England und Amerika die Sorge aus, der milliardenfache Zufluss von schlechtem oder schiefem Englisch könnte das klassische Englisch dem Pidgin nahe bringen.

Hie und da zu stutzen beim Schreiben lohnt sich also immer, und von den Anglizismen, die sich in die Tasten drängen, die Hälfte wegzuwerfen wäre kein schlechtes Rezept. Oft sind ja die deutschen Wörter sogar kürzer als die englischen (Tabelle folgt), und dass sie mehr Kraft und Farbe haben, ist auch nicht selten.

33 Beispiele deutscher Kürze

Dass englische Texte meistens kürzer sind als ihre deutsche Entsprechung, ist unbestritten. Zum Teil liegt das am *Satzbau*: Den gloriosen Buchtitel «50 famous English poets *we could do without*» müssen wir mit «ohne die wir leicht auskommen könnten» übersetzen. Die deutschen *Wörter* sind überwiegend länger teils durch den größeren Buchstaben-Aufwand (zum Beispiel sch – aber auch nicht immer: Tod = death), teils durch die höhere Silbenzahl: *Schreibtisch* statt *desk*. Dies alles ist bekannt. Selten beredet aber wird der Umstand, dass viele deutsche Wörter kürzer, oft auch saftiger sind als ihr englisches Pendant. Unsere Anglizismen mit der angeblich überlegenen Kürze des englisches Wortes zu begründen ist weithin falsch.

DEUTSCHE EINSILBER	ENGLISCHE ZWEISILBER
Geld	money
Mord	murder
Mut	courage
nichts	nothing
weil	because
Berg	mountain

DEUTSCHE EINSILBER	ENGLISCHE DREI- UND VIERSILBER
echt	genuine
Trotz	defiance
trotz	in spite of
vor	in front of
Dom	cathedral
Glück	happiness
Trost	consolation

DEUTSCHE ZWEISILBER	ENGLISCHE VIER- UND FÜNFSILBER
Neugier	curiosity
Mangel	deficiency
alles	everything
Technik	technology
Zufall	coincidence
bequem	comfortable
Umwelt	environment
peinlich	embarrassing
Nachteil	disadvantage
Bahnhof	railway station
Fluchtpunkt	vanishing point
Trödler	second-hand dealer

DEUTSCHE DREISILBER	ENGLISCHE FÜNF- BIS SIEBENSILBER
irrtümlich	erroneously
vielsilbig	polysillabic

Erwägung	consideration
Notausgang	emergency exit
Aufseher	superintendent
Staubsauger	vacuum cleaner
Verarmung	impoverishment
vorgestern	the day before yesterday

Gerade plastische und literarisch beliebte englische Wörter haben nicht selten viele Silben: *bespectacled* (bebrillt), *flabbergasted* (verblüfft), *highfaluting* (hochtrabend), *tatterdemalion* (zerlumpt), *discombombulate* (durcheinander bringen).

... manchmal sogar übersetzen

«Wir leben im Online-Zeitalter!», rief der *Spiegel* schon 1996 aus, und noch heute ruft *Online* automatisch die Assoziation Computer/Internet hervor. Das ist insofern merkwürdig, als *on line* von alters her «im Kabel» heißt, «auf dem Draht», «eingestöpselt» – und folglich spätestens 1843 seinen vollen Sinn erhielt, als Samuel Morse das erste Telegramm durchs Kabel schickte.

Die Sprache lebt eben, und Unsinn bringt sie nicht um. Sagt das einer, der die 60 überschritten hat, so bekommt er freilich oft den Spruch zu hören: «Alte Männer bemäkeln, wie junge Leute reden.» Gewiss, was heute *T-Shirt* heißt, trug der Verfasser schon vor fünfzig Jahren unter dem unschuldigen Namen «Unterhemd», und noch immer ist das «Rasierwasser» eine Silbe kürzer als die *After Shave Lotion*, die es verdrängen will.

Die alten Männer aber haben einen erstaunlichen Verbündeten gewonnen: die jungen Werbetexter, und zwar seit 2003. Da rüttelte das deutsche Umfrage-Institut *Endmark* an den Grundfesten ihrer Anglomanie, indem es nachwies: Die gehätschelten englischen Werbesprüche werden von der Mehrzahl der Kunden, auf die sie zielen, aufs Lächerlichste missverstanden.

Eine Parfümerie-Kette erfuhr: Ihr Motto *Come in and find out* konnten nur 34 Prozent ungefähr so übersetzen, wie es gemeint war («Komm herein und entdecke»); die anderen legten sich Deutungen zurecht wie «Reinkommen und drinbleiben» oder «Kommen Sie ruhig rein, Sie werden auch wieder hinausfinden». *Stimulate your senses* (Werbung eines Fernsehgeräte-Herstellers) verstanden 25 Prozent; die anderen lasen

«Stimulanz deines Sinnes», ja «Stimuliere deine Sense» heraus. Eine japanische Autofirma brachte es mit *Drive Alive* gar auf 82 Prozent Ahnungslose: «Lebendiges Fahren» sollte es, «fahre lebend» könnte es heißen (auch nicht sehr schlau); verstanden wurde es, wenn überhaupt, als «Ein Leben fürs Fahren» oder «Sei froh, wenn du lebend heimkommst».

Dies alles bei den 14- bis 49-Jährigen, der besonders umworbenen Zielgruppe, die im Englischen weit mehr als die Älteren zu Hause ist; leidlich Englisch verstehen nach einer *Spiegel*-Untersuchung nur die Hälfte der Westdeutschen und ein Viertel der Ostdeutschen – rund 60 Prozent der Deutschen also *nicht*. Von denen halten dann viele nachweislich den *underdog* für ein Kleidungsstück, das *patchwork* für eine Fliegenklatsche und den *Drop-out* für einen Bonbon-Automaten.

2003 war bewiesen: Die Werbefuzzys, meist in den Zwanzigern und ins Englische verknallt, hatten sich so lange weltfremd, anmaßend und geschäftsschädigend verhalten, bis endlich eine saubere Untersuchung ihre Kunstwelt zum Einsturz brachte. Schon vorher hätte es ihnen zu denken geben müssen, dass die populärsten Werbesprüche immer die deutschsprachigen waren: einst «Alle reden vom Wetter» oder «Mach mal Pause»; nach dem Stand von 2005 an erster Stelle «Nichts ist unmöglich» (Deutsch aus Japan!), an zweiter «Quadratisch, praktisch, gut» und erst an sechster die ersten englischen Wörter: *Connecting People*.

Die Mehrzahl der von Endmark bloßgestellten Werbeagenturen hat inzwischen die umstürzende Entscheidung getroffen, deutsche Kunden deutsch anzureden – nun vor dieselbe Not gestellt wie von jeher ihre amerikanischen Kollegen: Denen blieb ja nie etwas anderes übrig, als ihre Kunden in der Muttersprache zu bedienen; ein paar Germanismen eingeschlossen, versteht sich, wie *rucksack* oder *Fahrvergnügen*. SAT.1, mit *Powered by emotion* besonders geprügelt («Kraft durch Freude!», «Von Gefühlen gepudert!») hat 2004 auf «SAT.1 zeigt's allen!» umgeschaltet, RWE von *One group, one utility* (Minusrekord, von ganzen 8 Prozent verstanden) auf «Alles aus einer Hand»; und aus der Parfümerie *wollen* die Leute gar nicht mehr hinausfinden, denn sie «macht das Leben schöner».

Mit den neuen Sprüchen haben die Agenturen nicht *übersetzt*, sondern einen ganz anderen Anlauf genommen. Das ist legitim, aber es erhöht die Zweifel, wenn es um die Frage geht, inwieweit der größte englische Brocken in der deutschen Sprache, der *Computer-Jargon*, ins Deutsche transponiert werden könnte oder auch nur sollte.

Dass er sollte, ist eine Erwägung gerade der großen Computer-Hersteller: Ihr größter noch zu erschließender Markt in Deutschland sind die Älteren – jene also, die im Durchschnitt weniger Englisch können und Wortfolgen wie *AltaVista Search Internet Software* oder *700 Terabyte gleich 70000 Laptops à 10 Gigabyte* nicht als Einladung empfinden, sich dem neuen Medium zuzuwenden. Selbst in britischen Firmen kritisierten noch im Jahr 2000 zwei Fünftel der Befragten den Fachjargon in den Betriebshandbüchern, und in amerikanischen Zeitungen wird er mal als *netspeak*, mal als *digibabble* verspottet.

Natürlich, das Wort *Computer* ist für niemand eine Hürde mehr; wiewohl der Rechner sich neben ihm behauptet. Eine Sprachbarriere wird vor Laien aber schon mit *Hardware* und *Software* aufgebaut: Hätte man die von Anfang an als «Geräte» und «Programme» bezeichnet, so wären die deutschen Wörter inzwischen mit derselben zusätzlichen Bedeutung aufgeladen worden, wie es dem Hartzeug und dem Weichzeug widerfahren ist (so ungefähr hören sie sich für amerikanische Ohren an).

Notebook war jahrhundertelang ein Notizbuch, eine Kladde und ist das im Englischen noch heute. Die Industrie hat den

Begriff mit einem Sprachwitz auf einen «tragbaren Personal-computer» transponiert (so die Duden-Definition). Demnach wäre ein *fullsize ultra-portable notebook*, wie der Hersteller es anpreist, ultra-tragbar (so war das Notizbuch schon immer), aber *full-size* (also törichterweise ziemlich groß) – nicht ge-rechnet, dass der *personal computer* durchaus kein «Personal-computer» ist (fürs Personal nämlich, englisch *personnel*), son-dern ein persönlicher, ein Privatrechner also.

Ist uns denn nicht schon einmal ein Geniestreich der Über-setzungskunst gelungen – haben wir *mouse* nicht kongenial in «Maus» verwandelt? Ist nicht das «Herunterladen» dabei, dem *downloaden* den Rang abzulaufen? Könnte man statt *surfen* nicht «stöbern» oder «schmökern» sagen – viel bessere Wörter, weil sie, anders als das Surfbrett, nicht an der Oberfläche haf-ten? Schon hat McDonald's eine Pioniertat vollbracht: Mit einer «Startseite» stellt sich das Unternehmen vor – obwohl doch in Deutschland bis dahin die Meinung regierte, *home-page* müsse das heißen.

Da wird per Fleischklops ein Talent wachgeküsst, das die Deutschen vor fünfzig Jahren noch besaßen: Aus *cold war, air-lift, self-service* haben sie ganz selbstverständlich den Kalten Krieg, die Luftbrücke, die Selbstbedienung gemacht. Zum Luftsack (noch besser «Prallsack») für den *Airbag*, eine deut-sche Erfindung, reichte es nicht mehr. Als 1996 das *outsourcing* in Mode kam, ereiferte sich Russel Baker in der *New York Times*: «Wenn man vierzig Tage und vierzig Nächte einsam im Zimmer säße und zu erraten versuchte, was *outsourcing* bedeuten soll – wie hoch wäre die Chance, dass einem dazu der Tycoon einfiele, der seine Mitarbeiter feuert, um von der Billigarbeit in anderen Ländern zu profitieren?» *Wir* hätten das Wort leicht übersetzen können: auslagern, aus-gliedern. Aber wir zogen es vor, unseren Beitrag zu einer bi-lingualen Abscheulichkeit zu leisten.

Wir übersetzen eben nicht mehr – selbst wenn es so einfach wäre, wie es beim *cold war* war und beim *outsourcing* sein könnte; ähnlich wie beim *highlight*, das ja von einem Höhepunkt nur schwer zu unterscheiden ist, oder beim *shareholder value*, den plötzlich jeder Zeitungsleser verstünde, wenn er «Aktionärsnutzen» hieße. Es sage keiner, der Wille zur Eindeutschung wäre Deutschtümelei oder er erinnere gar ans Dritte Reich! Im Gegenteil: Hitler und sein Propagandaminister Goebbels verbaten sich «das Herumwerfen mit altgermanischen Ausdrücken».

Nein: Es hat drei handfeste Vorteile, für englische Wörter und etablierte Anglizismen das deutsche Pendant zu suchen oder es, falls vorhanden, in seine alten Rechte einzusetzen.

1. Der Schreiber würde von allen Lesern verstanden werden – nicht von 40 Prozent, wie es deutscher Durchschnitt ist; nicht von jenen 80 Prozent, über die der Autor möglicherweise auch dann nicht hinauskommt, wenn er für eine bestimmte Zielgruppe schreibt.

2. Die deutschen Wörter können frischer klingen, zumal wenn sie noch dazu die kürzeren sind (**16** und **29**). Werbetexter müsste das interessieren.

3. Viele Anglizismen haben sich längst dem Eierkuchen-Effekt genähert (**27**). Wer zu oft mit *Popcorn* und *Vanilla Fudge* gefüttert worden ist, bekommt vielleicht Appetit auf deutsches Vollkornbrot; mindestens wäre den Werbern und allen Schreibern ein Überraschungseffekt sicher, wenn sie aus der Überfülle der *Aktivitäten* das schlichte Wort «Tat» herauskitzelten, aus den ausgeleierten *Zukunftstechnologien* «die Technik von morgen», vielleicht sogar aus dem *desktop-publisher* den «Schreibtisch-Verleger». Wer heute auf Englisch wirbt, schreibt Walter Krämer, Vorsitzender des rührigen «Vereins deutsche Sprache», «der sagt: Ich bin ein Allerweltsbetrieb – bei mir bekommen Sie das, was Sie überall sonst auch bekommen.»

Zugegeben, ein paar harte Nüsse gäbe es zu knacken, wenn man eine deutsche Version überall finden und durchsetzen wollte: den *laptop* zum Beispiel. Aber das Suchen lohnt sich immer, und wer den Willen mit Hartnäckigkeit und Phantasie verknüpft, kann es zu schönen Erfolgen bringen. Luther hat ja vor keinem hebräischen, keinem griechischen Wort je kapituliert.

Ebenso wenig der Dichter Philipp von Zesen (1619–1689), der sich mit Verve an das Eindeutschen französischer Wörter machte, wobei er uns das schöne Vorbild lieferte: Nicht nur lässt sich wirklich alles «übersetzen» – die Übersetzung kann sogar das Original weit übertreffen. Ihm gelang das bei *acteur*, aus dem lateinischen *actor* hervorgegangen (Antreiber, Besorger, Verwalter) und eigentlich nichts besagend, als dass einer tätig ist; «auf der Bühne tätig» ist eine Einschränkung, die die Franzosen sich hinzudenken müssen. Schau-Spieler dagegen, Zesens Erfindung – wie einprägsam, wie treffsicher! Und siegreich dazu! Kein Deutscher hat dem *acteur* je nachgeweint.

Auch der Hubschrauber ist um Klassen besser als der *Helikopter* – ein Verlegenheitswort, das amerikanische und französische Ingenieure sich aus den altgriechischen Silben für «Spiralflügel» zusammenleimten, ohne jeden vorstellbaren Bezug zur benannten Sache und gleichwohl in den meisten Sprachen üblich.

1965, als Washington einen Vertrag zur Nichtweiterverbreitung von Atomwaffen propagierte, entstand in Amerika der Bedarf nach einem neuen Wort, und er wurde miserabel befriedigt: Die unbekannten Wortschöpfer griffen nach *proliferation*, einem biologischen Fachwort für Fortpflanzung, Vermehrung, Wucherung (den meisten Amerikanern unbekannt), stellten ihm ein *non* voran, schusterten so einen Begriff zusammen, der im Lexikon nicht vorgesehen war, und trauten sich mit dem *nonproliferation treaty* an die Öffentlich-keit; *was* da nicht verbreitet werden sollte, war dem Wort gar nicht zu entnehmen (heute könnte man zum Beispiel an Genmais denken). Dieser rundum törichte Begriff aber wurde im Deutschland-Büro der Nachrichtenagentur *Associated Press* in «Atomsperrvertrag» verwandelt, mit dem dreifachen Effekt: Übersetzen lässt sich alles – die Überset-zung hat das Original verdrängt – und sie kann es sogar weit übertreffen.

Mit Luther als ewigem Vorbild können einfallsreiche Über-setzer ungeheuren Einfluss auf ihre Muttersprache nehmen, und zusammen mit den Werbetextern, den Öffentlichkeitsar-beitern, den Journalisten und den Anwälten der Political Correctness demonstrieren sie: Die Sprache «entwickelt sich» nicht – *sie wird gemacht.*

«Wagen Sie es!», schrieb Lessing an den Übersetzer Johann Bode. «Was die Leser fürs Erste bei dem Worte nicht denken, mögen sie sich nach und nach dabei zu denken gewöhnen.»

33 erfolgreiche Eindeutschungen

aus dem Griechischen, Lateinischen, Französischen und Englischen

	Übersetzung von	wann/von wem?
Abstand	distance	Zesen
Abteil	coupé	nach 1871
Atomsperrvertrag	Nonproliferation treaty	1966
Augenblick	Moment	Zesen
Ausflug	Excursion	Campe
Bahnsteig	Perron	nach 1871
Bittsteller	Supplikant	Campe
Briefwechsel	Correspondance	Harsdörffer
einschreiben	recommandieren	1874

Flugzeug	Aeroplan	nach 1905
Geschmack	gusto	18. Jh.
Hubschrauber	Helikopter	nach 1930
Jahrhundert	saeculum	17. Jh.
Keks	cakes	1903
Koks	cokes	um 1800
Kreislauf	Zirkulation	Campe
Leidenschaft	passion	Campe
Nachruf	Nekrolog	Zesen
Oberfläche	superficies	17. Jh.
Postanweisung	mandat	1874
Postkarte	Korrespondenzkarte	1874
postlagernd	poste restante	1874
Schal	shawl	um 1800
Schauspieler	acteur	Zesen
Scheck	cheque	19. Jh.
Schriftsteller	Skribent	17. Jh.
Streik	strike	19. Jh.
Tatsache	matter of fact	18. Jh.
turnen	tournieren	Turnvater Jahn
Umwelt	milieu	?
Verfasser	Autor, auteur	Zesen
Vertrag	contract	Zesen
Zufall	accidens	14. Jh.

Urheber der Eindeutschung, soweit bekannt:

Joachim Heinrich Campe (1746–1818)
Georg Philipp Harsdörffer (1607–1658)
Philipp von Zesen (1619–1689).

1874 nahm die Deutsche Reichspost auf Weisung Bismarcks mit einem Schlag 760 Eindeutschungen vor.
1903 veranstaltete eine Kuchenfabrik ein Preisausschreiben, wie das englische Wort *cakes* auf Deutsch heißen könnte; der *Keks* siegte vor dem Reschling und dem Knusperchen – ein mutig anverwandelter Anglizismus also über allzu viel Phantasie.

31
Marotten umbringen

Werbetexter stehen – fröhlich oder notgedrungen – zur Wahrheit in einem spielerischen Verhältnis; *Öffentlichkeitsarbeiter* haben nicht immer den Auftrag und nicht immer die Chance, der Wahrheit eine Gasse zu bahnen. Es sind die *Journalisten*, von denen Leser und Hörer das Optimum an Klarheit und Wahrheit erwarten, dazu die Sachbuch-Autoren, die Lexikon-Redakteure sowie die Verfasser von Handbüchern, Gebrauchsanweisungen und Beipackzetteln.

Die Journalisten wurden hier schon kritisiert, wenn sie Glatteis «für Unfälle sorgen» lassen (**18**); wenn sie behaupten, «Urnengang» sei ein zulässiges Synonym für Wahl (**23**); wenn sie, wie im Feuilleton zuweilen, aus den abstrakten Höhen der Kultur und der Geisteswissenschaften nur ungern zu ihren Lesern hinuntersteigen (**24**) – und immer wieder mit traurigen Beispielen für dubiose Wörter und schlimme Sätze.

Auf zwei noch größere Schwächen in den meisten Redaktionen kommen wir jetzt. Die eine: Mit ihrem Grundnahrungsmittel, den Reden und Verlautbarungen von Politikern, Parteien, Verbänden pflegen viele Redakteure einen unkritischen Umgang; die andere: Dem traurigen Vorrat an öffentlichen Sprachmarotten haben sie ihre eigenen hinzugefügt.

Der unkritische Umgang mit den Sprechblasen der Politiker zeigt sich zum Beispiel so: Deren bloßes Daherreden wird selten mit *sagen*, lieber mit *erklären, betonen, unterstreichen* wiedergegeben – als hätten sie pausenlos «hervorgehoben» und fast nichts «gesagt». Wenn der Politiker einen Vorwurf bestreitet, so sorgt die Redaktion dafür, dass er ihn «aufs entschiedenste zurückweist»; sie hätte auch schreiben können: «X sagte, das treffe nicht zu.» Mit der «Zurückweisung» – einer herrischen Geste von oben herab – hat der Redakteur de facto PR für den Politiker gemacht, und zwar eine besonders törichte: nämlich fahrlässig und unbezahlt.

Solch unfreiwillige Öffentlichkeitsarbeit wird oft noch gesteigert durch eine skandalöse Schlamperei: aus der Nachricht «Schröder sagte, er sei überzeugt» die Formel «Schröder *ist* überzeugt» zu machen – als hätte es zwischen Sagen und Sein noch nie einen Unterschied gegeben – als gingen nur Herolde der Wahrheitsliebe in die Politik! Kein Journalist würde doch hundert Euro darauf wetten, dass Schröder überzeugt *ist*, bloß weil er gesagt hat, er sei. Wie aber kann man etwas drucken, worauf man nicht wetten würde?

Erstaunlich unkritisch gehen viele Redakteure auch mit dem Jargon der Wirtschaft und der Wissenschaften um. *FAZ am Sonntag*, 2004:

> Vielfältig ist die Produktpalette seiner Firma, die von militärtaktischer Beratung über Ausbildung an der Waffe, Flugtraining, Verhaltensschulungen für Überfälle, *Implementierung elektronischer Sicherheitsinformationstechnologie* bis hin zur Unterstützung bei der Bekämpfung von Korruption reicht.

Sicherheitsinformationstechnologie: 11 Silben. *Implementierung:* klassischer Wirtschaftsjargon. *Produktpalette:* ein Eierkuchen (**27**). Abstand zwischen Subjekt und Prädikat im angehängten Nebensatz (*die ... reicht*): 24 Wörter (mit bis zu 11 Silben).

Die Zeitschrift *Geo* ließ 2002 ihrer Autorin die *kardiovaskuläre Reaktivität* unerklärt durchgehen; der *sozioemotionalen Selektivität* aber folgte: «... was ganz einfach bedeutet, dass ...» Statt das Einfache gleich hinzuschreiben und das Chinesische allenfalls zur Erläuterung in Klammern zu setzen! Der *Stern* zitierte 2005 aus dem kessen Bestseller «Schotts Sammelsurium – Alles, was Sie nicht wissen müssen» zum Beispiel so:

GREENSPOON-EFFEKT dass verbale Tropen eines Sprechers von den (nonverbalen) Reaktionen der Zuhörer beeinflusst werden können.

POINCARÉ-VERMUTUNG dass jede dreidimensionale Mannigfaltigkeit, die einfach zusammenhängend ist, topologisch äquivalent zu einer dreidimensionalen Sphäre ist.

Die *Tropen* liegen tief im Süden; sie als Mehrzahl des (leicht entbehrlichen) Fachworts *Tropus* zu erkennen dürfte zwei, drei Prozent der *Stern*-Leser gegeben sein. *Topologisch äquivalent!* Da ist dann wieder alles klar. Falls aber der Autor oder der *Stern* den Text ironisch gemeint haben sollten: Schon mit den *Tropen* ist jede Ironie dahin.

Bei *Format* denken gewiss 90 Prozent der Deutschsprachigen an DIN A4 und Ähnliches. Die Fernsehmacher haben das Wort an sich gerissen und es an die Stelle der bewährten Begriffe Sendung, Sendeform, Sendereihe geschoben – was nicht sehr dringend war; aber sollen sie doch im Studio reden, wie sie wollen. Warum nur sind die Medienredakteure unserer großen Zeitungen von dem Modewort derart fasziniert, dass sie ihre Leser, die DIN-A4-Leser, mit «Formaten» behelligen?

Unkritischer, ja zuweilen anbiedernder Umgang mit dem vorgefundenen Wortmaterial: Das ist die eine der beiden großen Journalisten-Sünden gegen sauberes, eingängiges Deutsch. Die andere: Im Erfinden eigenständiger Marotten sind sie auch nicht schlecht.

Eine ist die Zwangsvorstellung, was eine Katastrophe ist, müsse mit *Beim ...* beginnen. «*Bei* einem der schwersten Terroranschläge seit dem 11. September 2001 sind gestern in Madrid mindestens 192 Menschen ums Leben gekommen» (dpa/*Leipziger Volkszeitung*, 2004). Ein Terroranschlag hat da stattgefunden! Törichter kann man über ihn nicht berichten. «Beim Beinahezusammenstoß eines Swiss-Flugzeugs und einer KLM-Maschine sind sich die Flugzeuge auf 30 Meter nahe gekommen» (dpa/*Süddeutsche Zeitung*, 2004) – so nahe, dass die Fachleute von einem Beinahezusammenstoß sprachen. Noch besser: «Bei einem Zugunglück sind zwei spielende Kinder von einem ICE erfasst und tödlich verletzt worden» (wieder dpa/*Süddeutsche Zeitung*, 2004). Ein ICE hat zwei Kinder erfasst – ja, das darf man ein Unglück nennen! *Bei* einer Kollision fuhren zwei Autos ineinander. *Bei* einer Krankheit hatte er die Grippe. Schierer Schwachsinn, millionenfach gedruckt.

Eine andere Journalisten-Unsitte ist das *imaginäre Subjekt*: «Die Welle der Gewalt in Israel hat erneut vier Todesopfer gefordert.» Wieder vier Tote – das war die Nachricht. «Die Welle der Gewalt setzt sich fort: Vier Menschen ...» – so hätte man es sagen können. Der Redakteur zog es aber vor, den Oberbegriff, die Metapher *Welle der Gewalt* in die Rolle eines handelnden Subjekts zu drängen, das sich mit dem Einfordern von Todesopfern beschäftigt.

Die Todesopfer wiederum sollten sich die Journalisten ebenfalls verbieten. «Todesopfer fordern» ist zum Ersten einer der abgeschmacktesten Eierkuchen des Nachrichtenjargons (**27**) und zum Zweiten eine unerträgliche Anleihe bei heidnischen Kulten und im Alten Testament: Gott forderte von Abraham das Opfer, seinen Sohn zu schlachten (1. Mose 22). Menschen sind ums Leben gekommen, umgekommen, getötet worden – nichts sonst.

All diese Verstöße gegen die klare, schlanke Information werden zunächst in den Nachrichtenagenturen begangen. Die Redakteure von Presse, Radio und Fernsehen haben teils keine Zeit, teils keine Lust, gegen solchen Unfug anzugehen, ja nach zwei Jahrzehnten des Umgangs mit dem Agenturjargon sind bei vielen die Maßstäbe für schlichte, vernünftige Sprache verloren gegangen.

Da den meisten Zeitungen die Leser wegbröckeln, könnte die Überlegung lohnen, ob man vielleicht etwas netter zu ihnen sein sollte, indem man den Agenturjargon zertrümmert und ihnen frisches Deutsch serviert.

DIE REIZE

32
Grübeln und gliedern

Wer dem Verfasser bis hierher gefolgt ist, der weiß eine Menge darüber, wie man um Leser werben muss; genug noch nicht. Die Quintessenz des Bisherigen:

- *Sätze* entschachteln und entfetten, bis sie stark und transparent sind, vorwärts strebend wie ein Pfeil
- *Wörter* wägen, Kürze anstreben, die Überlegenheit der Verben würdigen
- Allen *Sprachtabus* misstrauen und den *Synonymen* ebenso
- *Jargon* vermeiden und ihn bei anderen grundsätzlich in Frage stellen.

Wer dies beherzigt, wird aufgehört haben, seine Leser zu verärgern oder zu verjagen. Um sie zu fesseln aber braucht er noch mehr: Substanz muss er anbieten, einen interessanten Stoff; eine schlüssige Dramaturgie muss er finden und der Sprache ein paar Glanzlichter aufsetzen. Der Stoff, heute gern «die Inhalte» genannt (**28**) – für ihn gilt Schopenhauers klassisches Wort:

> Daher ist nun die erste, ja schon für sich allein beinahe ausreichende Regel des guten Stils diese, *dass man etwas zu sagen habe:* O, damit kommt man weit!

Welch schöner Hauptsatz am Schluss! Und welch ernste Mahnung an jeden, der sich ans Schreiben macht: *Habe* ich etwas zu sagen? Sollte die redliche Antwort darauf Nein lauten, so möge der Autor prüfen: Besitze ich die Freiheit, das Schreiben zu unterlassen? Bei Briefen habe ich sie oft, bei geplanten Gedichten, Geschichten, Romanen immer; und wenn mir zu einem bestimmten Thema nichts einfällt, muss ich es ja niemandem anbieten.

Ein Problem entsteht dann, wenn ein Vorgesetzter mir den Auftrag erteilt, etwas zu schreiben, dem die Substanz offensichtlich fehlt. *Einen* Versuch, dem Auftraggeber dieses Ansinnen auszureden, hat man meistens frei. Misslingt er, dann ist dem Autor zu wünschen, dass er die Zeit und die Kraft besitzt, zu suchen und zu grübeln, ehe er sich ans Schreiben macht. (Meister in diesen beiden Disziplinen sind die Autoren des berühmten «Streiflichts» der *Süddeutschen Zeitung*: Da soll ja ein oft winziges Objekt zu siebzig Zeilen ausgesponnen werden; den Autoren hilft Phantasie, ein Bildungsfundus, manchmal ein Zugriff aufs Internet – und vor allem die Gesinnung: Von mir wird ein kleines Kunstwerk erwartet.)

Ist aber genug Substanz vorhanden oder forschend und sinnierend herangeschafft, dann geht es an die Schreibtechnik, die Schreibkunst, die Schriftstellerei. Die Empfehlungen dazu stehen in den folgenden sieben Rezepten:

Mit einem Erdbeben anfangen (**33**)

Die Spannung durchhalten (**34**)

Alles beim Namen nennen (**35**)

Den Teil fürs Ganze sprechen lassen (**36**)

Bilder finden (**37**)

Den Wortwitz pflegen (**38**)

Absichern und abpolstern (**39**).

33
Mit einem Erdbeben anfangen

So lautete die Aufforderung des Hollywood-Tycoons Samuel Goldwyn an seine Drehbuchautoren – natürlich mit der Fortsetzung: «... und dann langsam steigern.» (Der Verfasser hat es noch von ihm selbst gehört.) «Hast du schon mal deinen Arm in einer Kuh gehabt?» Dies war die prüfende Frage einer Tierärztin an ein junges Mädchen, das denselben Beruf ergreifen wollte; jede Reportage hätte so beginnen können.

Gemeinsam ist dem Beispiel und der Forderung (die ihrerseits zur pfiffigen Eröffnung eines Textes taugt): Wer einen Artikel, einen Brief, eine Verlautbarung *irgendwie* beginnt, wer sich gar darauf verlässt, dass die Leser, die er sich wünscht, zufrieden wären, ihr Interesse in Absatz 3 oder auf Seite 7 geweckt zu sehen – der hat wenig Ahnung von der Welt; ja er hat nicht einmal bedacht, wie er selbst sich als Leser verhält.

Wer ein *Buch* zur Hand nimmt, hat sich auf ein bisschen Muße eingestellt; ein lahmer Anfang wird ihn nicht gleich aus dem Text werfen. Nur beim Blättern in der Buchhandlung könnten die ersten Sätze den Ausschlag geben – selbst für ein «Praktisches Handbuch der gerichtlichen Medizin», wenn es, wie 1856 bei Johann Ludwig Casper, mit dem Satz beginnt: «Meine Mörder sahen alle aus wie junge Mädchen.»

Zeitungen und Zeitschriften

Auch in der *Zeitung* oder *Zeitschrift* müssen die ersten Zeilen nicht entscheidend sein: Wenn nämlich der Leser aus der Schlagzeile erfährt, dass der Stoff ihn interessieren wird (seine Firma, sein Auto, sein Fußballclub) oder ihn beunruhigt

(Mord in seiner Straße). Um solche Leser braucht der Schreiber nicht zu buhlen.

Für die große Mehrzahl aller Textbeiträge in Zeitungen und Zeitschriften jedoch muss er *werben*. Der typische Leser blättert, überfliegt, liest an, springt ab, springt weiter. *Zeitungen* werden im Durchschnitt höchstens zu einem Viertel gelesen. *Zeitschriften* bringen es oft auf das Doppelte, also immerhin auf die Hälfte ihres Angebots – weil die Redaktionen wissen, dass sie im Unterschied zur Tageszeitung ein entbehrliches Produkt herstellen, so dass sie eine höhere Kultur des Werbens entwickelt haben.

«Wir trafen Jesus in der Mittagspause kurz vor der Kreuzigung», begann der *Stern* seine Reportage über ein Passionsspiel in Orlando/Florida (2004), und der *Spiegel* einen Bericht über die Frankfurter Buchmesse: «Als Martin Walser das Gerücht hört, dass er den Nobelpreis für Literatur *nicht* gewonnen hat, erstarrt er für einen langen Augenblick.» (Den Preis bekam Elfriede Jelinek.)

Wie viel Geduld bringt er nun mit, der prüfende, sprungbereite Leser, wenn nicht das Thema ihn automatisch fasziniert? Da hat sich aus Wissenschaft und Praxis ein Durchschnittswert ergeben – mit allen Nachteilen des Durchschnitts, gewiss, doch mit der größtmöglichen Annäherung an das, was die Schreiber von den Lesern, die sie nicht kennen, erwarten dürfen: Der unbekannte Leser investiert im Mittel 20 Sekunden, um zu entscheiden, ob er weiterlesen oder «aussteigen» soll; das Nicht-zu-Ende-Lesen ist ja bei Zeitungen und Zeitschriften das Normalverhalten.

Einer der vielen Wege zu dem 20-Sekunden-Maß ist der *Elevator-Check*, dem sich die Öffentlichkeitsarbeiter mancher amerikanischen Unternehmen unterwerfen: Sie stellen sich vor, der kleine Angestellte, schwanger mit einer großen Idee, trifft im Fahrstuhl seinen Boss; nun hat er 20 Sekunden Zeit, ihm die Idee vorzustellen und schmackhaft zu machen – wie wir, die Schreiber: Den Empfängern unserer Briefe und Broschüren schulden wir binnen 20 Sekunden die Aufklärung, worum es geht und warum sie weiterlesen sollen. Ähnliches lehren amerikanische Coaches für Castings und Vorstellungsgespräche: Verkaufe dich binnen 20 Sekunden, oder du hast verloren.

Und wie viel kann der Durchschnittsleser in diesen 20 Sekunden lesen? Etwas mehr als den ersten Satz, falls der nicht zu lang ist: etwa 300 bis 400 Zeichen (das sind 5 bis 7 Standardmanuskriptzeilen à 60 oder 8 bis 11 typische Druckzeilen). Zuweilen gelingt es, den Leser schon mit den ersten 100 Zeichen zu gewinnen: «Im besten Fall bringt Heiraten überhaupt nichts» – so eröffnete die *Süddeutsche Zeitung* 2005 ihren Bericht über eine amerikanische Studie, wonach Eheleute nicht glücklicher sind als Singles; oft aber unglücklicher, zumal im häufigen Fall der Scheidung. Oder so:

Der Kölner Dom wirkt auf Abdul wie eine Materialschlacht des christlichen Geistes gegen Andersgläubige. (*FAZ*)

Auch 184 Zeichen bewegen sich innerhalb der Toleranz:

Nein, etwas so Grandioses wie die großen Dome können wir nicht mehr bauen – dazu haben wir zu wenig Frömmigkeit, zu wenig Kunstverstand, zu viel Wohlstand und zu viel Demokratie. (*Geo*)

Wie man es nicht machen sollte: Auch das demonstrieren Journalisten täglich – zum Beispiel sechs albanische Namen in den ersten 248 Zeichen nennen; davon vier so töricht hintereinander, dass man in ihnen erst bei der dritten Lektüre die handelnde Person von der behandelten unterscheiden kann:

Eigentlich hatte Kosovo-Präsident Ibrahim Rugova Tahir Zemaj noch zu seinem Sicherheitsberater ernennen wollen. Doch Zemaj, im Kosovo-Krieg Anführer einer Rugova-loyalen Formation albanischer Rebellen, erlebte seine Beförderung nicht mehr (*Süddeutsche Zeitung* 2003).

Wenn die *Zeit* eine Reportage mit den Worten eröffnet: «Thirawat Wattanajiamwong war 25 Jahre alt, als er ...» – dann ist sie insofern höflich, als der Leser schon in der ersten Zeile vor der Fehlinvestition des Weiterlesens gewarnt wird.

Auch ein geläufiger Name aber erweckt nicht automatisch Aufmerksamkeit: «Am 16. Januar klingelte bei Franz Müntefering das Telefon.» Die *Süddeutsche Zeitung* schrieb das 2005. (Hätte sie wenigstens nicht schon nach diesen Worten einen Punkt gemacht: Rezept **15**!) Da das Telefon bei Franz Müntefering gewiss ziemlich häufig klingelt, und zwar an 365 Tagen des Jahres, fragt man sich, warum man von so trister Routine noch mehr erfahren soll. Umgekehrt kann selbst ein unbekannter Name Interesse wecken, wenn er sogleich in eine Drohung eingebettet wird:

> An einem Wintermorgen vor gut zwei Jahren versuchte Jesselyn Radack eine einfache Frage ihrer Regierung zu beantworten. Wenn man sich das Leben der Frau heute so ansieht, könnte man denken, sie hat die falsche Antwort gegeben (*Alexander Osang* im *Spiegel*, 2004).

Am meisten zu loben sind Journalisten, denen es gelingt, einen schweren oder trockenen Stoff mit so leichter Hand zu servieren, dass der Leser hoffen darf: Das wird insgesamt eine angenehme Lektüre. Zwei kleine Meisterwerke aus der Schweiz – die Ratgeber-Zeitschrift *Beobachter* über juristische Zweifelsfragen bei erwünschten und unerwünschten Haustieren:

Wanzen, Wespen, Würmer sind juristische Leckerbissen. Schon die rechtliche Zuordnung verursacht Probleme: Ist der Hundefloh – wie der dazugehörige Dackel – ein Haustier? Oder ein Untermieter? Oder hüpft er gar durch rechtsfreien Raum?

Und die *Neue Zürcher Zeitung*, sonst nicht für jugendliche Frische bekannt, läutete einen Grundsatzartikel über das Drama des Immer-älter-Werdens mit den Worten ein:

> In unserer auf Jugendlichkeit ausgerichteten Gesellschaft hat Altern einen schlechten Beigeschmack. Mit wohlwollender Zustimmung dürfen nur noch Wein und Käse altern.

Wein und Käse! Kein Deutschlehrer, kein Doktorvater, der den Wein und den Käse als Einstieg geduldet hätte: Sie verlangen «die Einleitung», das subtile Hinführen aufs Thema, die Frage und nicht die Antwort, die Absichtserklärung und nicht das Resultat. Wunderbar – bei einem Text, der auf genau einen Leser zielt! Wer von Hunderttausenden gelesen werden will, der halte sich an das erste Rezept: *Die Einleitung ist abgeschafft.* An ihre Stelle könnten vier Arten von Text-Einstiegen treten, wenn der Schreiber denn versuchen will, sich aus dem Meer des Gedruckten herauszuheben:

1. *Die Hauptsache* – falls sie pointiert kredenzt wird. *Geo* über Francisco Pizarro: «Dies ist die Geschichte von dem Schweinehirten, der einen Kaiser überwältigte, ausraubte und erwürgen ließ.»

2. *Die Hauptsache* – falls der Schreiber sie nicht nach dem «Anliegen» des Redners oder des Veranstalters definiert, sondern nach dem Leserinteresse: beim Flugzeug also der Absturz, bei der Demonstration der Krawall, bei der Debatte der Tumult, bei der Rede die Entgleisung.

3. *Eine verblüffende Nebensache*, falls sie alsbald zur Hauptsache hinführt: «Ob er ein Pferd umarmt hat, ist umstritten»

(Beginn eines Nietzsche-Essays). Der Pulitzer-Preisträger Ernest Taylor begann seine berühmte Reportage vom Omaha Beach am 7. Juni 1944, dem Tag nach der alliierten Landung in der Normandie, so:

> Es war ein schöner Tag, um am Strand spazieren zu gehen. Männer schliefen auf dem Sand, manche für immer. Andere trieben im Wasser, aber sie wussten nicht, dass sie im Wasser waren, denn sie waren tot.

4. *Eine Provokation.* Wein und Käse, das ist so eine. Eine ungeheuerliche beging 1963 der Philosoph Carl Friedrich von Weizsäcker in seiner Dankrede für den Friedenspreis des Deutschen Buchhandels:

> Der Weltfriede ist notwendig; man darf fast sagen: Der Weltfriede ist unvermeidlich. Aber der Weltfriede ist nicht das Goldene Zeitalter. Er könnte sehr wohl eine der düstersten Epochen der Menschheitsgeschichte werden.

Dieser Einstieg hat den Redner doppelt festgelegt: auf einen dramatischen Grundton und auf die Pflicht, die Behauptung Punkt um Punkt plausibel zu begründen – kurz, warum der Frieden nötig ist; lang, warum er düster werden wird: weil er nur durch eine schnüffelnde, allgegenwärtige Weltpolizei erzwungen und bewahrt werden kann.

Bewerbungsbriefe, unverlangte Manuskripte

Was für Journalisten, Öffentlichkeitsarbeiter, Sachbuch-Autoren zutrifft, gilt erst recht für jeden, der einen Bewerbungsbrief verfasst; ebenso für alle, die einem Redakteur oder einem Verlag ein Manuskript anbieten, auf das die nicht gewartet haben. Bei solchen Adressaten – Personalchefs, Büroleitern,

Chefredakteuren, Lektoren – liegt ja oft nicht einmal das bisschen Neugier vor, das Zeitungsleser immerhin mitbringen; sie werden mit Papier überschwemmt, und durch noch mehr Papier fühlen sie sich einfach belästigt. Bewirbt sich der Absender auf eine Ausschreibung hin, so ist er einer unter Hunderten; bewirbt er sich blind, so mag man ihn zweimal nicht.

Natürlich, immer wieder sind unter den Empfängern solche, die sich der Mühe unterziehen, die ganze Bewerbungsmappe, das ganze Manuskript durchzusehen. Der Absender ist jedoch gut beraten, wenn er sich auf die anderen einstellt: Menschen, die vor der Menge des Papiers verärgert oder verzweifelt kapitulieren und nichts lieber haben, als wenn sie schon den ersten Zeilen einen Grund entnehmen können, warum diese Bewerbung, jenes Manuskript sowieso nichts taugt. Beginnt der Brief «Nach zwanzig vergeblichen Bewerbungen hoffe ich, dass wenigstens Sie meine Talente ...», so sind alle folgenden zweihundert Wörter umsonst geschrieben; ebenso alle 400 Seiten eines Buchangebots, wenn der Autor es mit den Worten unterbreitet: «Auf Drängen meiner Enkel habe ich mich nunmehr doch entschlossen ...»

Der Rat an Bewerber und Autoren kann nur lauten: Wisst, dass man euch nicht mag. Tut also das Äußerste, um euerm misstrauischen, übersättigten Adressaten in den ersten 20 Sekunden eine angenehme Überraschung zu bereiten.

E-Mail und Internet

Der Bildschirm des Computers macht die meisten Leser noch ungeduldiger als das Papier. In Online-Nachrichtenredaktionen gilt als Faustregel: Der *Teaser*, der Anschmecker, der Appetit darauf machen soll, den Volltext anzuklicken, darf nicht länger als 160 Zeichen sein (10 Sekunden!).

Im Internet-Forum «I love books» wetteifern Liebhaber darin, den Inhalt berühmter Bücher in maximal 25 Wörtern zusammenzudrängen – zum Beispiel *Herr der Ringe*: «Kleine Leute geraten in große Schwierigkeiten, während sie gestohlenen Schmuck loswerden wollen.» *Warten auf Godot*: «Nichts passiert. Zweimal.»

Werbetexte

Am wenigsten Geduld hat der Leser mit Werbebotschaften. 20 Sekunden Toleranz bringt er nur für solche Texte auf, denen er sich ausdrücklich zuwendet – redaktionelle Beiträge also. Anzeigen müssen so beschaffen sein, dass auch der Blätterer an ihnen hängen bleibt. Folglich brauchen sie zusammen mit einer auffallenden Optik eine deutlich kürzere, drastischere sprachliche Form.

Der Blätterer betrachtet ein Zeitschriften-Inserat im Durchschnitt 2 Sekunden lang – 1 Sekunde oder mehr das Bild, 1 Sekunde oder weniger den Text. 1 Sekunde reicht, um 2 Wörter zu lesen (falls sie zusammen nur 4 Silben haben). Ist der Leser durch das Bild oder die ersten Wörter interessiert worden oder stößt die Anzeige auf ein vorgeprägtes Interesse (ein *Produktinvolvement*), so ist er in der Mehrzahl bereit, 6 bis 9 Sekunden zu investieren, bevor er entscheidet, ob er zu Ende lesen soll – falls der Texter dann nicht ohnehin schon fertig ist.

Journalisten, Öffentlichkeitsarbeitern, Schriftstellern ist es freigestellt, sich ebenfalls an den kürzeren Fristen von Werbung und Internet zu orientieren; der Zeitgeist drängt ja voran, und Hektik ist sein Lebenselexier.

Klassische Roman- und
Novellen-Anfänge

In M..., einer bedeutenden Stadt im oberen Italien, ließ die verwitwete Marquise von O..., eine Dame von vortrefflichem Ruf und Mutter von mehreren wohlerzogenen Kindern, durch die Zeitungen bekannt machen: dass sie, ohne ihr Wissen, in andere Umstände gekommen sei, dass der Vater zu dem Kinde, das sie gebären würde, sich melden solle; und dass sie, aus Familienrücksichten, entschlossen wäre, ihn zu heiraten.

Kleist, «Die Marquise von O...»
(1808)

Bei 33 Grad im Schatten lag der Boulevard Bourdon vollständig verlassen da.

Flaubert, «Bouvard und Pécuchet»
(1881)

Jemand musste Josef K. verleumdet haben, denn ohne dass er etwas Böses getan hätte, wurde er eines Morgens verhaftet.

Franz Kafka, «Der Prozess» (1915)

Eines Tages erschien eine wildfremde Person bei uns, ein Mädchen von ungefähr vierzig Jahren, mit rotem Hut, spitzem Kinn und bösen schwarzen Augen. Sie berief sich auf ihre Herkunft aus dem Dorf Schawli und verlangte, dass wir sie in Petersburg verheiraten.

Ossip Mandelstam, «Jüdisches Chaos»
(vor 1938)

Jeder bekommt die Kindheit über den Kopf gestülpt wie einen Eimer.

Heimito von Doderer, «Ein Mord, den
jeder begeht» (1938)

Offen gesagt: Ich werde noch schlimmer enden, als ich angefangen habe.

Louis-Ferdinand Céline, «Von einem
Schloss zum andern» (1957)

Zugegeben: Ich bin Insasse einer Heil- und Pflegeanstalt, mein Pfleger beobachtet mich, lässt mich kaum aus dem Auge; denn in der Tür ist ein Guckloch, und meines Pflegers Auge ist von jenem Braun, welches mich, den Blauäugigen, nicht durchschauen kann.

Günter Grass, «Die Blechtrommel»
(1959)

Alle Personen in diesem Buch sind frei erfunden, auch die realen Menschen und der Autor selbst.

Victor Jerofejew, «Der gute Stalin»
(2003)

Als mein Vater, eine dreißigjährige sorbische Rotznase, sich die Hosen hochzog, wusste er noch nicht, dass es aus seinem Ejakulat eine Überlebende geben würde.

Kerstin Mlynkec, «Drachentochter»
(2004)

34
Die Spannung durchhalten

Der Anfang ist gesetzt, der Leser ist gewonnen (wenn es ein guter Anfang war). Und nun? Der Autor muss versuchen, den Leser wie am Gummiseil durch den Text zu ziehen. Das Mindesterfordernis dafür: Geärgert oder gelangweilt werden darf er nie.

Nicht geärgert durch schlimme Sätze, aufgeblasene Wörter, unverständliche oder unsympathische Begriffe (wie den *Paradigmenwechsel*, **24**); auch nicht durch die Häufung fremdartiger Namen (**33**), gequälte Bilder (**37**) oder einen Wirrwarr der Gedankenführung – das Thema hier.

In welcher Ordnung gruppiert der Schreiber seine Aspekte oder Argumente, welcher Dramaturgie sollte sein Text sich unterwerfen? Für kurze Texte – den Einspalter in der Zeitung, die typische Pressemeldung, den einseitigen Brief – gilt ein klarer Rat: Man schätzt die Zahl der erwünschten Absätze, drei zum Beispiel; in Briefen am besten immer, in Nachrichten, Pressemitteilungen, Kommentaren oft. Man weiß, dass drei Absätze nach drei Aspekten rufen; man fragt sich: Habe ich die, und mit welchem fange ich an? Oder kann ich meinen Stoff auf drei Absätze hinbiegen? (Über erwünschte Absatzlängen und andere Mittel der *optischen* Gliederung: Rezept **43**)

Vorweg in Absätzen zu denken klingt nach einem altmodischen Rat, da doch der Computer dazu einlädt, mit dem Schreiben einfach zu beginnen und die Abfolge nachträglich zu ändern. Ja, das tut er. Es fehlen jedoch alle Indizien, dass der Drauflosschreiber schneller am Ziel wäre oder ein besseres Resultat erreichte als einer, der eine Minute des vorherigen Nachdenkens investiert.

Läuft ein Text auf sechs, acht oder mehr Absätze zu, so gibt er sich für eine so exakte Vorausplanung kaum her. Ein Vorsortieren der Gedanken aber zahlt sich dabei erst recht aus. Einerseits unterscheidet sich die Schreibtechnik nach Form und Absicht:

SACHLICHE TEXTE
> kurz: Nachricht, Pressemitteilung, Bericht
> lang: *Analyse*, Hintergrundbericht, Sachbuch

ARGUMENTIERENDE TEXTE
> *Editorial*, Leitartikel, Essay

ERZÄHLENDE TEXTE
> Reportage, Porträt
> Erzählung, Roman

Andrerseits bleibt alles Geschriebene, das sich Leser sucht, durch eine elementare Gemeinsamkeit verbunden (die am Schluss).

Die *Analyse* und das *Editorial* verlangen mehr als die anderen Formen eine klare Gedankenführung, die sich dem Leser wie selbstverständlich mitteilt. Für die Analyse bietet sich oft die Zweiteilung an: Was machen die Befürworter eines Vorhabens geltend – was führen die Gegner ins Feld? Ein Editorial über denselben Gegenstand müsste mit einer ebenso klaren Dreiteilung operieren: die Gründe dafür – die Gründe gegen – die Schlussfolgerung. Der Übergang vom einen zum anderen Teil sollte durch einen Absatz deutlich werden, sprachlich durch ein klares Signal, dass nun der Ansatzpunkt gewechselt wird.

Diese klare Gliederung lässt sich zum Drama steigern, wenn sie sich der Form eines gleichsam zähneknirschenden Abwägens bedient. Die stärkste Wirkung könnte ein Kommentator erzielen, der nicht nur die fünf Gründe des gegnerischen Standpunkts fair beleuchtete, sondern der anderen Seite zusätzlich zwei Argumente anböte, die ihr noch gar nicht eingefallen waren – einem solchen Schreiber traut man, wenn er dann zum Gegenschlag ausholt.

Bei der Aufzählung der Argumente zeigen viele Autoren eine seltsame Vorliebe für sprachliche Vermengungen von der Art: «nicht nur – sondern auch – sowie» oder «Neben – sowohl – als auch – und außerdem», und der Leser darf dann zählen, wie viele Gründe das waren. «Dafür spricht dreierlei: ...» hätte es stattdessen heißen können, hilfsweise «Das ist nicht der einzige Grund, warum ...»

Natürlich muss es auch den Kommentar geben können, der ohne das Abwägen von Argumenten auskommt: den polemischen, den aggressiven, den unverhüllt parteilichen. Der ist aber, wenn er schlüssig wirken soll, an die kurze Form gebunden: drei Absätze, nicht mehr. Die übliche Länge eines Leitartikels ruft nach der Begründung.

Da bleibt die Frage, wie viele Gründe für oder gegen etwas man dem Leser zumuten kann: Die Ankündigung «Dafür sprechen 17 Gründe» würde ja eine abschreckende Wirkung haben. Der Schreiber müsste also entweder auf zwei Drittel seiner Argumente verzichten oder sie zwar sauber gegliedert, aber ungezählt aneinander reihen, möglichst nah am Plauderton.

Sieben, das gilt bei Experten in verschiedenen Zusammenhängen als Schlüsselzahl, als Obergrenze des Zumutbaren. Einerseits nach amerikanischer Schule für die zulässige Menge von Gliederungspunkten bei der modischen «Power-Point-Präsentation» (dem Vortrag mit projizierten Grafiken und Kurztexten). Andrerseits halten sich die Autoren und die Verleger von Trivialromanen an die Maxime: Höchstens sieben Figuren dürfen wiederkehrend in Erscheinung treten, damit der Leser noch weiß, wer wer ist.

Für *Reportagen* – die journalistische Annäherung an die Literatur, jedoch für eiligere Leser – dürften sieben handelnde Personen schon zu viel sein; drei, vier, das reicht.

Was vor allem unterscheidet die Reportage von den anderen Standardformen in Zeitungen und Zeitschriften? Der Reporter darf nicht nur nachgeschlagen und gegrübelt – er muss vor allem etwas erlebt haben. Er berichtet über seine Erfahrungen, Recherchen, Sinneseindrücke, mit erzählerischem Atem und besonders hohen Anforderungen an farbige, fließende Sprache.

Die Reportage zu gliedern schafft nur dann *keine* Probleme, wenn sie einen natürlichen Ablauf nachvollzieht: *So* brannte das Schloss nieder, *so* kam es zum Krawall. Muss, wie häufig, eine Vorgeschichte eingeschoben werden, so ist das Plusquamperfekt erforderlich («Erst vorgestern hatte er ...») – nur einmal und möglichst unauffällig, denn es ist ein beschwerliches Tempus.

Handelt es sich bei der Reportage jedoch um ein *Porträt* (eines Menschen, eines Unternehmens, eines Flughafens): Dann gehört die Gliederung zu den größten Sorgen des Journalisten. Stößt er auf Zeitabläufe – die Biographie des Menschen, den langsamen Niedergang der Firma –, so wird er ihnen dankbar einen großen Teil seines Textes widmen.

Will sich aber im Gegenstand der Reportage einfach nichts bewegen, so sollte der Schreiber selber Bewegung zu stiften versuchen – sie ist immer das Lebendigste, wie in Rezept **19** bei den Verben dargetan. Kann der Autor zum Beispiel eine überraschende These, ein persönliches Erstaunen an den Anfang stellen und den Text mit der Begründung dafür vorwärts treiben? «In diesem Land liebt keiner keinen mehr», begann eine *Geo*-Reportage aus dem halbzerstörten Bosnien, und warum die Bosnier nicht nur die Serben hassen, sondern auch ihre Landsleute, wenn sie Schutz suchende Flüchtlinge sind: Das ließ sich mit Hilfe schlimmer Schicksale und dramatischer Episoden in aufsteigender Reihe erzählen.

Wem eine schlüssige Gliederung nicht einfällt, wer gar darunter leidet, dass die Aspekte, wie so oft, im Dutzend kreuz und quer miteinander zusammenhängen, dem kann ein Trick helfen: Die zum Beispiel fünfzehn Gesichtspunkte, die in der Reportage berücksichtigt werden sollten, auf fünfzehn Zettel schreiben – und die so lange hin und her schieben, bis die am wenigsten gewaltsame Abfolge entstanden ist. Nichts ist schlimmer als knarrende Scharniere. (Der Verfasser geniert sich noch heute, dass er sich in seiner Geschichte der Stadt Essen den Übergang durchgehen ließ: Kohle, Eisen, Dampfmaschinen – «das war das vielfältig verzahnte Getriebe, das das Ruhrgebiet vorwärts zerrte.» Absatz. «Krupp zerrte kräftig mit.»)

Ein Problem am Rande: Da der Schreiber mit seinem brisantesten Satz natürlich angefangen hat – darf er, soll er sich seinen zweitstärksten für den Schluss aufheben? Der *Spiegel*, der *Stern* verfahren so, und für Briefe, die um Aufmerksamkeit werben, empfiehlt es sich ebenfalls: Den Schluss bildet eine Pointe, ein «Hochreißer».

Die Methode verbietet sich jedoch für alle Texte, bei denen der Autor darauf gefasst sein muss, dass sie ohnehin nicht zu Ende gelesen werden, wie die meisten Nachrichten, Verlautbarungen, Pressemitteilungen, und erst recht bei den Nachrichtenagenturen, deren Textangebot ja in den Redaktionen routinemäßig von hinten gekürzt wird. Journalisten und Öffentlichkeitsarbeiter leben also am besten mit der Faustregel: Hebe dir nichts auf, es könnte verschenkt sein.

Zum Schluss noch einmal das, was alle Texte gemeinsam haben müssen, wenn sie gelesen werden wollen: Sie dürfen den Leser nicht *ärgern* und ihn nicht *langweilen*. Wie der Schreiber Verärgerung vermeiden kann, das haben die Rezepte **1** bis **31** klar beschrieben; gegen die Langeweile gehen die folgenden Rezepte an. Doch so klar definieren lässt sich nicht, was eine Heerschar unbekannter Leser als kurzweilig empfinden wird – schon weil ein hinlänglich interessanter Stoff am Anfang stehen muss.

Ein Element der Kurzweil immerhin ist offensichtlich: aller Weitschweifigkeit entsagen, aller Behäbigkeit auch. Wir schreiben nicht mehr das Jahr 1901, in dem die «Buddenbrooks» es sich leisten konnten, gleich zu Beginn acht Seiten lang bei Innenarchitektur und Geplauder zu verweilen: Das fand «auf dem geradlinigen, weißlackierten und mit einem goldenen Löwenkopf verzierten Sofa, dessen Polster hellgelb überzogen waren», statt, in einem Raum mit nicht eben zahlreichen Möbeln, wobei der runde Tisch mit den leicht mit Gold ornamentierten Beinen nicht etwa vor dem Sofa stand, sondern dem Harmonium gegenüber, auf dem ein Flötenbehälter ...

Kaum noch auszuhalten, machen wir uns nichts vor. Ungeduldig sind wir geworden, und auch literarisch Interessierte müssen kein schlechtes Gewissen dabei haben. Schon vor hundert Jahren gab es Dichter, die uns mit Dynamik bedienten, und große Geister, die eben die Kurzweil von allen Büchern forderten: «Ich habe einen ungeduldigen Sinn», schrieb vor mehr als vierhundert Jahren Montaigne in seinem Essay «Des Livres». «Wenn mich ein Buch verdrießt, so greife ich nach einem anderen.» Niemals gemächlich geht es in Kleists Novellen zu, und nie ist das Tempo übertroffen worden, mit dem Dostojewski seine Mörder und seine Monomanen durch tausend Seiten hetzt.

Es möge also in jedem Absatz etwas *passieren* – die beste Waffe gegen Langeweile. Uns in den Seelenzustand des Lesers zu versetzen ist nirgends wichtiger als auf diesem Feld. Den Gegenpol aller Schreiber, die gelesen werden wollen, bildet – zur Warnung sei's gesagt – James Joyce: Über dessen wunderliche Riesenromane sagte H. G. Wells, sie zu schreiben müsse amüsanter gewesen sein, «als es ihre Lektüre je sein wird». Die Leser *dieses* Buches sind zum Gegenteil eingeladen: nicht sich selbst zu amüsieren, sondern Leser – also beim Schreiben zum Leiden bereit zu sein.

Wo droht, wo beginnt die Langeweile, die Schwerfälligkeit? Da braucht der Schreiber Spürsinn und ein immer waches Misstrauen gegen den eigenen Text. Sollte ihn bei einer Kontroll-Lektüre die Ahnung beschleichen: «Na ja, hier wird's ein bisschen zäh» – so möge er die Kraft aufbringen, die entsprechende Passage zu streichen oder umzuschreiben.

Das beste Urteil über dieses Kernproblem aber haben *Gegenleser*: Partner, Freunde, Kollegen (auf Wunsch jeweils mit *-innen*), und sich mindestens einen zu suchen ist Autorenpflicht. Sagt der Gegenleser, dieser Absatz habe ihn gelangweilt oder erst bei einer zweiten Lektüre habe er ihn verstanden: Dann ist der Absatz widerlegt. Er hat umgeschrieben zu werden, ohne Wenn und Aber. Jede Gegenrede wäre unprofessionell, ein nachgeschobener Erklärungsversuch einfach lächerlich – denn die Leser erreicht der nie.

Henri Nannen, Gründer des *Sterns* und von 1949 bis 1980 sein Chefredakteur, hatte das Blatt etwa von 1965 bis 1975 zum heißesten Medium deutscher Sprache und zur erfolgreichsten Illustrierten der Welt gemacht – nicht zuletzt damit, dass er, ein brillanter Handwerker, wie kein anderer wusste, womit man Leser fängt und wie man sie bei der Stange hält.

Zur Illustration eine wahre Szene: Nannen beginnt ein zehnseitiges Manuskript zu lesen, klingelt jedoch schon nach einer Minute den Autor wieder herein und sagt kalt: «Ihr Manuskript taugt nichts.» Der Autor, entgeistert: «Herr Nannen, Sie können doch in dieser Minute unmöglich...» Nannen, eisig: «Nein, ich habe mich im dritten Absatz gelangweilt.» Der Autor: «Herr Nannen, ich musste doch im dritten Absatz...» Nannen, brüllend: «Das erklären Sie mal unseren zehn Millionen Lesern, was Sie im dritten Absatz *mussten*! Gehen Sie raus.»

Brutal in der Form (das liebte er, das war sein Markenzeichen) – überwältigend richtig in der Sache: Für einen dritten Absatz, der den Leser langweilt oder irritiert, gibt es keine Entschuldigung; die Absätze 4 bis 30 wären ja dann umsonst geschrieben. Der Verfasser hat diese Szene zufällig miterlebt und sie beim Schreiben nie vergessen. Möge sie auch in Zukunft Segen stiften.

35
Alles beim Namen nennen

Es sind die *Habseligkeiten* und die *Backwaren*, an denen sich demonstrieren lässt, wie töricht, wie leserfeindlich man mit scheinbar völlig normalen Wörtern umgehen kann.

Der arme Teufel aus Nicaragua, der sich in die USA einschleichen wollte, um dort sein Glück zu machen – der packte «seine paar Habseligkeiten» in den Rucksack: So hieß es in der Reportage, die ein Journalistenschüler von einem Amerika-Aufenthalt mitbrachte. Habseligkeiten, und nur ein paar! Waren es vielleicht zwei Sandalen, eine Hose in Reserve, ein Bild seiner Mutter, eine Bibel? Wenn ja – warum bekam man das nicht zu lesen? Hatte der Reporter nicht gefragt? (Ein klarer Verstoß gegen sauberes Handwerk.) Oder wusste er es, verschwieg es aber, dem abstrakten Oberbegriff zuliebe? (Eine klassische Torheit.)

Abstrakte Oberbegriffe sind nötig für die Philosophie («negative Dialektik»), für die Bürokratie («Erzeugerdirektverkehr»), manchmal für Journalisten: Wie nennen wir die Unruhen im Land X: Putsch? Terror? Volksaufstand? Bürgerkrieg? In der Politik sind die Abstrakta beliebt, meistens nichtssagend, oft irreführend (wie *soziale Gerechtigkeit*) – «Wörter, die ein Rauschen erzeugen, aber keinen Ton» (der *Spiegel* 2004 über den Regierungssprecher Béla Anda). Über einen Besuch des EU-Kommissars Günter Verheugen in der Türkei schrieb die *Süddeutsche Zeitung* 2004:

> Verheugen will von der Dolmetscherin wissen, wovon die Leute hier leben. Tomaten, Zwiebeln, etwas Paprika. «Also Gemüse», fasst der Besucher zusammen. Und woran fehlt es? An Wasser, einer neuen Schule, einer Straße, an Häusern. «Also an Infrastruktur.» Der Kommissar flieht ins Abstrakte.

Dass er fliehe, ist hübsch gesagt, aber kein ernstlicher Vorwurf an ihn: In Brüssel wird Verheugen von fehlender Infrastruktur reden dürfen – genau wie die Bäckerinnung eine Statistik über *Backwaren* führen darf. Nur jener Journalistenschüler, der über den Kölner Hauptbahnhof bei Nacht zu schreiben hatte, hätte nicht schreiben dürfen: «Da roch es doch um 4 Uhr morgens wirklich nach frischen Backwaren.»

Denn Backwaren duften nicht. Es waren vermutlich Brötchen oder Brezeln, die da dufteten. Das konkret Vorstellbare zu unterschlagen und es ohne Not durch ein Abstraktum zu ersetzen ist eine der größten Dummheiten, die ein Schreiber begehen kann, falls er sich Leser wünscht. «Wenn die Stillehrer sich in irgendeinem Punkt einig sind, dann in diesem: Der sicherste Weg, die Aufmerksamkeit des Lesers zu wecken, ist der, besonders, bestimmt und konkret zu sein», heißt es bei den amerikanischen Klassikern Strunk and White, und bei William Zinsser («On Writing Well»): «Lassen Sie sich nicht erwischen mit einer Tasche, die nichts als abstrakte Substantive enthält.»

Jeder, der lebendig berichten oder erzählen will, sollte versuchen, im Rahmen des irgend Möglichen das zu beschreiben, was er gesehen, gehört, gespürt, gerochen hat. Mitten in den geistigen Höhenflügen des Adrian Leverkühn serviert Thomas Mann seinen Lesern als Erfrischung «eine Stallmagd mit Waberbusen und ewig mistigen Barfüßen». Der Welterfolg der «Blechtrommel» beruht nicht zuletzt auf dem unglaublich intensiven Angebot, das der Autor dem Auge, dem Ohr, der Nase des Lesers unterbreitet; wer da je gelesen hat, wie man mit dem Kopf eines toten Pferdes Aale fängt, der wird es nie vergessen.

Der einfachste und oft hinreichende Weg, sich diesem großen Ziel zu nähern, lässt sich mit schlichter Logik eingrenzen: Der Schreiber benenne exakt die kleinste Einheit dessen, was er meint. Meint er Hennen, so schreibe er Hennen – nicht Hühner, nicht Geflügel, nicht Haustiere, nicht Lebewesen. «Gänsediebstahl statt ‹Dieberei› – dieses ist das Element des Ausdrucks», sagt Lichtenberg. Meint der Schreiber Hühner und Enten, so ziehe er immer noch die Hühner und die Enten dem *Geflügel* vor.

Wann überhaupt könnte es «Geflügel» heißen? Nur in zwei Fällen: in der Statistik der Landwirtschaftskammer – oder in der Verlegenheit des Schreibers, nicht zu wissen, ob es sich vielleicht um Hühner, Enten oder Gänse handelt. Dann möge er nachfragen – sonst wenigstens ein schlechtes Gewissen haben, wenn er den Oberbegriff verwendet. Was aber tut er, falls da wirklich vier, fünf Arten von Federvieh auf dem Hof herumlaufen? Entweder er zählt sie alle auf, wenn er sie wichtig genug findet, oder er nennt nur zwei, beispielhaft, mit der Stilfigur des *pars pro toto*, von der das nächste Rezept handelt.

Wer fünfzehn, zwanzig Jahre Schule und Hochschule hinter sich hat, dem fällt es offenbar unendlich schwer, sich von der Einübung des Abstrakten wieder abzuwenden und *auf den Punkt* zu schreiben; ja vielen Akademikern ist nur mühsam nahe zu bringen, dass schon der Satz «Die Stadt machte einen verwahrlosten Eindruck» nichts ausdrückt, was der Schreiber gesehen, sondern nur, was er aus seinen Sinneseindrücken gefolgert hat – dass er also abstrakt bleibt und damit mögliches Leserinteresse verschenkt.

Was zum Beispiel könnte der Schreiber *gesehen* haben? Mauerschwamm und Fladen von abgeblättertem Putz, einen rostigen Heizkörper mitten auf der Straße, Unrat vor den Türen – nein, Unrat nicht, denn das ist ein weiter und kein enger Begriff und wieder eine Abstraktion: Scherben also, Plastikbecher, verfaulte Essensreste und Fäkalien. *Nun* hat der Leser jede Freiheit, sich das Wort «verwahrlost» seinerseits hinzuzudenken, falls ihn das freut. Steht «verwahrlost» da *statt* der konkreten Details, so hat der Schreiber den Leser um alles Vorstellbare betrogen, also ihn schon halb verloren; schreibt er «verwahrlost» *zusätzlich* zu allen Einzelheiten hin, so produziert er Geschwätz.

Natürlich: Abstraktion erspart denen die Anschaulichkeit, die sie partout nicht wollen: Wer wird schon zehn Putzfrauen kündigen, wenn er stattdessen «Reduzierung der Personalkapazität im Dienstleistungsbereich» sagen kann? Abstraktion ist auch bequem, sie kaschiert den Mangel an detailliertem Wissen: Wer eine Amsel nicht von einer Meise unterscheiden kann, der ist froh, dass es das Wort *Vogel* gibt. Abstraktion klingt außerdem gebildet: «Windkraftwerke» sind nun einmal nicht halb so imposant wie *regenerative Energien* oder *alternative Technologien*. Sollten die Sonnenkraftwerke einbezogen werden, so ließe sich immer noch von «Wind- und Sonnenkraftwerken» sprechen; nur wer wirklich alle Arten meint, sollte sich des Oberbegriffs bedienen (dann aber «erneuerbare» Energien, bitte, nach Rezept **30**).

Unser aller Vergnügen an der farbenfrohen Einzelheit geht so weit, dass wir es selbst dann empfinden, wenn wir viele der Details nicht identifizieren können. «Wir fuhren an einer bunten Bergwiese vorüber» – die steht dem Leser nicht halb so bunt vor Augen, als wenn er läse: «... an einer Wiese, die bunt war von Akelei, Berghähnlein, Feuerlilie und Vergissmeinnicht». Dass nur eine Minderheit der Leser diese Blumen einordnen kann, schadet nicht – die Mehrheit wird sich an den prallen, putzigen Namen freuen und eine buntere Wiese vor sich sehen, als wenn sie mit dem Oberbegriff «bunt» abgespeist worden wäre.

Ein beliebter Sonderfall der Abstraktionslust ist die Vorstellung, man müsse das Konkrete, wenn man schon zu ihm hinabgestiegen ist, wenigstens ins Abstrakte einbinden, also nicht schreiben: «In Chile bebte die Erde», sondern «Ein Erdbeben in Chile demonstrierte erneut die Wankelmütigkeit der Erd-kruste.» So reichte es der *FAZ* in einem Rückblick auf das Le-ben des ehemaligen Bundeskanzlers Ludwig Erhard nicht, seine Schule, seine Lehre, sein Studium und fünf weitere Le-bensabschnitte aufzuführen, sondern alle acht «markierten» (nach einem Satz von bis dahin 77 Wörtern) *markierten* «maß-gebliche Stationen seines Werdegangs» (worauf man ohne diese überhöhende Zusammenfassung ebenfalls gekommen wäre).

Eine besonders ärgerliche Spielart der Abstraktions-Manie gehört zum Standardrepertoire von *Mitarbeiterzeitschriften.* «Vier Vorträge boten interessante Informationen über das Un-ternehmen», liest man da oder «In den Workshops wurden die Produktvorteile und die damit verbundenen Potentiale ge-meinsam erarbeitet» und «In den anschließenden Diskussio-nen wurden die Themen ausgiebig vertieft» – und dann jeweils nichts mehr. Was haben die Mitarbeiter erfahren? Nichts. Wie werden sie darauf reagieren? Zu 90 Prozent: gelangweilt; wei-terlesen lohnt nicht. Zu 10 Prozent: verärgert, weil sie viel-leicht ganz gern etwas erfahren hätten.

Der Anteil der Verärgerten lässt sich steigern, wenn der Text Neugier weckt, aber sie nicht befriedigt: Eine Delegation der Firma wurde in China «mit einem Festmahl bewirtet, das aus zahlreichen Gängen bestand». Die Schweizer *Weltwoche,* eine überwiegend vortrefflich gemachte Zeitschrift, trieb diese Unsitte 2004 zu blankem Hohn:

> Dieses Buch ist eine Zumutung. Schmal, wie es ist, versammelt
> es eine Vielzahl von Sätzen, die so unverschämt gut sind, dass
> man sie kaum aushält. Sätze, die wie Geißelhiebe auf einen
> niedergehen, stehen neben Sätzen, die zum Schreien komisch
> sind.

Nun müsste einer kommen, es wäre höchste Zeit. Aber es ist, als besöffe sich der Autor an seiner Verweigerung:

> Weshalb viele dieser Sätze kaum auszuhalten sind? Weil sie den Schmerz und die Verletzung verhandeln, die das Leben mit sich bringt – dies freilich mit atemberaubender Sprachfreude und hinterhältigem Humor.

Und es kommt keiner, wirklich keiner. Sie schreien im Verborgenen, die Sätze, hinterhältig sind sie bis zum Speien, dem Schreiber selber haben sie den Atem geraubt.

Keine Erwartungen zu enttäuschen, die man selber geweckt hat – und nie von Gemüse zu reden, wenn man nur Spargel meint: Das sind die beiden Eckpfeiler des konkreten, also lesererfrischenden Schreibens. Die höheren Weihen erreicht der Autor dann, wenn es ihm gelingt, auch komplizierte Sachverhalte in Anschauung umzusetzen. Der große Bayer Ludwig Thoma brachte es zuwege, die verkrusteten hierarchischen Strukturen in einem oberbayerischen Dorf von 1912 allein mit Hilfe von Pferden und Ochsen lebendig zu machen. Sein Klassiker «Der heilige Hies» setzt so ein:

> Wer sechs Ross im Stall stehen hat, ist ein Bauer und sitzt im Wirtshaus beim Bürgermeister und beim Ausschuss. Wenn er das Maul auftut und über die schlechten Zeiten schimpft, gibt man Acht auf ihn … Wer fünf Ross und weniger hat, ist ein Gütler und schimpft auch. Aber es hat nicht das Gewicht und ist nicht wert, dass man es weitergibt. Wer aber kein Ross hat und seinen Pflug von ein paar mageren Ochsen ziehen lässt, der ist ein Häusler und muss das Maul halten. Im Wirtshaus, in der Gemeindeversammlung, überall.

Ja, hierarchischer und zugleich verkrusteter geht es nicht. Ebendiese Wörter wegzulassen aber ist der beste Weg, sie mit Leben zu erfüllen – mehr, als sechzehn soziologische Seminare es je vermöchten.

Herrlich konkret

Die Geißel macht Striemen, aber ein böses Maul zerschmettert das Gebein.

Jesus Sirach 28,21

Kopernikus, nachdem es mit der Erklärung der Himmelsbewegungen nicht gut fortwollte, wenn er annahm, das ganze Sternenheer drehe sich um den Zuschauer, versuchte, ob es nicht besser gelingen könne, wenn er *den Zuschauer* sich drehen und dagegen die Sterne in Ruhe ließe.

Immanuel Kant

Eine rasende Rotte von Handwerkern, Schiffern und Bauern, mit öffentlichen Dirnen, Bettlern und Raubgesindel untermischt, mit Keulen, Äxten, Hämmern, Leitern und Strängen versehen, werfen sich, von fanatischer Wut begeistert, in die Flecken und Dörfer bei St. Omer, sprengen die Pforten der Kirchen und der Klöster, stürzen die Altäre, zerbrechen die Bilder der Heiligen und treten sie mit Füßen.

Schiller, Geschichte des Abfalls der Vereinigten Niederlande

Da der zweite Punschnapf geleert war und Mitternacht herannahte, schwur Laertes hoch und teuer, es sei kein Mensch würdig, an diese Gläser jemals wieder eine Lippe zu setzen, und warf mit dieser Beteuerung sein Glas hinter sich und durch die Scheiben auf die Gasse hinaus. Die Übrigen folgten seinem Beispiele, und ohnerachtet der Protestationen des Wirtes, der herbeilief, wurde der Punschnapf selbst, der nach einem solchen Feste durch unheiliges Getränk nicht wieder entweiht werden sollte, in tausend Stücke geschlagen ... Madame Melina rezitierte einige erhabene Gedichte, und ihr Mann, der im Rausch nicht sehr liebenswürdig war, fing an, auf die schlechte Bereitung des Punsches zu schelten, versicherte, dass *er* ein Fest ganz anders einzurichten verstehe, und ward zuletzt, als Laertes Stillschweigen gebot, immer gröber und lauter, so dass dieser, ohne sich lange zu bedenken, ihm die Scherben des Napfs an den Kopf warf und dadurch den Lärm nicht wenig vermehrte.

Goethe, Wilhelm Meisters Lehrjahre

Führerrede. Ich legte mich ins Bett und drehte der Welt den Hintern zu.

Gottfried Benn (1943)

Wir kamen in den viertletzten Wagen. Herr Fajngold stand mit dünnem rötlich wehendem Haar unter uns auf den Gleisen, trat, als die Lokomotive durch einen Stoß ihre Ankunft verriet, näher heran, reichte Maria drei Päckchen Margarine und zwei Päckchen Kunsthonig, fügte, als polnische Kommandos, Geschrei und Weinen die Abfahrt ankündigten, dem Reiseproviant noch ein Paket mit Desinfektionsmitteln hinzu – Lysol ist wichtiger als das Leben – und wir fuhren, ließen den Herrn Fajngold zurück, der auch richtig und ordnungsgemäß, wie es sich bei der Abfahrt von Zügen gehört, mit rötlich wehendem Haar immer kleiner wurde, nur noch aus Winken bestand, bis es ihn nicht mehr gab.

Günter Grass, Die Blechtrommel

36
Den Teil fürs Ganze sprechen lassen

«Der Sommer kam mit Erdbeeren, Sondermeldungen und Badewetter» – Leben in Danzig im Kriegsjahr 1942, beschrieben von Günter Grass in «Katz und Maus» in der Stilfigur des *pars pro toto*, des Teils an Stelle des Ganzen (griechisch *Synekdoche*, das Mitverstehen). Natürlich kam der Sommer mit viel mehr: auch mit Mücken und mit Regen, mit Donner und mit Sorgen. Wer aber nicht naturwissenschaftliche oder juristische Texte schreibt, der darf fast immer – und er sollte sehr oft – statt des Allgemeinen das Besondere sagen, aus der Fülle das Einzelne greifen, aus dem Abstrakten das Konkrete sowieso.

Das vorige Rezept – die kleinste Einheit dessen zu benennen, was man meint – lässt sich steigern zu dem Rat: noch weniger zu sagen als das, was man meint. Bildhaftes, herzhaftes Deutsch entsteht oft gerade durch dieses Stilmittel.

Die Bibel ist voll davon: Die Vögel im Himmel und die Lilien auf dem Felde nennt Jesus als Belege dafür, dass der himmlische Vater auch die ernährt, die nicht arbeiten, nicht säen, nicht ernten, nicht spinnen (Matthäus 6,26). Gemeint haben kann Jesus doch nur alle Tiere und die Pflanzen schlechthin; aber Lilien und Vögel sprechen zum Auge, beflügeln die Phantasie, hauchen der Sprache Leben ein.

Lichtenberg reduzierte im Dezember 1784 den ganzen göttingschen Winter auf «Schnee, Schlittengeläute und magere Hyazinthen-Zwiebeln an meinem Fenster». Kafka schilderte seinem Freund Max Brod sein Gefühl der Enge am steilen Südende des Vierwaldstätter Sees auf einer Postkarte in dreizehn Wörtern so: «Von Bergen eingesperrt in Flüelen. Man sitzt gebückt, die Nase fast im Honig.» Das ist erstens maßlos übertrieben und zweitens von äußerster Willkür in der Auswahl des Details (Honig – als ob es nicht der ganze Frühstückstisch gewesen wäre!), aber es trägt die Botschaft; mit *Bedrängungsgefühlen* oder gar mit *Klaustrophobie* wäre sie nicht halb so vorstellbar geworden.

Wir brauchen indessen weder die Dichter noch die Bibel, um uns mit dem *pars pro toto* anzufreunden. Wir sagen ja alle, ohne nachzudenken: «Das hat Hand und Fuß» (obwohl es ebendamit viel mehr hat, Herz zum Beispiel); wir sprechen von *Hinz und Kunz*, wenn wir keineswegs zwei Leute, sondern Dutzende oder Hunderte beschreiben. Unsere Eltern sagten gern «siebzehn Lenze», wenn sie das Alter eines Mädchens nannten – siebzehn Frühlinge also, nur ein Viertel des Gemeinten. In der Seemannssprache steht die *Hand* für den arbeitsfähigen Mann, vom Einhandsegler (**24**), der bekanntlich *zwei* Hände hat, bis zum Kommando auf Segelschiffen: «Alle Hände an Deck!»

Also, Schreiber: Habt ein Herz fürs *pars pro toto*! Es befreit uns, zum Ersten, aus der Zwangsvorstellung, wir müssten, nach dem Beispiel aus dem vorigen Rezept, zwölf verschiedene Arten von Brot, Brötchen und Gebäck entweder aufzählen oder unter dem lebensfremden Begriff *Backwaren* zusammenfassen. Nein – außer für statistische Zwecke müssen wir das nicht. Nach frischen Brezeln könnte es geduftet haben, da laufen die Brötchen ziemlich selbstverständlich mit; und sollte gar ein Apfelkuchen riechbar frisch gewesen sein, so wäre es kurios zu glauben, die Leser könnten annehmen, die Brötchen aber seien von gestern.

Anstelle des Ganzen ein paar Teile zu nennen hat zum Zweiten den Vorzug, in wenigen Zeilen Atmosphäre herzustellen, falls die Teile treffend gewählt sind – so zum Beispiel: In welche Welt wurde Johann Strauß (der Vater) hineingeboren? «Das war Wien um 1820: Welthauptstadt der Musik, von

Haydn, Mozart, Beethoven geprägt, Konzerte zuhauf in Sälen und öffentlichen Gärten, mehrstimmiger Gesang der Dienstmädchen, in jedem bürgerlichen Haushalt ein Klavier.»

Zum Dritten bietet sich das *pars pro toto* für eine fröhlich-freche Zuspitzung an. Jürgen Leinemann porträtierte den ehemaligen Bundespräsidenten Roman Herzog mit den Worten: Er liebe «Margeriten und Kornblumen, nicht hingegen den Staat und die Allgemeine Ortskrankenkasse». Elke Schmitter schrieb 2004 im *Spiegel* über Schriftsteller aus Osteuropa: «Ihre Herkunft macht sie zu armen Verwandten, deren düstere Lieder, uncoole Klamotten und Vorliebe für Fassgurken ein bisschen unangenehm berühren.»

Schließlich und viertens erlaubt uns das *pars pro toto*, auch eine unendliche Fülle zu meistern: Mit äußerster Willkür greifen wir beherzt zwei möglichst winzige Details aus ihr heraus – und haben ebendamit das Uferlose vorstellbar gemacht. Schopenhauer lässt seinen gewaltigen Satz über die Allmacht, den Unfug, das Unheil der Liebe in die Frage münden: «Wozu der Lärm? Wozu das Drängen, Toben, die Angst und die Not? Es handelt sich ja bloß darum, dass *jeder Hans seine Grete* finde.» Dasselbe Stilmittel nutzte 2004 die *Berliner Zeitung* auf einem ganz anderen Feld:

> Der 11. September 2001 hat die Welt so radikal verändert, dass es nun *von Osttimor bis Gonzenheim* keinen Fleck auf diesem Planeten mehr geben darf, auf dem nicht deutsche Soldaten «unsere Freiheit verteidigen» müssen.

Osttimor bis Gonzenheim: Das hat mehr Kraft als «von Europa bis Australien», eben weil es die kleinere, die winzige Einheit benennt.

Ein Grenzfall des *pars pro toto* ist die Episode, die stellvertretend für einen Menschen, ein Volk, ein Ereignis steht. Jakob Augstein lieferte 2004 im *SZ-Magazin* folgendes Kurzporträt eines engagierten Sozialarbeiters: Gelernter Pädagoge, früher Schuldirektor und Chef des Deutschen Kinderschutzbundes in Baden-Württemberg; «er hat in dieser Funktion mal in einer Fußgängerzone tausend Schokoladenweihnachtsmänner eingeschmolzen, um gegen die Kommerzialisierung des Weihnachtsfestes zu protestieren.» Kein Sonderling wie dieser und jener, sondern ganz konkret: ein Schokoladenweihnachtsmanneinschmelzer. Man glaubt den Mann vor sich zu sehen, man merkt ihn sich.

Dem Schreiber hilft das *pars pro toto* aus mancher Verlegenheit und kann ihn zugleich zu schönen Höhepunkten führen; dem Leser bietet es mehr Farbe und oft mehr Schmunzelstoff pro Zeile als jede andere Art zu schreiben.

Schöne *partes pro toto*

Wenn man näher hinsieht, ist es doch ein äußerst künstlicher Bewusstseinszustand, der dem Menschen den aufrechten Gang zwischen kreisenden Gestirnen verleiht und ihm erlaubt, inmitten der fast unendlichen Unbekanntheit der Welt würdevoll die Hand zwischen den zweiten und dritten Rockknopf zu stecken.

> *Robert Musil*, Der Mann ohne Eigenschaften

Die Ehe war zum jrößten Teile
vabrühte Milch und Langeweile.

> *Kurt Tucholsky*, Danach

Ich habe eine Schwäche für Verlierer – für Invalide, Ausländer, den Dicken in der Klasse und für alle, mit denen keiner tanzt.

> *Peter Høeg*, Fräulein Smillas Gespür
> für Schnee

Über viele Rätsel des Lebens haben wir schon gegrübelt, über die Börse, den Urknall, die Österreicher, das andere Geschlecht. Aber neulich, da fuhr im Fernsehen ein Audi einsam durch die Nacht.

Süddeutsche Zeitung (Streiflicht)

Wielonek war eine Siesta aus menschenleeren Dorfstraßen und einem heiseren Hahnenschrei.

Wolfgang Büscher, Berlin – Moskau.
Eine Reise zu Fuß (2003)

Überhaupt verstärkt sich mit fortschreitender Lektüre der Eindruck, es gehe überall aufwärts. Natürlich gibt es auch schrumpfende Zahlen, die Gletscherlängen etwa. Aber für Kinoleinwände, Vergewaltigungen, Holunderanbau, Durchschnittsalter, Ölkuchenimport, Straßenverkehrsdelikte, Wildschweinabschuss, Sendestunden, Flusstemperaturen und Theologiestudentenzahlen gilt: Alles wächst.

Die *Weltwoche* über das Statistische
Jahrbuch der Schweiz 2004

Gott erschuf alles, von A bis Z,
Also den Aal und das Zebra, den Achat,
Den Zufall und Ferdinand Freiligrath,
Das Mammut, den Papst, das Hammerklavier,
Den Diesel und den Guadalquivir,
Die Edison-Birne, den Blitzableiter,
Die Gotik, den Schnittlauch und so weiter.

Otto Heinrich Kühner

37
Bilder finden

«Fighting for peace is like fucking for virginity» (für den Frieden kämpfen ist, als wolle man Jungfräulichkeit durch sexu-
elle Handlungen fördern, so ungefähr): Das war ein amerika-
nisches Spottwort auf die aggressiven Elemente der
Friedensbewegung – ein bildhafter Vergleich; wie auch dieser:
Oliver Kahn, der arroganteste Fußballtorwart der Welt,
sprang, als ihm ein Ball ins Tor geknallt war, auf, «als hätte ihm
jemand den Ferrari zerkratzt», schrieb 2004 der *Spiegel*.

Bildhafte Vergleiche sind ein fruchtbares Mittel, Leser zu
gewinnen – wenn sie denn stimmig sind. Dann sogar im Un-
terhaltungsroman: In den Palmen säuselte der Wind, «als
würde ein Liebhaber heiser meinen Namen hauchen» (Ildikó
von Kürthy). Doch man wird unterscheiden müssen.

1. Zunächst formal, mit den Fachwörtern der Stilistik:
Der *Hafen* der Ehe, ein *Wald* von Masten – das sind *Metaphern*, Übertragungen; Wald und Hafen werden ihrer ursprünglichen Bedeutung entfremdet und in ein anderes Umfeld versetzt. So bei Arthur Koestler, wenn er sagt,
Durchbrüche in Philosophie und Wissenschaft könne nur
der erzielen, der sich «vom grauen Star der überlieferten
Meinungen» befreit habe. So bei Philip Roth, der über das
Altern schrieb, es schmücke das Fleisch «mit den Girlanden
des Verfalls». So bei Tucholsky, dem «das Gas der Gemein-
heit» alle Poren füllte.

«Klug wie eine Schlange» dagegen ist ein *Gleichnis*: Die
Wörter behalten ihren ursprünglichen Sinn, werden jedoch,
meist mit *wie* oder *als ob*, in eine vergleichende Beziehung zueinander gebracht. «Meine Freunde benehmen sich», beklagte
sich Nietzsche bei Paul Rée, «als ob ich ihnen den Milchtopf

umgestoßen hätte.» Über den Dramatiker Rolf Hochhuth schrieb die *Süddeutsche Zeitung*, er bewege sich durchs Leben «wie ein Mensch, der ständig bereit ist, eine Militärparade zu seinen Ehren abzunehmen». Von Gleichnissen ist die Bibel voll: «Seht euch vor vor den falschen Propheten, die in Schafskleidern zu euch kommen, inwendig aber sind sie reißende Wölfe» (Matthäus 7,15).

2. Wichtiger für jeden, der um Leser wirbt, ist die Trennlinie zwischen den treffenden und den schiefen Bildern. Der entgleiste Vergleich (in der Stilistik: die *Katachrese*) eignet sich für satirische Zwecke («Auch Eisberge kochen nur mit Wasser»), noch mehr aber für unfreiwilligen Humor, ja für Peinlichkeit: In PR-Texten trifft man auf Meilensteine, die «endlich ihr Ziel erreichen»; im Hitzesommer 2003 konnte man im Radio hören: «In Frankreich sterben die Alten weg wie die warmen Semmeln.»

Manche verzerrte Bilder haben es sogar zu öffentlichen Ehren gebracht: Ein «Totengräber der Freiheit» ist natürlich ein Totschläger der Freiheit; Totengräber töten selten. Der in hohen Ehren stehende *Quantensprung* soll einen jähen, bedeutenden Fortschritt bezeichnen (in der Forschung, in der Technik, in der Philosophie); er findet aber in der winzigsten aller möglichen Welten statt, der der Atome, noch dazu sprunghaft und unberechenbar – tut also rundum das Gegenteil dessen, was die meinen, die sich mit ihm brüsten.

3. Die wichtigste Entscheidung ist die zwischen den stereotypen Vergleichen, den ausgeleierten Redensarten (nach Art der «Eierkuchen», vor denen die Rezepte **27** und **28** warnten) – und den frischen, die man noch selten gehört und gesehen hat, idealerweise aber nie. Mäßige Abwandlung des allzu Gewohnten heißt, wie in **27**, eines der Rezepte: Im Priesterseminar von St. Pölten (westlich von Wien) herrschten nicht etwa Zustände wie in Sodom und Gomorrha, die kennen wir zur

Genüge – sondern «wie in Gomorrha vor dem Schwefelregen», schrieb 2004 der *Spiegel*.

Für den verantwortlichen Bischof übrigens, einen ziemlich fetten, prägte der Volksmund das Bild vom «Fleischlaberl Christi» – ein Volltreffer, wie er einst den Berlinern mit dem «Kraftwerk Jesu» (für die eigenwillig wiederaufgebaute Gedächtniskirche) gelungen war.

Die Kraft des ungewöhnlichen Bildes lässt sich dadurch steigern, dass der Maler in ihm verweilt: Ein Unhold «schreinerte das arme Mädchen zurecht, indem er das ganze Abendland als Hobel ansetzte», lässt Heinrich Böll seinen «Clown» erzählen. Damit aber ist es, nach aller Erfahrung, auch genug: Ein Weitermalen mit Hammer und Säge würde für viele Leser das Penetrante streifen.

Die ausgeblichenen Bilder frech auf den Kopf zu stellen kann ein Kunstgriff mehr sein. «Mich hat man mehrmals mit der Kehrseite der Medaille ausgezeichnet», sagte der serbische Satiriker Brana Crnčević. Karl Kraus verspottete einen Zeitgenossen, der sich rühmte, zwanzig Sprachen zu beherrschen, mit den Worten: «Wenn sich zwanzig Sprachen von Herrn Hauser beherrschen lassen, so geschieht es ihnen recht.» Und als H. C. Artmann gen Himmel blickte, las sich das so: «Über dem Mödlinger Horizont schwimmt wie ein unendlich ferner, milchiger Mopedscheinwerfer der Abendstern.»

Was könnten, was sollten Berufsschreiber herauspicken aus solcher Fülle des Angebots? Immer das eine: verschlissene Bilder meiden wie die Pest – besser: wie die Pocken; die Pest hat ausgedient. Kein Pilz also, der noch jemals aus dem Boden schießen sollte. Immer auch das andere: die noch frischen Bilder sauber halten. Auf Quellen, zum Beispiel, *stützt* man sich nicht – man *schöpft* aus ihnen. Ein bisschen lebendiger klingt das für jeden; eine Minderheit nickt, halb bewusst, der Quelle freudig zu.

Oft, zum Dritten, fällt ein Lichtstrahl auf eingerastete Wortverbindungen, wenn man lieblos gesetzte Verben oder Adjektive durch unverbrauchte ersetzt: nicht ertragreichere Weiden, sondern fettere; und den heiligen Kühen, die zu schlachten eine abendländische Mode ist, könnte man zunächst mal nachsagen, dass sie lahmen, hinken oder humpeln.

Wenn selbst Wirtschaftswissenschaftlern und Parteivorsitzenden zuweilen ein eindringlicher Vergleich gelingt, so sollte das uns alle ermutigen, die Flinte nicht vorschnell vor die Säue zu werfen (oder wo immer sie hingehört). Der Nationalökonom Joseph Schumpeter prophezeite den Erben der Superreichen den Niedergang, «weil sie mit der Beute nicht auch die Klauen geerbt haben». Und wer hätte gedacht, dass eisenhaltiges Deutsch aus solcher Quelle sprudeln kann: «Wir wussten seit zwanzig Jahren», sagte der SPD-Vorsitzende Franz Müntefering 2004, «wie die Magnetschwebetechnik funktioniert. Aber wir haben den Transrapid im Emsland im Kreis fahren lassen. Und dann entdeckte China, dass man damit auch geradeaus fahren kann.»

Ausgerechnet Müntefering also hatte sich an den Rat des großen amerikanischen Verlegers Joseph Pulitzer gehalten: «Schreibe kurz – und sie werden es lesen. Schreibe klar – und sie werden es verstehen. Schreibe bildhaft – und sie werden es im Gedächtnis behalten.»

38
Den Wortwitz pflegen

Ernst? Das ist ein unmissverständliches Anzeichen mühsamen Stoffwechsels, sagt Nietzsche. Wer gelesen werden will, sollte den Ernst mit Witz, Bosheit, Ironie garnieren, wo immer die Umstände es zulassen.

Gewiss nicht also in Nachrichten, Protokollen, Gebrauchsanweisungen und Bewerbungsbriefen. Aber natürlich in der Werbung, immer in Glossen, Satiren, Aphorismen, oft in Kommentaren und Essays; ja sogar in Grabreden ist für die Trauergäste nichts rührender und nichts erholsamer als ein kurzer Ausflug ins Unernste, ein Schmunzelstück aus dem Leben des Verblichenen.

Solche Witze und Gewürze heißen in der Stilistik Ironie, Understatement, Oxymoron – doch abseits aller Klassifizierung: Mit Worten zu spielen, verblüffende Volten zu schlagen, kleine Sottisen über den Text zu streuen, an der richtigen Stelle auch einmal einer fröhlichen Bosheit ihren Lauf zu lassen: Das erfrischt den Leser und hält ihn bei der Stange.

«Ich habe wirklich im Jänner auf den Tod gelegen (gottlob an keiner bösen Frau)», schrieb Lichtenberg 1784 einem Freund – und man wird vermuten dürfen, dass der gern weiterlas. «Wenn Jesus einen Buckel gehabt hätte», spinnt bei Günter Grass der Blechtrommler vor sich hin, «hätten sie ihn schwerlich ans Kreuz genagelt.» Martin Walser lässt den Kritiker Ehrl-König sagen: «Wenn er ein paar Tage hintereinander deutsche Gegenwartsliteratur lesen müsse, beneide er die Leute von der Müllabfuhr.»

Ironie ist ein feineres, ein hinterhältiges Mittel, dem Bierernst ein Schnippchen zu schlagen – in den Wörterbüchern definiert als jener Spott, der sich hinter Ernst versteckt, um das Gegenteil dessen zu sagen, was man meint, «wobei man die wirkliche Meinung aber durchblicken lässt».

Lautet die Aussage «Der Sultan von Brunei ist nicht unvermögend», so erwartet der Schreiber, dass der Leser ihn richtig – nämlich umgedreht – versteht; in diesem Fall wohl zu Recht. Aber das Risiko, dass viele das Zwinkern im Auge des Schreibers nicht sehen, läuft immer mit. Das Wort «Weltuntergang» auszusprechen wäre aus den meisten Mündern bloßes «scharfes Geschwätz», schreibt Thomas Mann im «Zauberberg». Doch im Munde des Mynheer Peeperkorn «gewann das Donnerwort seine ganze schmetternde und posaunenumdröhnte Wucht, kurz, biblische Größe». Thomas-Mann-Leser erkennen das als Ironie – doch die anderen? Wo sollen sie das Signal entdecken, dass sie die Passage *nicht* beim Wort nehmen dürfen?

Es ist gesicherte Erfahrung, dass die Zahl der Leser, die Ironie verstehen, geringer ist als die Zahl der Schreiber, die sie zu verwenden lieben. Die Mehrheit vertraut dem gesprochenen, dem gedruckten Wort ohne Umwege; sie kommt nicht auf die Idee, aus einem Satz das Gegenteil dessen herauszudeuten, was vordergründig dort zu lesen ist; es sei denn, sie witterte eine Lüge (wie bei vielen Reden und Verlautbarungen) – oder der Text wäre, in der Zeitung zumal, an einem Platz oder in einer Schriftart gedruckt, von denen die Leser schon vorher wissen, dass da die Ironie regiert: in der kursiv gesetzten Lokalspitze, im «Streiflicht» der *Süddeutschen Zeitung*.

Keine Platzierung aber und kein Vorwissen (von der Art, dass man bei Heinrich Heine oder Thomas Mann immer auf Ironie gefasst sein muss) helfen weiter, wenn man einen Satz liest wie «George W. Bush ist ein kluger Mensch». Soll das seine oft verspottete Beschränktheit ironisch kommentieren – oder soll ich die Neuigkeit erfahren, dass er wirklich schlau sei, meist also gröblich unterschätzt? Wenn Shakespeare den Antonius über den Mörder Cäsars sagen lässt «Denn Brutus ist ein ehrenwerter Mann», so traut er offensichtlich den Zuhörern nicht zu, die böse Ironie gleich zu erkennen; erst wenn Antonius den Satz zum vierten Mal gesprochen hat, wird auch dem Letzten klar, dass Brutus ein Schurke ist.

Das Risiko des Falschverstandenwerdens ist geringer beim *Understatement*, der schlitzohrig kalkulierten Untertreibung – einer häufigen und dankbaren Spielart der Ironie. «Nicht unvermögend», das ist so eine Tiefstapelei. Es bleibt eine Wohltat, der allgegenwärtigen Neigung zu aufgeregten, aufgeblasenen Wörtern mit Bedacht den bescheidensten möglichen Begriff entgegenzustellen, das allzu Weihevolle zusammenschnurren zu lassen wie einen Luftballon. Bertrand Russell schrieb über die Philosophen, sie seien zumeist «schüchtern von Konstitution und mögen das Unerwartete nicht; die wenigsten von ihnen würden als Piraten oder Einbrecher wirklich glücklich sein». Lichtenberg beschrieb das Gedränge, das bei der Völkerwanderung in Italien herrschte, mit den Worten, manchmal sei es so voll gewesen, dass drei, vier Vandalen «auf einmal klingelten».

Auch die *Übertreibung* lässt sich ironisch einsetzen – wie in der Werbung einer berühmten Schweizer Uhrenfirma: «Die Lebenserwartung nimmt ständig zu. Darum haben wir eine Sicherheitsmarge von 500 Jahren eingebaut.»

Eine meist unmissverständliche Form der Ironie nennt sich *Oxymoron*, griechisch «scharfsinnig-dumm», beides auf einmal: das möglichst verblüffende Zusammenspannen des eigentlich Unverträglichen. Dies kann durch den vorsätzlichen Stilbruch entstehen wie im *Spiegel*-Uraltklischee von der «Nobelherberge» (die ja vor einem halben Jahrhundert durchaus witzig war) oder im Spott Gottfried Benns auf saturierte Bürger mit «kosmischen Schauern in der Hühnerbrust», oder in der Attacke Lichtenbergs auf einen Geistlichen: «Er hat mich einiger Fäden des frömmsten Geifers gewürdigt und sein geweihtes Pfui über mein Werkchen ausgespuckt.»

Geweihtes Pfui und frommer Geifer – das ist zugleich die andere, die besonders beliebte Version des Oxymorons: die Kombination zweier Begriffe, die einander in der Logik oder in der traditionellen Vorstellung ausschließen – ganz unironisch vorgeprägt in der Hassliebe, den Freudentränen, der Angstlust (seit Sigmund Freud); populär in der «Lustigen Witwe»; beliebt in der Literatur: «schüchterne Lüsternheit» bei Friedrich Schlegel, «behaglicher Tadel» bei Goethe, bei Kafka der «süße Irrsinn», zweimal täglich an Felice zu schreiben, oder der Hinweis an sie: «Der Vater und ich, wir hassen einander tapfer.»

Auch zwei *Aussagen*, die sich zu widersprechen scheinen, kann man aufeinander prallen lassen: «Sie meinen es gut und werden mich noch umbringen», sagt Wilhelm Meister über die Zuschauer, die an den falschen Stellen klatschen. Mit Wortbedeutungen lässt sich spielen: «Eine gute Erziehung *genießt* man nicht», lautet eine alte Pädagogenweisheit. «Die Dunkelheit ist echt – das Licht scheint nur so», sagt Werner Mitsch. Karl Kraus empfahl, aus dem Satz «Wien bleibt Wien» die *Drohung* herauszuhören.

Der Gipfel der Verspottung wird mit der gelungenen Scheinheiligkeit erreicht: unscheinbare, freundliche Worte mit abgrundtief bösem Sinn. «Kommunismus ist, wenn jeder von allem genug hat», hieß ein Sponti-Spruch, und Mark Twains Lob auf Richard Wagner klang so: «Seine Musik ist viel besser, als sie klingt.»

All dies kann nicht unser Alltag sein. Doch wer solche kleinen Kostbarkeiten im Hinterkopf speichert, wird immer mal wieder die Chance entdecken, sie abzurufen oder ihnen nachzueifern. Mit Ernst allein sind Leser schwer zu gewinnen.

Ein Understatement in drei Stufen

Thomas De Quincey (1785–1859), berühmt als Autor der autobiographischen «Bekenntnisse eines englischen Opiumessers», hat mit seinem Essay *On Murder, Considered as one of the Fine Arts* (Der Mord, als eine schöne Kunst betrachtet) den Höhe- und Tiefpunkt schwarzen Humors und zugleich der mehrstufigen Tiefstapelei geliefert – ein Mord als bloße Vorstufe des eigentlichen Verbrechens: der Unpünktlichkeit.

Da tagt die *Society of Connoisseurs in Murder*, ein Klub der Kenner, die jeden neuen Mord in London allein unter dem Aspekt des handwerklichen Raffinements erörtern, garniert mit Lebensweisheiten wie: «Wenn man die Leute reden hört, könnte man meinen, alle Nachteile und Unbequemlichkeiten lägen aufseiten des Ermordetwerdens.» Zu wenig denke man dabei über die Widrigkeiten des Nichtermordetwerdens nach: Vielleicht sei es ja weniger schlimm, erstochen zu werden, als an Harnverhaltung zu sterben? Als nun ein entlassener Mörder den Klubvorsitzenden bittet, bei ihm als Butler arbeiten zu dürfen, bedient sich der Präsident, um sich aus der Affäre zu ziehen, folgender Hinuntertreibung in drei Stufen:

«Mein lieber James! Hat ein Mann sich einmal aufs Morden verlegt, so wird er bald nichts mehr dabei finden, einen Raub zu begehen, und vom Rauben wird er zur Entheiligung des Sonntags und zur Trunksucht gelangen, und von da zur Saumseligkeit (procrastination) und zu schlechten Manieren. Wer sich einmal auf diesen abschüssigen Pfad begeben hat, der weiß nie, wo er innehalten soll. So hat schon mancher seinen Ruin eingeläutet durch den einen oder anderen Mord, bei dem er sich damals vielleicht wenig dachte» (that perhaps he thought little of at the time).

39
Absichern und abpolstern

Der Empfehlung aller bisherigen Rezepte, die Wörter zu taxieren und sparsam mit ihnen umzugehen, muss nun die Einladung folgen, in bestimmten Fällen fast das Gegenteil zu tun: nämlich durch einen gemessenen Überschuss an Wörtern das Verständnis zu erleichtern und den Text zu beleben.

Nicht alles lässt sich in drei Worten sagen, dem Urteil Ludwig Wittgensteins zum Trotz: Wer sich ausnahmslos auf das logisch Notwendige konzentriert, der kann Missverständnis oder Unverständnis provozieren und viele Leser überfordern.

Redundanz (das Übermaß, der Überfluss) ist das Fachwort der Informationstheorie für die ungenutzten Teile des sprachlichen Aufwands – also für diejenigen Elemente eines Textes, die über den nackten Gehalt hinausgehen und daher weggelassen werden könnten.

Wer sie wirklich weglässt, ist einerseits zu loben: Rezept **26** hat dazu eingeladen, «nur die Hälfte» zu schreiben, Rezept **35**, alles abstrakte Geschwafel über Bord zu werfen, Rezept **20**, alle doppelt gemoppelten Adjektive zu tilgen und viele andere auch. Keine Verlegenheitsfüllsel wie *irgendwie*, keine sinnfrei dahergeplapperten Zusätze wie *schlicht und einfach* – und nicht *strengstes Stillschweigen bewahren*, da «schweigen» doch viel mehr besagt.

Andrerseits ist Redundanz – glückliches Fachwort! – das Gegenteil von dem, was der Name bedeutet: nämlich das Fleisch auf dem Skelett der logisch notwendigen Wörter, die Absicherung oder Abpolsterung der Aussage gegen Irrtum, Ratlosigkeit oder Widerwillen. Die Frage muss folglich lauten: Welcher Wortaufwand, welche Art und Menge von Erläuterungen, welches schmückende Beiwerk sogar ist am besten geeignet, Leser zu gewinnen, sie wirksam zu unterrichten, vielleicht sogar sie zu motivieren oder ihre Meinung zu beeinflussen? Mit angemessen dosierter Redundanz zu operieren ist mindestens in acht Fällen ein guter Rat.

1. Redundanz ist üblich, jedenfalls empfehlenswert, um der *Höflichkeit* zu genügen: «Entschuldigen Sie» ... «Darf ich Sie kurz stören?» ... «Ich hoffe, Ihre Frau ist wieder gesund?»

2. Redundanz ist allgemein üblich zur *Absicherung* des Richtig-verstanden-Habens. Jeder Befehl wird wiederholt, meistens auch neue Telefonnummern oder Zeit und Ort einer Verabredung. Die Nachrichtenagenturen wiederholen grundsätzlich jedes «nicht», das nicht selbstverständlich ist: «Der Minister versicherte, er werde nicht (rpt nicht) zurücktreten.»

3. Redundanz empfiehlt sich zur *Absicherung* gegen partielles Unverständnis. Weiß jeder Deutschsprachige, was «senkrecht» bedeutet? In Winsen an der Luhe war man sich da nicht sicher. Dort steht (stand jedenfalls 2002) ein Schild mit folgender Aufschrift:

> Gefahrlose Durchfahrt nur bei senkrecht stehendem Schlagbaum möglich (senkrecht bedeutet, wenn die Spitze oben ist)

Das mag man als überzogene Fürsorge empfinden. Wer aber dem Laien die Quantenmechanik oder die Relativitätstheorie erklären wollte, könnte das nur mit großem Wortaufkommen schaffen, misstrauisch gegen das eigene Vorwissen und unter Einschluss des folgenden Ratschlags.

4. Redundanz ist allen Lesern und Hörern außerordentlich willkommen, wenn sie in einem *Beispiel* oder einem *Vergleich* besteht – ja die Unterlassung des Vergleichs kann bei Journalisten die Unverschämtheit streifen. Was nützen alle Nachrichten über soundso viele zehntausend Hektar schon wieder vernichteten Regenwalds am Amazonas, wenn der Redakteur nichts sucht oder nichts findet, was einem deutschen Leser die Größenordnung vorstellbar macht (Fußballplätze, der Bodensee, das Saarland, Bayern)? «Dies ist die Staumauer des Emosson-Stausees im Wallis – 180 Meter hoch, *höher als jeder Kirchturm der Erde*», eine Bildunterschrift in *Geo*; so macht man das.

5. Redundanz ist zwingend, wenn eine neue Information eine alte *Erwartung* stört. Hat man sich mit einem Freund am Hauptbahnhof verabredet, will ihm noch die Uhrzeit durchrufen und sagt: «Ich bin um 4 am Ostbahnhof», so wird der Freund mit überwiegender Wahrscheinlichkeit am Hauptbahnhof warten: Auf die Präzisierung der Zeit war er eingestellt, nicht auf einen Wechsel des Ortes. Also hätte die Auskunft natürlich um Wörter wie diese verlängert werden müssen: «Nicht am Hauptbahnhof, hast du verstanden? Am Ostbahnhof!»

6. Redundanz ist zwingend, wo immer es an *Vorverständnis* fehlt. «Lobet den Herrn und her mit der Munition!», schrie der amerikanische Militärpfarrer Howell Forgy an Bord des Kreuzers «New Orleans» beim japanischen Überfall auf Pearl Harbor – und wurde berühmt damit («Praise the Lord and pass the ammunition!»). Warum konnte Forgy sich diese unerhörte Verkürzung leisten? Weil die Bomben schon auf die Schiffe krachten. Hätte er im Wissen, dass die Japaner erst in zwei Minuten da sein würden, bei noch völlig leerem Himmel die gleiche Wirkung erzielen wollen, so hätte er das Fünffache schreien müssen («Leute, hört her! Ich habe soeben … Glaubt mir, verdammt! Ich habe nicht zu viel Messwein getrunken! An die Kanonen!»).

7. Redundanz empfiehlt sich, um eine *zu hohe Informationsdichte* aufzulockern. Unser Aufnahmevermögen für das Neue ist begrenzt, und nichts strapaziert uns mehr als eine gedrängte Abfolge logischer Schritte – wie in Wittgensteins «Tractatus Logico-Philosophicus»:

Der Sachverhalt ist eine Verbindung von Gegenständen (Sachen, Dingen). Es ist dem Ding wesentlich, der Bestandteil eines Sachverhalts sein zu können. In der Logik ist nichts zufällig: Wenn das Ding im Sachverhalt vorkommen *kann*, so muss die Möglichkeit des Sachverhalts im Ding bereits präjudiziert sein.

Und so weiter, 73 Seiten lang. Selbst eine dramatische Erzählung aber kann mit Fakten derart überfrachtet sein, dass der Leser Mühe hat, sie im Fluge der Lektüre aufzunehmen – wie der Anfang von Kleists Novelle «Das Erdbeben in Chili»:

In Santiago, der Hauptstadt des Königreichs Chili, stand gerade in dem Augenblicke der großen Erderschütterung vom Jahre 1647, bei welcher viele tausend Menschen ihren Untergang fanden, ein junger, auf ein Verbrechen angeklagter Spanier namens Jeronimo Rugera an einem Pfeiler des Gefängnisses, in welches man ihn eingesperrt hatte, und wollte sich erhenken.

8. Den größten Aufwand an Redundanz muss ein Schreiber treiben, der versuchen will, *Überzeugungen* zu ändern, wenigstens die mutmaßliche Mehrheit seiner Leser von ihrer Meinung über eine bestimmte Sache abzubringen. Das Zwanzigfache des logisch Notwendigen dürfte da eine Untergrenze sein. (Schon Rezept **1** handelte davon.)

Redundanzfreie Information also wäre erstens unhöflich und unnatürlich, zweitens abstoßend (wer liest schon Telefonbücher?) und drittens oft dem Verständnis abträglich. Vergleich und Erklärung zu allem, was schwierig ist; Wiederholung von allem, was dramatisch ist; Hintergrund zu allem, was die meisten nicht kennen – sonst werden die Aufnahmebereitschaft und das Verständnis des Lesers überfordert, sonst wird er überfüttert mit zu vielen Fakten auf zu engem Raum.

Für das Beispiel aber, für die Wiederholung, für die Aufhellung des Hintergrunds gilt wiederum: Wenn man sie in zwanzig Wörtern erzählen kann, sollte man sie nicht auf vierzig Wörter auswalzen. Jedes Wort, auch innerhalb der Redundanz, hat Sinn zu transportieren. Nur diejenige Redundanz ist eine gute Redundanz, die sich bei Vergleich, zweitem Anlauf und Erläuterung nach dieser Generalregel richtet, wie immer und überall.

PROBLEME

40
Soll man schreiben, wie man spricht?

Seit anno 2004 ein Manager auf die Frage, wie er seine Wochenenden verbringt, antwortete: «mit gärtnerischen Aktivitäten» – spätestens seit diesem Tag sind Lessing und Goethe widerlegt. «Schreibe, wie du redest, so schreibst du schön!», hatten beide fast gleichlautend ihren Schwestern geraten. Auf die Idee, dass einer in mündlicher Rede seine Gartenarbeit in den aufgequollenen Eierkuchen «gärtnerische Aktivitäten» einwickeln würde, konnten sie nicht kommen.

Ganz richtig aber war der klassische Ausspruch nie, und pauschal kann er schon gar nicht gelten: Denn die Wörter unterliegen anderen Regeln als die Sätze, die Erzählstruktur anderen als die Sprachökonomie. Außerdem sollten nicht zwei, sondern drei Arten von Sprachgebilden unterschieden werden:

- der geschriebene Text, der zum *stummen Lesen* bestimmt ist
- der geschriebene Text, der *zum Vorlesen* und Zuhören bestimmt ist
- *spontane mündliche Rede*. Nur die haben Lessing und Goethe gemeint, und zunächst nur sie soll hier mit dem stummen Text verglichen werden.

Das Verhältnis zwischen dem Schriftlichen und dem Mündlichen hat sich im letzten halben Jahrhundert erheblich verschoben: Einerseits ist das Geschriebene ins Gesprochene vorgeprescht, vor allem durch die Allgegenwart des akademischen Jargons (Rezept **24**) und die vielen Vorschriften der *Political Correctness* (**22**). Andrerseits schwappt das Mündliche immer mehr ins Schriftliche hinüber, zumal durch fünf Kanäle:

1. Radio und Fernsehen haben einen Siegeszug des Gehörten über das Gelesene eingeleitet und die einstige Vorbildfunktion des Geschriebenen weithin beseitigt.

2. Im Mündlichen dominieren nicht mehr Eltern, Lehrer, Pfarrer wie einst, sondern plappernde Moderatoren, keuchende Sportler, wichtigtuerische Fernsehkommissare und (in den Nachmittags-Talkshows) beichtwütige Teenager – Leute also, die früher vielleicht auf drei Lauscher stießen, heute aber auf drei Millionen.

3. Diesem Anprall setzt das Schriftliche immer weniger Widerstand entgegen, denn nur eine schwindende Minderheit findet Texte noch heilig wie die Bibel oder hält sie in Ehren wie einst Kirchenlieder, vaterländische Gesänge und Schiller'sche Balladen.

4. Gleichzeitig ist die soziale Geltung des Jugendjargons gestiegen. Einst galt er als bloße Spielwiese für pubertäre Flapsigkeiten; längst wird er akademischer Untersuchungen gewürdigt.

5. Schließlich versuchen sich viele zeitgenössische Literaten im Schreiben durch eine möglichst rüde Mündlichkeit zu profilieren.

Und dann sind auch noch die *E-Mail* und das *Chatten* dabei, die Grenzen zwischen Schriftlichkeit und Mündlichkeit zu verwischen (Kap. **III**).

Die klare Scheidung zwischen gesprochen und geschrieben also existiert nicht mehr, und alles in allem ist die Schriftsprache mündlicher geworden – nicht zu ihrem Vorteil, da das Mündliche so weitgehend von Fernsehschwätzern, Diskjockeys, Hooligans und Soziologen unterwandert worden ist.

Aber Unterschiede bleiben, und sie zu beleuchten lohnt sich immer noch. So schnell verweht wie das gesprochene Wort ist das geschriebene nicht: Freunde können es lesen, Feinde es gegen uns wenden, Enkel es belächeln. Aus diesem Hintergrundwissen und dem Medium der Schrift – mit den kleinen Mühen, die uns der Umgang mit ihm bereitet – folgt beim Schreiber ein Quantum aufmerksamer Zuwendung, die viele Vorteile hat; ein paar Nachteile auch.

Die Wörter

Welche sollten schriftlich dieselben sein wie mündlich? Die kurzen, die schlichten, die kraftvollen, die allgemein verständlichen (Rezept **16**).

Welche *sollten keinesfalls* aus dem Mündlichen ins Schriftliche übernommen werden? Einigkeit herrscht über inhaltslose Redensarten («schlicht und einfach», «ich würde sagen») und Füllwörter wie ja, doch, nun, dann (die Tonbandprotokolle spontaner Rede enthalten sie in oft erschreckender Menge).

Welche sollten eher nicht ins Schriftliche eingelassen werden? Immer noch überwiegt die Meinung: keine beschimpfenden Wörter (Bulle, Köter), keine Vulgärwörter (Fresse, Scheiße).

Welche populären Wortverkürzungen werden in der Schriftsprache geduldet? «Uni» eher nicht, wenn es sich nicht um eine Boulevard- oder eine Studentenzeitung handelt. Darf man aber schreiben: Denk *mal* nach – Da tut sich *was* – halb acht (ohne Uhr) – er wurde siebzig (ohne Jahre)? Das ist strittig. Der Verfasser findet: ja (und hat sich schon in Kap. **III** dazu bekannt).

Welche sollten schriftlich wie mündlich sterben? Die Wortdreimaster natürlich (**17**), die gequälten Synonyme (**23**), der Imponierjargon von Wissenschaft, Wirtschaft und Behörden (**24** bis **28**) und überdrehte Anglizismen auch (**29**).

Fazit für die Wörter: abwägen und im Einzelfall entscheiden. Doch sind die Gemeinsamkeiten zwischen Sprechen und Schreiben größer, als die meisten Berufsschreiber sie praktizieren: Beide Formen rufen nach der Kürze und der Kraft.

Die Sätze

Im geschriebenen Text regiert ohne Ausnahme die Grammatik, und jeder angefangene Satz muss korrekt zu Ende geführt werden. Das ist auch mündlich erstrebenswert, aber es schaffen die wenigsten. Die Schreiber wiederum sind meistens zufrieden, wenn die Grammatik stimmt. Welche Sünden gegen Verständlichkeit und Eleganz man im Rahmen völlig korrekter Grammatik begehen kann, das wurde in den Rezepten **2** bis **15** dargestellt. Ja nicht selten ist der mündliche Bericht, mit all seinen Verstößen gegen den Deutschunterricht, eingängiger als der schriftliche – mit seiner meist korrekten, aber gedrechselten, oft unnötig komplizierten Konstruktion.

Folglich sind alle Schreiber gehalten, sich aus ihrem oft eingerosteten Schriftdeutsch durch eine stärkere Anlehnung an die natürliche Rede zu befreien. *Mündlich* sollten sie ihre Sätze konzipieren, ehe sie in die Tasten greifen. Nietzsche hat das so beschrieben (und er war unbestritten ein grandioser Stilist):

> Man muss erst genau wissen: Soundso würde ich dies sprechen und vortragen – bevor man schreiben darf. Schreiben muss eine Nachahmung sein.

Nur solche Sätze also schreibe man nieder, die mühelos und wie selbstverständlich *gesprochen* werden könnten. Und mehr als das: Sprechen sollte man sie, sie sich laut vorlesen! Alles Geschriebene, heißt die alte Weisheit, hat sich der Feuerprobe des Gehörtwerdenkönnens auszusetzen. Nur ein Text, der sich gut anhören würde, ist auch gut zu lesen.

Fazit für die Sätze: Schreiber, *denkt* mündlich und *schreibt* für die Ohren! Sprecher: Trainiert, wie man möglichst viele angefangene Sätze zum guten Ende führt.

Die Erzählstruktur

Wie man einen geschriebenen Text beginnen, gliedern, fort-spinnen muss, damit er Leser findet, die ihm treu bleiben: Das war das Thema im Abschnitt **Die Reize**, zusammen mit dem Rat, Anschauung zu vermitteln und Vergleiche anzubieten. Solches in spontaner Rede zu bewältigen ist jedoch den we-nigsten gegeben.

Wem sollte die Technik des mündlichen Erzählens den-noch als Richtschnur dienen? Allen Schreibern, die sich kritiklos der branchenüblichen Marotten bedienen: den Öf-fentlichkeitsarbeitern also, wenn sie mit dem Wertschöp-fungspotential innovativer Aktivitäten hausieren gehen (**28**), den Journalisten, die die «Urnengänge» pflegen (**23**) und sich der Wahnidee hingeben, was nicht mit «Beim …» beginne, könne keine Katastrophe sein (**31**).

Fazit für Berufsschreiber: Schreibt *fast* so, wie ihr's am Früh-stückstisch erzählen würdet! Lasst ein paar Füllwörter weg und dazu den Einstieg «Mensch, hast du gehört!». Repariert einen Satzbruch, strafft und feilt noch ein bisschen. Und be-denkt: Die ganze «Ilias» wurde *erzählt*, lange bevor irgendein Homer sie aufgeschrieben hat.

Die Sprachökonomie

Straffen muss selbst der Profi. Die meisten aber – die nicht im Schreiben Geschulten – sprudeln bei ihren mündlichen Berichten und Meinungsäußerungen einen Wasserfall aus Hohlwörtern, Halbsätzen, Abschweifungen und erbarmungsloser Wiederholung hervor. Selbst eine immer noch ungebremst geschwätzige *Niederschrift* des spontan Dargebotenen hätte den Vorzug, höchstens halb so lang zu sein, und meist wären wir mit einem Zehntel gut bedient.

Das ist das größte Plus der Schrift: Der Lesende erfährt pro Minute ungleich mehr als der aufs Zuhören Angewiesene. Der Schreiber belästigt uns nicht mit seinen Verhaspelungen und Wichtigtuereien, nicht mit vier Anläufen in derselben Sache – und schon gar nicht mit dem sozialen Druck, uns seinem Wortschwall auszusetzen.

Wenn der Schreiber nun noch den Instinkt besäße und die Kraft aufbrächte, aus der spontanen Rede das Frische, das Ungekünstelte zu übernehmen, dann könnte der ideale Text entstehen: ans Mündliche angelehnt, durch Niederschrift diszipliniert und für die Ohren geschrieben.

Der wäre dann zugleich die perfekte Vorlage für den Redner, wenn er oder ein Referent die Rede aufgeschrieben hat – jene Art von Sprachgebilden, die im folgenden Rezept beschrieben werden.

41
Wie lang darf eine Rede sein?

Wie man idealerweise vor Aktionären spricht, das soll ein asiatischer Topmanager folgendermaßen beschrieben haben: *Blenden* muss man sie durch bengalisch angeleuchtete Wortkaskaden. *Stoßen* muss man sie, und zwar in die gewünschte Richtung. Und *einmauern* muss man vorsorglich jeden etwa drohenden Widerspruch.

Inwieweit andere Redner diesem darin folgen dürfen oder wollen, das braucht hier nicht erörtert zu werden. Ja, es mag geschehen, dass ein Redner sich nicht so sehr aufmerksame als vielmehr eingeschüchterte Zuhörer wünscht, vielleicht sogar gelangweilte oder die Ohren verschließende: Denn die kommen ja seinen Irreführungen, Beschönigungen, Verschweigungen nicht auf die Schliche.

Der Verfasser beschränkt sich dennoch unerschrocken auf die Frage: Welcher sprachlichen Mittel muss eine vorgelesene Rede sich bedienen, damit alle Anwesenden zuhören, gern zuhören – und das bis zum Schluss?

Für die kluge Rede gelten dieselben sprachlichen Mittel, die dieses Buch allen empfohlen hat, die sich nicht Hörer, sondern Leser suchen. Jedoch: Diese Mittel anzuwenden ist für den Redner noch dringender als für den Schreiber; denn der Hörer befindet sich in einer grundsätzlich anderen Situation – er muss bleiben, wenn er keinen Affront begehen will.

Einerseits wird er folglich – scheinbar zum Heil des Redners – daran gehindert, nach ein paar Zeilen seine Aufmerksamkeit einem anderen Thema zuzuwenden, wie es das dominierende Leseverhalten ist (Rezept **33**). Andrerseits hat der Zwang zum Ausharren etwas Quälendes, und ein Zwang zum Zuhören entspricht dem nicht: Es genügt, dumpf oder träumend anwesend zu sein und das Gähnen zu unterdrücken. Christoph Martin Wieland wünschte sich Reden, deren Ende man nicht «herbeigähnt» (eines der schönen Verben, die in Rezept **19** gelobt wurden), und die *FAZ* formulierte 2003 «das unumstößliche Gesetz aller Tagungen, dass die Ausdauer der Vortragenden größer ist als die ihrer Zuhörer».

Eine grundsätzliche Frage lautet demnach: Wie lang darf eine Rede sein? Um keinen Preis zwei oder noch mehr Stunden lang – das müssen die Kubaner ertragen, die Fidel Castro lauschen, oder, fröhlicher gestimmt, das bierselige Publikum beim Politischen Aschermittwoch der CSU.

Idealerweise dauert eine Rede maximal sieben Minuten, und auch das nur, wenn sie mit einem Scherz beginnt und mit einem Witz endet – so eine nur halb ironische Faustregel aus Amerika. Eine *Tischrede*, zwischen zwei Gänge geschoben, sollte sich in der Tat daran halten – niemals aber zwanzig Minuten überschreiten. Für eine *Predigt* vertraute ein katholischer Pfarrer 2005 der *Süddeutschen Zeitung* folgende Maße an: «Fünf Minuten sind kurz, zehn Minuten gut, fünfzehn für die Katz und zwanzig für den Teufel.»

Bei einer Rede vom Podium herab gilt eine halbe Stunde als passabler Kompromiss zwischen dem Wunsch des Redners, sich mitzuteilen, und dem Wunsch der Sitzenden, nicht zu lange gleichsam angeschnallt bleiben zu müssen. Eine Dreiviertelstunde aber ist die Obergrenze dessen, was ein gutwilliges Publikum noch wohlwollend erträgt – falls der Redner etwas zu sagen hat, natürlich; und falls er für Kurzweil sorgt, für Pointen und Anekdoten; Bonbons für die zum Bleiben Verdammten.

Man möchte nicht glauben, wie oft das Gegenteil geschieht. Unruhe zum Beispiel verbreitet jeder Redner mit Sätzen wie «Bevor wir zum Thema kommen, gestatten Sie mir ein paar einleitende Worte» (gestatten müssen wir wohl – aber warum fängt er nicht gleich mit dem Thema an?). Tiefes Erschrecken sogar bei einer Ankündigung von der Art: «Ehe ich auf mein eigentliches Thema zu sprechen komme, möchte ich zunächst in einem kurzen Abriss unserer fünfzigjährigen Firmengeschichte ...»

Gut, das sind Ausnahmen (wenn auch keine raren). Fast alle Redner aber unterwerfen sich dem befremdlichen Ritual des Um-Erlaubnis-Heischens, dessen Herkunft dunkel und dessen Zweck ein Rätsel ist: «Lassen Sie mich an dieser Stelle ...», sagen sie (an welcher sonst?). Oder: «Ich darf mich nunmehr ...» (ein Zwitter: Er tut es – ob er darf, hat er gar nicht gefragt). Und: «Lassen Sie mich einige Entwicklungen beispielhaft nennen ...» («Ein Beispiel» – das hätte völlig genügt). Oder gar: «Gestatten Sie mir einen Blick auf unsere Aktien» (na und ob – in einer Hauptversammlung!). Ein Vorschlag an alle Redner für alle Auftritte bis zum Jüngsten Tag: Ja, wir lassen Sie und wir gestatten Ihnen – und nun zur Sache, bitte.

Wenn aber der Redner bedauernd verkündet, es sei hier nicht der Platz oder «Leider reicht die Zeit nicht, um ...», so hat er ein Eigentor geschossen: Manche der Anwesenden werden ein befreites Kichern nur mühsam unterdrücken.

Wie kann man nur zulassen, dass ein vorgelesener Text langweiliger, abstoßender als ein stumm gelesener ist – obwohl der Redner doch den umgekehrten Ehrgeiz braucht? Ein wiederum nur halbironischer Rat lautet, er möge etwaige Signale der Ermüdung offensiv aufgreifen, indem er beispielsweise sagt: «Dass einige von Ihnen schon auf die Uhr schauen, irritiert mich nicht. Aber eben habe ich gesehen, wie einer die Uhr ans Ohr hielt, um zu prüfen, ob sie noch geht – und das gibt mir zu denken.»

Wirklich gesagt aber hat Johannes Rau, deutscher Bundespräsident von 2000 bis 2005, bevor er eine Rede schloss:

Wenn nun ein Schlussbeifall folgen sollte, so wisse er doch: «Neunzig Prozent davon sind immer Erleichterung, dass es vorüber ist.» Und wirklich gesagt hat einst der amerikanische Präsident Reagan in Moskau, als auf andere Tischreden nun seine folgte: «Meine Damen und Herren, seien Sie unbesorgt – ich kann Ihnen dasselbe versichern, was Heinrich VIII. zu jeder seiner sechs Frauen sagte: Ich werde Ihre Aufmerksamkeit nicht sehr lange in Anspruch nehmen.»

42
Wie oft darf man Nein! sagen?

Keine anderen Wörter sind so mit Problemen beladen wie die schlichten Einsilber *nein* und *nicht*, mit der Vorsilbe *un-* im Bunde. Man riskiere es einmal, in einem größeren Kreis per Zuruf eine Antwort auf die Frage zu erbitten: «Ich parke *nicht unweit* – heißt das nah oder weit?» Und eine Mehrheit wird «nah!» rufen. Es heißt aber *weit*: «unweit» ist die Verneinung der Weite, also die Nähe; «nicht unweit» wiederum die Verneinung der so entstandenen Nähe, also die Weite.

Jedes Nein ist heikel, das doppelte Nein oft ein schwer lösbares Problem, das dreifache eine Katastrophe; aber sogar das vierfache kommt vor: «These guns ain't worth nothing without no ammunition», schreit bei James Jones («Verdammt in alle Ewigkeit») der amerikanische Soldat in Pearl Harbor: «Diese Kanonen sind nicht gar nichts wert ohne keine Munition!» In seiner Verzweiflung hat der GI das Nein, das ihm den Magen umdreht, viermal hinausgebrüllt, und lächerlich machen würde sich jeder, der ihm mit Logik und Grammatik vorrechnete: «Das zweite Nein macht aus dem ersten ein Ja, das dritte aus dem Ja wieder ein Nein, das vierte verwandelt das Nein in ein Ja zurück – die Kanonen *sind* also etwas wert! Oder ist das nicht das, was Sie nicht sagen wollten? Nichts für ungut.»

Damit wäre die Sprache eines ungebildeten Soldaten oder seines Erfinders korrigiert. Aber wie, wenn ein hochgebildeter Lyriker – Gottfried Benn – uns mit einer sechsfachen Verneinung schmeichelt?

O Seele, um und um verweste,
Kaum lebst du noch und noch zuviel,

Da doch *kein* Staub aus *keinen* Feldern,
Da doch *kein* Laub aus *keinen* Wäldern
Nicht schwer durch deine Schatten fiel.

Die sechste Verneinung ist das *kaum* in Zeile 2: Seiner Herkunft nach eine Wehklage, bedeutet es «fast gar nicht, vermutlich nicht, nur mit Mühe».

Wer da meint, abseits der Lyrik und der Romanliteratur gebe es keine Probleme: Der macht es sich zu leicht. Wenigstens die *vierfache* Verneinung zu meiden sollte ja möglich sein – aber die Wiener *Presse* schrieb: «Tatsache ist, dass Europa das ihm zustehende politische Gewicht *nicht* deshalb *nicht* hat, weil es die anderen *nicht* wollen, sondern weil es dieses selbst *nicht* auf die Waage bringt.» Der dreifachen Verneinung können Journalisten nicht immer ausweichen, wenn sie Politiker zitieren: «Ich habe keinen Anlass, daran zu zweifeln, dass das unzutreffend ist», sprach Angela Merkel. Woran zweifelt sie – oder gerade nicht?

Zweifeln, nicht glauben also: Das ist, ähnlich wie *kaum*, eine der *integrierten* Verneinungen, die das Problem noch komplizieren. Verneinen kann man ja nicht nur mit nicht, nein, nimmer, nirgendwo, mitnichten, sondern auch mit Wörtern wie *aufhören, beenden* (= nicht weitermachen), *fehlen* (nicht anwesend sein), *meiden* (nicht hingehen, nicht verwenden), *wähnen* (fälschlich glauben) oder dem *Mangel* (dem Nichtgenughaben).

Die Verneinung durch Vorsilben verschlimmert das Problem: erstens, weil die Vorsilbe *un-* sowohl die Durchkreuzung bezeichnen kann (ungültig, unmöglich) als auch die Verstärkung (Unmengen, Unwetter); zweitens, weil die unschuldigsten Silben in bestimmten Zusammensetzungen plötzlich ein Nein transportieren:

durch- (durchkreuzen)

hinter- (hintergehen)

Mein- (Meineid)

preis- (preisgeben)

wenig (ebenso wenig = auch nicht)

über- (übersehen – was einerseits «nicht sehen», andrerseits
«die Übersicht haben» bedeutet, also das klare Gegenteil)

Die Verwirrung kulminiert in der logisch kaum erträglichen
Absonderlichkeit, dass das Wörtchen *alle* in der Nordhälfte
des deutschen Sprachraums *keine* bedeutet: «Die Äpfel sind
alle.» Und noch kein Ende der Ärgernisse:

Der Vorsilbe *un-* genügt es nicht, dass sie einerseits verneint
(unverzeihlich) und andrerseits verstärkt (Untaten) – in mehr
als einem Dutzend Fällen tut sie keins von beiden. Der *Unrat*
stellt weder eine Verneinung noch eine Verstärkung des Rates
dar, Geheuer und Geziefer wiederum sind ohne *Un-* nicht
vorstellbar, ebenso gestüm, flätig, weigerlich und wirsch.

Noch dazu haben Engländer und Franzosen bei manchen
Verben ein anderes Verhältnis zum Nein als wir: Er fürchtet,
dass einer schießt, heißt «Il craint qu'il *ne* tire»; er warnt ihn
zu schießen, heißt: «He warns him *not* to shoot», und natürlich kriecht die englische Form längst ins Deutsche hinüber –
ein Fallstrick mehr.

Noch komplizierter – was bedeutet eigentlich: «Das war
nichts weniger als eine Revolution»? Es besagt: eine Revolution ganz besonders wenig, nichts noch weniger als diese, absolut keine. Aber wenn man nun das *nichts* in ein *nicht* verwandelt: «... nicht weniger als eine Revolution» – dann ist das
ziemlich viel, eine Revolution im vollen Sinn des Wortes. Ein
einziger Buchstabe, das s, hat den Sinn umgedreht – *nichts* das
Gegenteil von *nicht*! Kein Deutschlehrer hat uns das je erzählt, keine Grammatik warnt uns davor, und so paddeln wir

sorglos im Teich der Verneinungen, nicht einmal ahnend, mit welchen Untiefen der uns bedroht (wobei die Untiefe sowohl eine besonders tiefe als auch eine besonders flache Stelle im Wasser bezeichnet – siehe Kap. **IV**).

Das vollends Entmutigende schließlich: Es kommt vor, dass es völlig egal ist, ob ein Satz ein *nicht* enthält oder nicht, der Sinn bleibt derselbe – ob wir sagen: «Darum brauchen wir uns nicht zu kümmern, *ehe wir wissen*, ob ...» oder «*ehe wir nicht wissen*, ob ...»

Was folgt aus alldem? Jedes Nein, jedes Nicht kritisch be-äugen. Keinesfalls den Sinn eines Satzes dreist nach 21 Wör-tern umdrehen durch ein nachgeschobenes *nicht* wie beim Beispiel in Rezept **14**. Jede dreifache Verneinung hohnla-chend fliehen. Doch inwiefern kann schon die *doppelte Vernei-nung* ein kaum lösbares Problem darstellen, wie zu Anfang be-hauptet? Erstens, weil viele Sprecher sie nicht meistern («nicht unweit»).

Zweitens, weil in allen Volkssprachen der Welt ein zweites Nein das erste *nicht* aufhebt (wie bei «nicht unvermögend»), sondern es bekräftigt: Wer nein meint, kann gar nicht oft ge-nug nein sagen – das ist der urtümliche Umgang mit der Spra-che. «I ain't got no quarrel with them Vietcong», sprach 1967 Muhammad Ali alias Cassius Clay, um seine Kriegsdienstver-weigerung zu begründen: Ich habe keinen Streit nicht mit dem Vietcong; und dass man «kein Geld nicht» habe, heißt es in allen deutschen Dialekten.

Die Ungebildeten, das sollte man wissen, verharren damit nur bei dem Sprachgebrauch, der einst unter den besonders Gebildeten üblich war. «Es hat *nie kein* Mensch also geredet wie dieser», lässt Luther die Knechte über Jesus sagen (Johan-nes 7,46); die EKD hat 1984 revidiert: «Noch nie hat ein Mensch ...» Goethe schrieb aus der Schweiz: «Sie versicherte, dass sie *keine* erbärmlichere Geschichte *niemals* gehört habe.»

Ulrike von Levetzow, in die der greise Goethe sich verliebt hatte, sagte über ihre Sicht der Sache: «*Keine* Liebschaft war es *nicht*.» Schillers historische Werke sind voll von dieser Stilfigur: Allen Niederländern *untersagte* der Herzog, «ohne seine Bewilligung *keine* Heirat zu schließen», und im Dreißigjährigen Krieg «*nirgends kein* Dank für diese unendliche Arbeit». Die Untersagung des Nichtheiratens ist nach aller Logik ein Heirats*gebot* – aber eben nur nach ihr.

In der Schule haben wir gelernt: Das, was die Klassiker gepflegt haben und was die Leute noch heute überwiegend sagen, ist falsch. Verstehen wir's dann wenigstens immer richtig (und mühelos richtig), wenn ein Schreiber es im heute korrekten Sinn verwendet? Nietzsche schickte einem Freund sein neues Buch mit den Worten: «... *nicht* eigentlich damit du es lesen sollst, sondern nur um es dir *nicht nicht* zuzusenden». Das Landgericht München I hat einst einer Zeitschrift «*verboten*, die Einzelhändler anzuweisen, die Zeitschrift *nicht* mit einem aufgedruckten Preis von einer Mark zu veräußern». Der ebenso berühmte wie eigenwillige Dirigent Carlos Kleiber sagte 2004 bei einem Empfang in Tokio, der gehöre «zu den wenigen Sachen, bei denen es mir *nicht* leid tut, *nicht* abgesagt zu haben».

Der Mühe von Hörern und Lesern, das korrekt gesetzte doppelte *Nicht* korrekt zu verstehen, entspricht die Mühe vieler, auch gebildeter Zeitgenossen, es korrekt zu verwenden. Als Wolf Biermann den Heine-Preis entgegennahm, sagte er: «Unsere winzige Erde wollen wir davor bewahren, dass sie *nicht* vollends zur Hölle wird.» Udo Roebel, vormals Chefredakteur der *Bildzeitung*, schrieb 2005 über «Ethik im Redaktionsalltag»: «Jeder Fehler hat mich auch verändert – und mich davor bewahrt, bei vielen anderen Geschichten *keine* Fehler zu machen.» Ein Wirtschaftsprüfer-Verband teilte 2005 seinen Mitgliedern mit: «Das *Verbot* der *Un*vereinbarkeit der

Ausübung eines freien Berufs mit erwerbswirtschaftlicher Betätigung ...» Das *Gebot* kann nur gemeint gewesen sein.

Selbst die einfache Verneinung aber ist nicht das, was wir beim Schreiben primär anstreben sollten. Ihrem Ursprung nach sind die Wörter ein Ja, eine Benennung des Vorhandenen, nicht des Fehlenden: «Löwe!», schrie der Späher vor der Höhle – «kein Löwe» schreit man nicht. Auch nicht «keine Sonne», sondern «Regen!». Goethe erfreute sich 1812 bei Tische einer Melodie, nicht aber des Textes dazu, den ein Lehrer zum Ruhm der Sonne gedichtet hatte: «Namen nennen dich nicht, dich bilden Griffel und Pinsel sterblicher Künstler nicht nach.» Zu viele Verneinungen, urteilte Goethe und dichtete um: «Alles kündet dich an! Erscheinet die herrliche Sonne ...»

Wer aus der Verneinung Funken schlagen will, der erreicht dies am ehesten in satirischer Absicht. Es sei, so kann man lesen, «der Mangel an Mangel», der in den reichen Ländern eine Sinnkrise heraufbeschwöre. «Der aufhaltsame Aufstieg des Arturo Ui» heißt Brechts Theaterstück. Die *FAZ* glossierte 2004 die amerikanische Fehlbehauptung, Saddam Hussein vom Irak besitze Massenvernichtungswaffen, mit der Überschrift: «Wusste *nicht* einmal Saddam, dass er *keine* verbotenen Waffen hatte?» Wenn die englische Königin aufs tiefste verärgert ist, lautet das Palast-Kommuniqué bekanntlich nur: «The Queen is not amused.»

Halten wir's mit dem zeitlos gültigen Satz von Ringelnatz: «Sicher ist, dass nichts sicher ist. Auch das nicht.» Auch wenn es nicht so wäre, sollten wir kein Nein möglichst selten nicht verwenden.

43
Wie darf ein Text *nicht* aussehen?

Auch der schönste Anfang ist vergebens, wenn der Artikel, die Seite, der Brief bestimmte Elemente der *optischen Abstoßung* enthält, die es dem umworbenen potentiellen Leser nahe legen, sich auf das Risiko der Lektüre gar nicht erst einzulassen. Die Kenntnis solcher Fallgruben ist auch unter Berufsschreibern erstaunlich wenig verbreitet.

Für alle Texte

Drei Gesetze der äußeren Form gelten für alles Geschriebene und Gedruckte, das auf Leser zielt:

1. *Niemals eine zu kleine Schrift.* Jede E-Mail, viele Computer-Ausdrucke sündigen dagegen; das bleibt ein Vorzug des Papiers (wie schon in Kap. **III** beschrieben). Die größten Torheiten auf diesem Feld werden ausgerechnet in der Werbung begangen: Obwohl Zeitungen und Zeitschriften im redaktionellen Teil einen Schriftgrad von 8 Punkt kaum je unterschreiten und 9 Punkt oft vorziehen, findet man dazwischen Inserate, die ihre sachlichen Hinweise in 6 Punkt unter die Leute bringen wollen. (Dieses Buch ist in einer 9,7-Punkt-Schrift gedruckt.) Sollten sich nicht gerade die Werber einer Schrift bedienen, die jeder sogar ohne Brille lesen könnte, beim Friseur zum Beispiel?

2. *Niemals zu lange Zeilen*, also einen zu breiten Textblock: Das sieht bedrängend und nach Arbeit aus; auch erschwert es dem Auge den Sprung in die nächste Zeile. 60 Zeichen (= Anschläge) sind eine vernünftige Obergrenze, in Manuskripten und gedruckten Büchern überwiegend eingehalten. *Briefe* se-

hen am gefälligsten aus, wenn sie diese Grenze deutlich *unter*schreiten. Zeitungen und Zeitschriften haben grundsätzlich schmalere Textblöcke (selten mehr als 40 Zeichen).

3. Niemals ein Text, der den angepeilten Lesern vor Augen tanzt, weil er übervoll ist von Ziffern, Abkürzungen, VERSALIEN und auffallenden Zeichen wie % § / & € $. (Ein Beispiel dafür im Anhang zu diesem Rezept.)

Orientierende Texte

Hat man diese drei Grundregeln für alles Geschriebene und Gedruckte beherzigt, so bleibt noch mehr zu tun, sobald es sich um Texte handelt, die allein zur raschen, reibungsarmen Information bestimmt sind, zur Beschreibung von Handlungsschritten, zur Herstellung von Übersicht, zum raschen Finden und Wiederfinden: um Arbeitspapiere, Projektstudien, Protokolle also, um Handbücher, Nachschlagewerke und Gebrauchsanweisungen. Schon der Anblick sollte da signalisieren: Lieber Benutzer, ich habe an deine Bedürfnisse gedacht. Solche Signale sind:

- fette Zwischenüberschriften
- Tabellen (wie diese)
- fette Ziffern am Absatzbeginn (wie auf der ersten Seite dieses Rezepts)
- **Fettsatz**
- VERSALIEN.

Dieses Buch stellt solche Leuchttürme häufig auf, als Wegweiser, als Bindeglieder, die dem Leser das Zurechtfinden erleichtern sollen. Wenn viele Seiten dennoch *keine* solche Suchhilfen enthalten, dann deshalb, weil der Verfasser sich bemüht hat, die Fülle der Ratschläge, der Regeln, der beherzt vorgetragenen Gesetze in ein bisschen Lesevergnügen einzubetten, in der Hoffnung, dass sie dadurch bequemer konsumierbar sind.

Texte zum Lesen

Wer nur oder vorwiegend Lesevergnügen erwartet, wer sich also daranmacht, eine Geschichte, eine Reportage zu lesen, der wünscht sich von der Optik vor allem eines: dass sie einen ruhigen, angenehm dahinströmenden Lesefluss ankündigt. Das bedeutet einerseits: Die Generalregeln *für alle Texte* müssen mit höchster Sorgfalt angewendet werden. Es heißt aber andrerseits: Die Empfehlungen für *orientierende* Texte gelten hier ausdrücklich nicht – keine Tabellen, kein Fettsatz, keine Versalien. *Kursivsatz* sollte zur Hervorhebung einzelner Wörter hin und wieder möglich bleiben, ist jedoch in einigen Redaktionen schlechthin unerwünscht.

Ein wesentliches, oft ignoriertes Element zur Steuerung des Leseflusses ist der *Absatz*. Dass eine aufgeschlagene Buch-Doppelseite keinen einzigen enthält, kommt nur in alten Büchern vor; wir sind dafür zu ungeduldig geworden und optisch verwöhnt. Manche Zeitungen aber, zumal die *FAZ*, leisten sich immer noch den Luxus, Spalten in Höhe einer halben Seite des Großformats als kompakten Textblock anzubieten – ein Ausdruck der Gleichgültigkeit, der Lieblosigkeit gegenüber dem Leser (erstaunlicherweise auch bei firmeninterner Korrespondenz nicht selten). Umgekehrt neigt die *Bildzeitung* zu extrem kurzen Absätzen aus oft nur einem Satz in zwei oder drei Zeilen: kurzatmige Lektüre, zu raschem Verbrauch bestimmt.

Wo liegt die leserfreundliche Mitte bei allen Texten, die sich wünschen, dass der Leser ein paar ruhige Minuten lang in ihnen verweilt? Im *Spiegel* haben die meisten Absätze 7 bis 14

Druckzeilen (gleich 280 bis 560 Zeichen). In gut edierten Büchern gelten 8 bis 14 Zeilen (etwa 480 bis 840 Zeichen) als vernünftiger Mittelwert.

Wie lang darf ein Text sein?

«*Stern*-Reporter dürfen über alles schreiben, nur nicht über 8 Blatt», hieß ein Standardspruch des Henri Nannen (rund 14 000 Zeichen in heutiger Rechnung). Eine absolute Obergrenze zu setzen ist freilich problematisch – viele erfolgreiche Blätter (*Geo*, der *Spiegel*, die *Zeit*) überschreiten sie oft. Doch so viel lässt sich sagen: Tendenziell «die Hälfte» zu schreiben, wie in Rezept **26** empfohlen, kann nicht falsch sein, und jeder Journalist, der eine ganze Zeitungsseite füllen darf, erwiese sich und seinen Lesern einen Dienst, wenn er versuchte, mit einer halben auszukommen. Wenn der Autor die Verkürzung verweigert, so nimmt eben ein großer Teil der Leser sie vor: Nach einer halben Seite sind viele satt.

Und Briefe?

Private Briefe stehen hier nicht zur Debatte; mancher Liebesbrief kann dem Empfänger gar nicht lang genug sein. Alle anderen Briefe aber – an Vorgesetzte, an bekannte oder umworbene Kunden, an Personalchefs, Chefredakteure und Lektoren – sollten sich an Haikus, Limericks und Aphorismen orientieren: das heißt aus der Kürze eine Schau machen, wie schon in Kap. **III** und Rezept **33** empfohlen. Drei Absätze, am besten etwa aus je fünf Zeilen, noch dazu mit sehr viel Rand, eine kleine Textinsel also in einem weißen See – das ist für den Empfänger wie ein Transparent mit der Aufschrift: Der Absender ist kein Schwätzer und kein Wichtigtuer, er ist höflich und schätzt meine Unlust realistisch ein; den zu lesen, könnte ich eben darum fast Lust bekommen.

Briefe, die das Blatt zu achtzig Prozent füllen, bieten einen abstoßenden Anblick, und zusammen mit solchen, die das Schlimmste von allem haben – eine zweite Seite! –, signalisieren sie: Diszipliniert ist der Schreiber nicht, aber für bedeutend hält er sich, und von meinen Wünschen und Nöten hat er keine Ahnung.

Wie aber, wenn der Autor mit gutem Grund drei Seiten füllen müsste, weil er ein kühnes Projekt, einen komplizierten Sachverhalt erläutern will? Dann lege er obenauf ein Blatt (ob es sich Brief nennt oder nicht) mit einer Kurzfassung, einem Resümee, einem Digest, einem *abstract*, einem Summary; bestehend aus drei, vier, höchstens fünf appetitlichen Absätzen – und natürlich mit den Resultaten und nicht mit Absichtserklärungen (Rezept **33**), mit handfesten Details und nicht mit akademischen Abstraktionen (**35**).

Analyse einer optischen Katastrophe

Hier ein Auszug aus der Pressemitteilung einer Großbank, veröffentlicht 2005:

Da die Kunden ihr Geld im Jahr 2004 verstärkt in Aktien und Fonds umgeschichtet haben, reduzierte sich das Kundeneinlagenvolumen um 2,8 % bzw. 53,3 Mio. €. Es betrug nun fast 1,9 Mrd. €. Im Einzelnen nahmen die täglich fälligen Verbindlichkeiten um 2,8 % auf 499,1 Mio. €, die befristeten Einlagen um 1,0 % auf 477,5 Mio. € und die Spareinlagen um 2,7 % auf 763,3 Mio. € ab. Das Volumen der im Umlauf befindlichen Schuldverschreibungen verminderte sich um 12,9 Mio. € (– 8,6 %) auf 137,4 Mio. €.

Der Text enthält folgende Elemente der optischen Abstoßung:

- 13 Zahlen in 38 Ziffern (die 3 verschiedenen Kategorien angehören: Jahre, Euro, Prozente)
- 7-mal €, 5-mal %, 6-mal Mio., 1-mal Mrd.

Dass der Text sich offensichtlich an Fachleute der Wirtschaft wendet, ist *kein* mildernder Umstand: Auch die erkennen sofort, dass sie sich durch eine Fülle optisch ungeordneter Zahlen quälen müssen, die sie einer Tabelle viel rascher hätten entnehmen können. Im Zuge der Entwirrung stoßen sie auf ein zusätzliches Ärgernis: Im dritten Satz sind die beiden Teile des regierenden Verbums *abnehmen* von 25 Wörtern (plus 6 Zahlen in 18 Ziffern) auseinander gerissen; so lange bleibt dem Leser unklar, ob die Verbindlichkeiten ab- oder zugenommen haben.

Falls der Schreiber (gegen alle Vernunft) eine Tabelle vermeiden wollte, so hätte er folgende Möglichkeiten gehabt, seinen Text optisch halbwegs erträglich zu machen:

- Das €-Zeichen nicht siebenmal drucken, sondern zweimal – eine andere Währung kommt nicht vor (fünfmal optische Unruhe eingespart)
- Statt % «Prozent» schreiben (wieder fünfmal optische Unruhe eingespart, zusammen zehnmal)
- Bei den großen Zahlen die Dezimalstellen streichen: Wer will bei 763 Millionen Euro schon wissen, dass es 763,3 Millionen waren? Vielleicht waren es ja 763,34? Und vielleicht könnte man die Dezimalstellen im Geschäftsbericht nachschlagen? (5 Ziffern eingespart)
- Nicht «im Jahr 2004», sondern «im Vorjahr»: 4 Ziffern eingespart, zusammen 9 Ziffern; insgesamt 19 Elemente der optischen Unruhe.

Dann sähe die Textpassage so aus (bei gleichzeitig vorgezogenem «ab»):

Da die Kunden ihr Geld im Vorjahr verstärkt in Aktien und Fonds umgeschichtet haben, reduzierte sich das Kundeneinlagenvolumen um 2,8 Prozent gleich 53 Millionen €. Es betrug nun fast

1,9 Milliarden. Im Einzelnen nahmen die täglich fälligen Verbindlichkeiten um 2,8 Prozent auf 499 Millionen **ab**, die befristeten Einlagen um 1,0 Prozent auf 477 Millionen und die Spareinlagen um 2,7 Prozent auf 763 Millionen. Das Volumen der im Umlauf befindlichen Schuldverschreibungen verminderte sich um 12,9 Millionen (– 8,6 Prozent) auf 137 Millionen €.

44
Mit Heine im Bunde

Das war's. Am Anfang allen Schreibens, das auf Leser zielt, steht die EINSICHT, dass Leser umworben werden müssen; der WILLE, für *sie* zu schreiben, nicht für die Nachwelt und nicht zum eigenen Vergnügen; die KENNTNIS der Gesetze, Regeln und Erfahrungswerte, mit denen dieser Wille wirken kann; und die BEREITSCHAFT, sich zu plagen. Ohne Qual entsteht kein guter Text. Goethe hat behauptet, einige Gedichte habe er in Minutenschnelle aufs Papier geschleudert – aber seine Biographen weisen ihm nach: Er hat gelogen.

Die Summe aller Regeln lautet: Man forme aus kräftigen Wörtern schlanke Sätze – Sätze ohne Verrenkungen, Girlanden und Hängebäuche; Sätze, die von der Sehne schnellen wie ein Pfeil. Man schreibe kurzweilig und nicht langweilig, muskulös und nicht fett, körnig und nicht seifig, konkret und nicht abstrakt, anschaulich und nicht schwer durchschaubar im Nebel der Begriffe. Man hüte sich (nach Lessings Wort), «abgedroschene Wahrheiten mit aufgeblasenen Backen zu predigen». Die Einschüchterungsprosa der Behörden, der meisten Wissenschaftler und vieler Wirtschaftsunternehmen vermeide man; ebenso die Ärmelschonerprosa derer, die nichts zu sagen haben oder nichts sagen wollen oder nichts sagen dürfen, aber trotzdem schreiben. (Dass auch die Eilprosa der E-Mail ihre Tücken hat, stand in Kap. **III**.)

Ja: Die Freiheit des Geschmacks, durch die Vorschriften der Grammatik ohnehin begrenzt, wird durch die Gebote der Lesbarkeit weiter eingeengt. Wer dies unzumutbar findet, der sollte sich als Dichter versuchen; in der Lyrik wäre es ihm sogar erlaubt, die Regeln der Grammatik zu sprengen. Dabei hätte er allerdings die Mehrzahl der großen Schreiber deutscher Sprache nicht zu Verbündeten: Denn die haben so geschrieben, dass alle Einsichten der Verständlichkeitsforschung, alle Regeln der Lesbarkeit aus ihren Texten hätten destilliert werden können.

Bei vier großen Namen ist der Verfasser sogar zu der Wette bereit, dass sie diese Regeln niemals verletzt haben: bei Luther, Lichtenberg, Heine und Brecht. Damit müsste eigentlich jeder Freund der Sprache leben können (auch wenn er sich, wie der Verfasser, zuweilen vom Gegenteil faszinieren lässt: von den zerschrundenen Satzgebirgen des Heinrich von Kleist).

Was bleibt als Rat zu guter Letzt? Liebe deinen Leser wie dich selbst.

Bücher von Wolf Schneider

Wörter machen Leute – Magie und Macht der Sprache (Piper 1976, Rowohlt-TB 1979, Serie Piper 1986, 12. Auflage 2002)

Deutsch für Profis – Handbuch der Journalistensprache (Stern-Buch 1982, Goldmann TB 1985, Mosaik TB 1999, 25. Auflage 2005)

Unsere tägliche Desinformation – Wie die Massenmedien uns in die Irre führen (Stern-Buch 1984, 5. Auflage 1992), zusammen mit fünf Absolventen der Henri-Nannen-Schule

Deutsch für Kenner – Die neue Stilkunde (Stern-Buch 1987, Serie Piper 1996, 16. Auflage 2005)

Die Sieger – Wodurch Genies, Phantasten und Verbrecher berühmt geworden sind (Stern-Buch 1992, Serie Piper 1996, 8. Auflage 2001)

Deutsch fürs Leben – Was die Schule zu lehren vergaß (Rowohlt-TB 1994, 13. Auflage 2004)

Das neue Handbuch des Journalismus (Rowohlt 1996, Rowohlt TB 1998, 7. Auflage 2003, erweitert und aktualisiert), zusammen mit Paul-Josef Raue

Am Puls des Planeten – Expeditionen, Zeitreisen, Kulturgeschichten. 18 Geo-Reportagen (Hoffmann und Campe 1999, Serie Piper 2001)

Die Gruner+Jahr-Story – Ein Stück deutsche Pressegeschichte (Piper 2000, Serie Piper 2001)

Große Verlierer von Goliath bis Gorbatschow (Rowohlt 2004, 4. Auflage 2005)

NAMEN- UND SACHREGISTER

Wörter, die im Text analysiert werden, sind kursiv gesetzt.

Stefan Gärtner
Man schreibt deutsh

Hausputz für genervte Leser
Der Sprachunrat staubt in den Ecken, der Wort- und Satzmist aus Presse, Funk und Literatur stinkt zum Himmel, und die ganzen alten Metaphern gehören auch mal entsorgt. Dieses Büchlein kehrt richtig durch und sorgt für langanhaltende Frische. rororo 62155

Neues für Wortjongleure
Viel zu Wissen, viel Vergnügen

Bodo Mrozek
Lexikon der bedrohten Wörter

Brit, Lorke, Zeche: Manche Wörter erklingen ungeachtet ihrer Schönheit immer seltener. Aber warum verschwinden sie? Bodo Mrozek hat in seinem Bestseller einen Wortschatz zusammengetragen, dem das Schicksal des Aussterbens droht.
«Urst geil.» (Der Spiegel)
rororo 62077

Bodo Mrozek
Lexikon der bedrohten Wörter II

Bodo Mrozek setzt den Kampf gegen das Vergessen fort – mit neuen unterhaltsamen Wortgeschichten. Freuen sie sich auf die Begegnung mit «Schnitten», die auf der «Schütteltenne» gerne mal «inkommodiert» werden.
rororo 62193

S 72/2

Weitere Informationen in der Rowohlt Revue *oder unter* www.rororo.de

© Cathrin Günther

Lesen bildet: rororo

«Wir nutzen nur zehn Prozent unseres geistigen Potenzials.» Albert Einstein

Hans Jürgen Eysenck
Intelligenz-Test
3-499-16878-2
Mit diesem Buch kann jeder ohne Lampenfieber und Prüfungsdruck seinen IQ selbst ermitteln.

Walter F. Kugemann/
Bernd Gasch
Lerntechniken für Erwachsene
3-499-17123-6

A. M. Textor
Sag es auf Deutsch
Das Fremdwörterlexikon. Über 20 000 Fremdwörter aus allen Lebensgebieten. 3-499-61426-X
Sag es treffender
Ein Handbuch mit über 57 000 Verweisen auf sinnverwandte Wörter und Ausdrücke für den täglichen Gebrauch. 3-499-61388-3

Ernst Ott
Optimales Lesen
Schneller lesen – mehr behalten. Ein 25-Tage-Programm
3-499-16783-2

Margit Hertlein
Mind Mapping –
Die kreative Arbeitstechnik
Spielerisch lernen und organisieren
Überarbeitete Neuausgabe mit aktuellen Informationen zum Einsatz von Mind-Mapping-Software!

3-499-61190-2

Weitere Informationen in der Rowohlt Revue oder unter www.rororo.de